住居・間取り・環境を運命に活かす
大地の「気」をパワーに変える開運法

基礎からわかる
風水の完全独習

東洋占術研究家・風水師
黒門

日本文芸社

「風水とは〝気〟をパワーに変える開運法」

「風水」という占術は、多岐にわたっています。「九星術《きゅうせい》」や「家相《かそう》」をもとにした日本式の風水、中国伝統風水、韓国風水など、さまざまありますが、これらの中で「中国伝統風水」を本書では基盤としてお教えいたします。

人の運には、一定のバイオリズムのような流れがあります。同じように、土地や家にも、一定の波のようなものがあるのです。

風水は、古くから中国で取り入れられてきた開運法です。人も物も、すべては「気」であり、良い気を引き込むことで、運を変えようというのが風水の考え方です。住居や間取りなど、自分を取り囲む外側を変えることで、自分の運命を変えようというものなのです。

「歴史ある中国伝統風水を学ぶにあたって」

風水は、昔の中国の住宅構造に基づいています。ですので、現代の住居構造に当てはめるには、判断や解釈を変えることが必要です。

日本の住居構造は中国と大きく違いますので、中国の判断方法をそのまま用いても効果が得られない場合があります。例えば、現在の中国やアメリカなどでは、玄関ドアを開けるとすぐリビングという構造が多いようです。対して日本では、玄関ドアを開けるとまず三和土《たたき》があり、そこから廊下を通じて奥にリビングがあるという構造がほとんどです。

また日本は中国に比べて湿気が多い、という気候面も考慮する必要があります。

「時代背景を知り現代の考え方に更新する」

中国の封建主義時代を背景に作られた風水は、現代に適用できない部分がたくさんあります。例えば、性的観念。現代の日本で、結婚前の女性に交際経験があることは何も問題ありませんが、昔は考えられないこととされていました。また当時は、男の子が生まれないことを凶と判断していました。現在では、女の子を希望する場合、子どもをつくらない場合など、人によってさまざまな価値観や選択肢があると考えられています。

忘れてはならないのは、かつては中国にも日本にも、身分によってさまざまな制約が課されていたということです。身分制度のない現代では仕事も結婚も住まいも、自由に選択できます。風水を学ぶには、この背景もぜひ頭に入れておいてください。

「複数の流派を組み合わせた判断方法だから効く」

台湾や香港の風水師は、流派にこだわらず、数種類の方法を用いて総合的に判断します。いくつかの流派を組み合わせ、より効果を発揮できるようにするのです。

目的によって手段を変えるのは、医者が、ケガや病気の症状によって対処法を使い分けるようなものです。道具や手法には、それぞれ長所と短所があります。最も適切なものを臨機応変に使い分けなければ、見落としや誤診につながりかねません。

東洋占術を長く学んできて、私自身も風水を行うときには、中国伝統風水の中から、経験的に信頼できる方法を、必ずいくつか併用するようにしています。そうすることで、より正確で効力のある鑑定ができるからです。

はじめに

この度、日本文芸社・完全独習シリーズの1冊として風水を担当させていただくことになりました。完全独習シリーズといえば『四柱推命の完全独習』に始まる名著のシリーズとして知られており、著者としてもこのシリーズの1冊を担当させていただくことは大変光栄に思っております。

実をいいますと、私はすでに風水に関する本を多数出版しており、ここ数年は新しい風水の本は手がけませんでした。というのも、初心者向けの本ばかりを何冊も出すことに食傷気味になりかけていたからです。したがって、ここ数年は奇門遁甲《きもんとんこう》など、他の占術の本の執筆に力を注いでおりました。

そんな中、今回私がこの本の企画をお受けする気になったのは、対象となる読者の方が「初心者からセミプロ」とお聞きしたからです。初心者向けだけでなく、もう一歩踏み込んだ本を出したいという日本文芸社の意向に賛同したからにほかなりません。

今回の出版にあたって、私の方から要望がありました。それは、本書の内容に「玄空飛星派《げんくうひせいは》風水」を加えることです。玄空飛星派風水は、初心者の方にはやや難しい技法ですが、セミプロやプロを目指す方たちには、どうしても外せない技法だからです。結果、本書は基礎からプロの技法までを満載した、まさに「完全独習」の名にふさわしい1冊になったと思います。確実に皆さんの役に立つ内容となりますので、しっかりついてきてください。

黒門

CONTENTS

第三章
黒門風水 基本編 人の運、年の運、家の運

第四章 黒門風水 実践編

第五章

最強の玄空飛星派風水《げんくうひせいは》

巻末資料

第一章

風水《ふうすい》の基本知識

1 ／ 風《ふう》水《すい》とは何か

大地のツボを刺激して「気」の流れを調整する

風水とは、**一言でいえば「大地の気」の流れをみて調整し、活用する術のこと**です。

中国医学では、身体には「経脈《けいみゃく》」という気の流れるルートがあり、経脈には「経穴《けいけつ》」という重要な「点」が数多く存在するといわれています。経穴は、鍼灸《しんきゅう》や指圧では一般的にツボと呼ばれ、症状をやわらげる重要な点であり、古武術《こぶどう》や中国武術では、急所や秘孔《ひこう》と呼ばれ、攻撃の重要な点です。つまり経穴は、使い方によって身体を健康にすることもあれば、反対に、身体の機能を損なうということもあります。身体に経脈があるように、大地にも気の流れるルートが存在します。それが「龍脈《りゅうみゃく》」と呼ばれるもの。そして、龍脈にも身体の経穴に相当するものが存在し、「龍穴《りゅうけつ》」と呼ばれています。

以上のことから、**風水とは、「龍脈」をみて「龍穴」を探り、これらを活用する技法のこと。つまり、「大地の鍼灸術が風水である」と**もいえるでしょう。

平安時代から使われ江戸時代には一般的に流行した日本での風水事情

日本では、**平安時代に京都が風水に基づいてつくられ、江戸時代には「家相《かそう》」が流行し、一般人も住居の吉凶判断を盛んにしていた**そうです。家相とは、家の配置、方角、間取りなどからその吉凶を判断する風習のこと。江戸時代の家相は、中国の「黄帝宅経《こうていたくけい》」や「造営宅《ぞうえいたく》経《けい》」という文献の影響を受けたと考えられています。江戸・明治・大正時代に「風水」という題名で書かれていた文献の多くは家相についての内容です。**かつての日本では、「家相＝風水」だった**といっても過言ではないでしょう。日本の家相は、各方位の意味を固定して判断する中国の「八卦《はっけ》派」（P.40）に類似していることから、風水の流派の1つと考えることもできます。

日本の占いに、方角で吉凶や運勢をみる「方位学」や、生年月日と干支に五行を組み合わせて方位の吉凶をみる「九星《きゅうせい》気学」があります。江戸時代後期、家相家の松浦琴鶴《まつうらきんかく》が、それまで日本に伝わっていた神殺《しんさつ》中心の方位学から離れ、九星を軸とした「九星方鑑《きゅうせいほうかん》学」を確立。その後、大正時代に園田真次郎が改良を加え、紫白《しはく》九星を使ってさまざまな事柄や移動する方位の吉凶をみる「気学」を創始しました。現在の日本では、気学と風水が混同されていますが、気学は良い日時や方位を選ぶ「択日《たくじつ》」に分類されるものです。

2 風水の種類

「地理《ちり》」「陰宅《いんたく》」「陽宅《ようたく》」の3種類に分けられる

「風水」は、大まかに分類すると3つに分けられます。

まず1つ目は、大地の形をみる「地理《ちり》風水」、2つ目は死者を埋葬するための墓をみる「陰宅《いんたく》風水」、3つ目は私たちが生きて活動するための住まいをみる「陽宅《ようたく》風水」です。

本来、風水では陰宅風水を重視します。それは、個人よりも一族の繁栄をより大切にする中国の伝統に由来しているためです。しかし、**陰宅風水は、死者を土葬する**ことを前提にしています。ですから、火葬の場合はあまり影響を受けません。ですので、火葬が大多数の日本では、陽宅風水を主にみていくことになると考えてください。

1990年代以降、風水は世界的なブームとなりましたが、そのほとんどが、住む家に良い気を招き入れ、悪い気を払うためのもの。すなわち、陽宅風水に分類されるといえるでしょう。

◆都市づくりに使われる

地《ち》理《り》風水

「地理風水」とは、**国や都市を繁栄させるべく、大規模な建設計画を行うため**に古くから用いられてきた風水の方法のことです。**山脈の龍脈「山龍《さんりゅう》」や、川の流れの龍脈「水《すい》龍《りゅう》」**といった、地形や「気」の流れなどから、風水上の好立地を探し出します。

これは、一般人向けというよりは、政治の中枢を担う政治家のための風水術です。そのため、中国や韓国では都の建設は地理風水を基準にしています。

日本でいうと、**京都府は「四神相応《しじんそうおう》の地」**と呼ばれる典型的な風水の好適地で、風水によって都づくりがされたことがうかがえます。**東京都は、富士山から続く龍脈が幾重にも集まって**おり、たぐいまれな風水上の好適地だといわれています。

◆死者を埋葬する土地を決める

陰《いん》宅《たく》風水

「陰宅風水」では、**死者を風水上の好適地である「龍穴」に埋葬すると、その好作用が子孫に及ぶ**とされています。先祖を良い場所に埋葬すれば、良い命運をもった子どもが生まれ、その一族は繁栄する、という考えです。

龍穴のなかには**「子孫が皇帝になるような運をもつ子どもを出す」**とするものがあり、**「天子《てんし》穴《けつ》」**と呼ばれています。中国の明《みん》王朝の開祖である朱元璋《しゅげんしょう》は、その祖父の朱員外《しゅいんがい》が財産をはたき、風水師にこの天子穴を探させ、誕生したといわれています。有名なのは、明の陵墓《りょうぼ》（皇族の墓）である**「明の十三陵《じゅうさんりょう》」**。ここには明王朝の歴代皇帝が眠っています。

日本では、徳川家康の陵墓**「日光東照宮《とうしょうぐう》」**も風水上で大変良い龍穴にあるといわれています。

◆生活する人の住居をみる

陽《よう》宅《たく》風水

「陽宅風水」とは、**私たちが住む家に良い気を招き入れ、悪い気を払うための風水**です。**家の形や間取り、建設年などで吉凶を判断**していきます。

近年、風水は世界的に注目を浴びていますが、それらのほとんどは、この陽宅風水に当てはまるといっていいでしょう。その土地自体の良し悪しをみることは難易度が高いと感じるかもしれませんが、家の向きやインテリアの配置でみる陽宅風水は、基本を覚えれば誰にでもチャレンジしやすいといえます。

江戸時代から日本で使われ、広まっている風水は、住居だけをみる「家相」が主体となっています。しかし本来の風水とは、家を建てる土地からみるもの。私たちに広い視野を持つように求められているといえるでしょう。

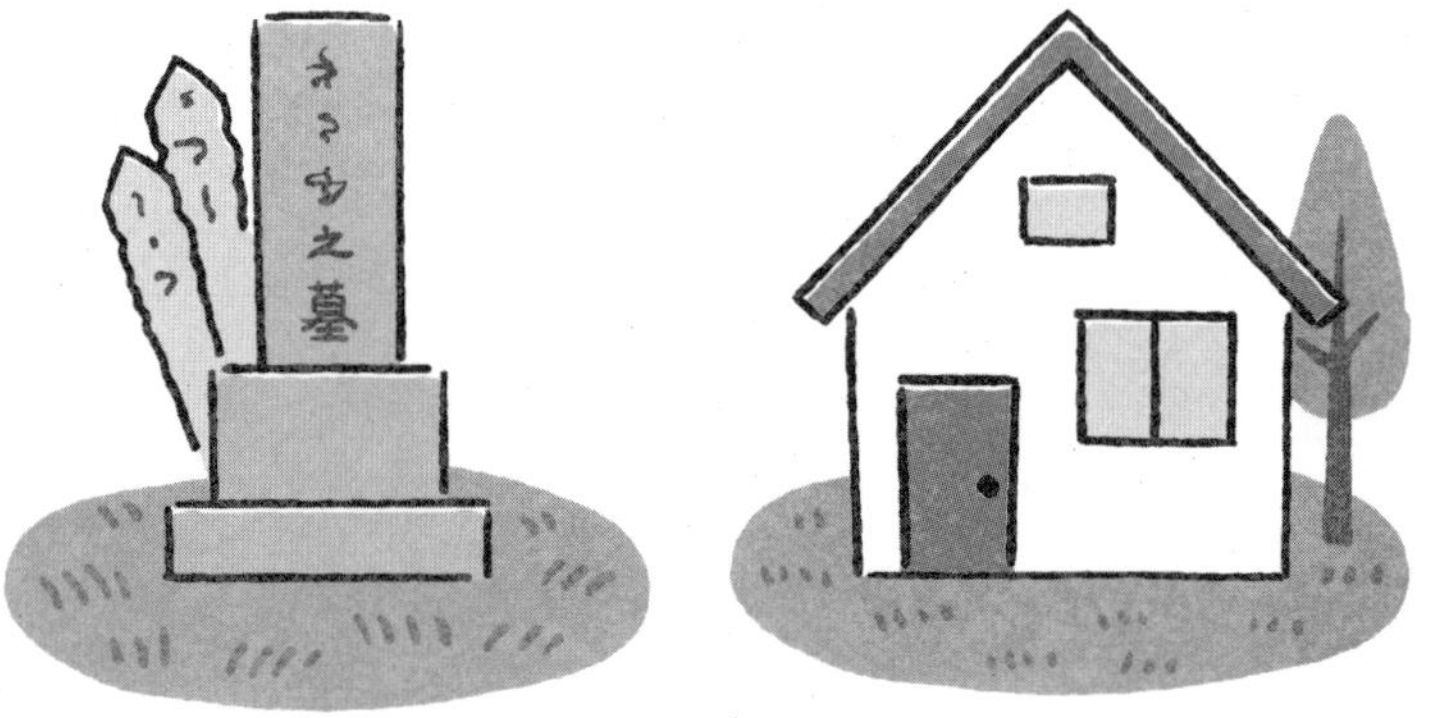

【 風水の種類 】

地《ち》理《り》風水

●その場所を繁栄させる風水
●国や都市をつくるとき、大規模な建設を行うときに使われる
●国を治める政治家のための風水

陰《いん》宅《たく》風水

●お墓の風水　●死者を好適地に埋葬するために使われる
●死者を土葬にするのが前提、火葬では影響が少ない
●子孫に良い効果をもたらすと考えられている
●現在、死者は決まった墓地や霊園に埋葬し、
火葬が一般的な日本ではほとんど使われない

陽《よう》宅《たく》風水

●生きている人のための風水
●家に良い気を招き入れ、悪い気を払うことが目的
●家を建てる土地、家の形や間取り、建設年などで吉凶を判断する
●「巒頭《らんとう》」と「理気《りき》」(P.21)で判断する
●八宅《はったく》派風水、玄空飛星《げんくうひせい》風水など、さまざまな流派がある

3／風水の基礎知識

風水の基礎となる考え方と判断方法について

現代に生きる私たちの多くは、都づくり、土葬の墓づくりとは無縁ですから、自宅や会社、店などを診断する「陽宅風水」を学習すればいいでしょう。ただ、その手法が複数あることは承知しておいてください。

私が風水鑑定する場合は、依頼された**建物の図面、平米数や築年月などの建物情報**、そしてその**家や会社、店の中心人物の生年月日・出生地・出生時間などの材料**をそろえて診断します。航空写真や検索サイトのマップなどで、周囲の環境と建物の形もみますし、相談物件の家具の配置などをみてアドバイスもします。すなわち、これらの**情報と、そこに住まう人の願望や目標をもとに総合的に判断するのが風水**なのです。

以下、その各手法を順に解説していきましょう。

① 風水の基本「巒頭《らんとう》」と「理気《りき》」

●目で見える形で判断する「巒頭」

「巒頭」とは、**目で見える地形や建物などから、天地のエネルギーである「気」の勢いや質をみて、吉凶を判断する方法のこと**です。

「気」に大きな影響を与えるのは「風」と「水」です。この2つの流れをつくるのが地形となります。風は気圧の高いところから低いところに吹き、水も高いところから低いところへと流れていきます。そのため、**気の良し悪しというのは地形で決まってしまう**のです。風水にはさまざまな流派が存在しますが、巒頭については流派による違いはほとんどありません。

風水が生まれた古代中国では、大きな都の造営時や、個人が家を建てるときに、巒頭で良い気が流れる場所を選びました。**日本では、京都や江戸の都づくりに生かされた**といわれています。

●「気」の状態で判断する「理気」

巒頭とともに重視されるのが「理気」です。**理気とは、気の状態のこと**を指します。自然界はもちろん、住宅内にも気は流れていますが、**目で見ることはできません。**そこで理気では、その**住宅に住む人の生年月日や座向《ざこう》（玄関の向き）などから理気盤を作成し、易《えき》や陰陽《いんよう》五行《ごぎょう》の理論で吉凶を判断していきます。**

本書では、最もポピュラーで初心者にもわかりやすいとされる、「八宅《はったく》派」と「紫白九星《しはくきゅうせい》派」の判断法を紹介していきますが、理気の判断法は、「八宅派」「紫白九星派」「玄空飛星《げんくうひせい》派」「玄空大卦《げんくうたいけ》派」「金鎖玉関《きんさぎょくかん》派」「八字《はちじ》派」などの流派でそれぞれ異なります。黒門流風水では、特定の1つだけではなく、**複数の判断法で理気をみることをおすすめ**します。

2 陰《いん》と陽《よう》

●相互作用をもった2つのエネルギー

中国で生まれた風水は、中国で古くから伝わる陰陽五行説に基づいています。そのため、**風水を理解するためには、陰陽説から理解する必要があります。**

古代中国では、宇宙の始まりは混沌とした状態だと考えられていました。その**混沌とした宇宙を表したのが「太極《たいきょく》」**です。それが「陰」と「陽」の2つに分かれました。これを「両義《りょうぎ》」といいます。ここから宇宙のあらゆる存在や事象が生まれたとされています。下の図は、これらを象徴的に表した**「太極図」**です。

陰と陽とは、相互に依存したり、抑制したりする作用を持った2つのエネルギーのこと。すべての物事の**生成と消滅**は、この2つによって起こるとされています。

陰陽関係の例として、「天と地」「男と女」「昼と夜」「夏と冬」「太陽と月」「奇数と偶数」「外と内」「剛と柔」などがあげられます。

3 五行とは

●互いに影響し、循環する5つの状態

古代ギリシアでは、この世界の物質を構成する要素を「地」「水」「火」「風」の四元素と考えましたが、古代中国人は**「木《もく》」「火《か》」「土《ど》」「金《きん》」「水《すい》」の5つの状態**と考えました。

この5つの状態は、**お互いに影響を与え合い、天地の万物はそれによって生まれ・消えるという変化が起こり、循環していく**とされています。これを**五行説**といい、図に表すと下のようになります。

この五行説は、風水のみならず、**中国のあらゆる占術の中核を成す理論**であるといわれています。例えば、四《し》柱推命《ちゅうすいめい》や奇門遁甲《きもんとんこう》、六壬《りくじん》、気学などの中国を発祥とするほとんどの占術は、五行の理論上に構築された技法です。

また、**漢方医学や鍼灸医学**などの中国医学でも用いられています。

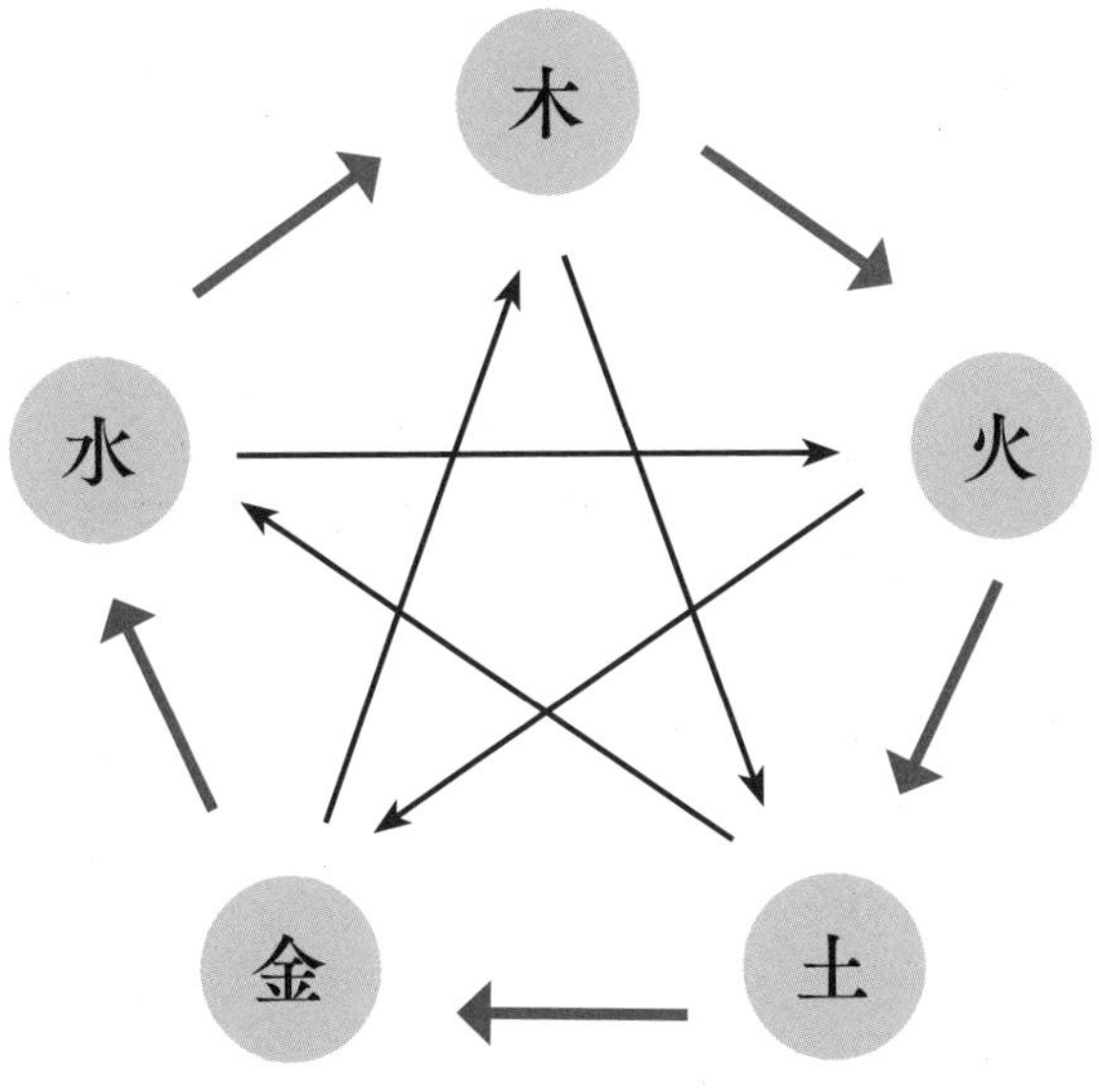

●五行がもつ意味と象意《しょうい》

五行の「木」「火」「土」「金」「水」には、それぞれに当てはめられている方位や季節、色などが決まっています。

例えば、「木」の場合は、木や草花といったイメージがあり、方位は東、季節は春、色は青。「火」の場合は、太陽やたき火、かまどの火といったイメージがあり、方位は南、季節は夏、色は赤……となります。

それぞれの性質を知ることで、五行同士の影響をイメージしやすくなるでしょう。

【五行がもつ象徴的な意味】

五行	木《もく》	火《か》	土《ど》	金《きん》	水《すい》
イメージ	木 草花	太陽 たき火	山 岩 土 田畑	金属 宝石 刃物	雨 川 湖
方位	東	南	中央	西	北
季節	春	夏	※土用	秋	冬
色	青	赤	黄	白	黒
※五常	仁	礼	信	義	智
感情	怒	喜	思	哀	恐
器官	肝臓	心臓	脾《ひ》臓	肺臓	腎《じん》臓
感覚	視感	聴感	臭感	味感	蝕感
※八卦 卦名	震《しん》 巽《そん》	離《り》	坤《こん》 艮《ごん》	乾《けん》 兌《だ》	坎《かん》

※土用…立春・立夏・立秋・立冬の前の約18日間の称。五常…儒教で説く5つの徳目。八卦…P.34を参照。

4 五行の関係性

●相生《そうじょう》と相剋《そうこく》

前提として、五行の要素である「木」「火」「土」「金」「水」には、**どれが強い、どれが弱いなどの性質による優劣はない**ということを覚えておいてください。

しかし二要素を出合わせると、それぞれに関係性が生まれます。

お互いに相手を強める関係は「生《しょう》じる」といい、**相手から強められる関係は「生じられる」**といいます**（相生の関係）**。

相手を弱める関係は「剋《こく》する」といい、**相手から弱められる関係は「剋される」**といいます**（相剋の関係）**。

「木と木」や「火と火」など、**同じ五行同士の場合**は、その五行の働きが強まると考えます。**お互いに強め合う関係となり「比和《ひわ》」**といいます。

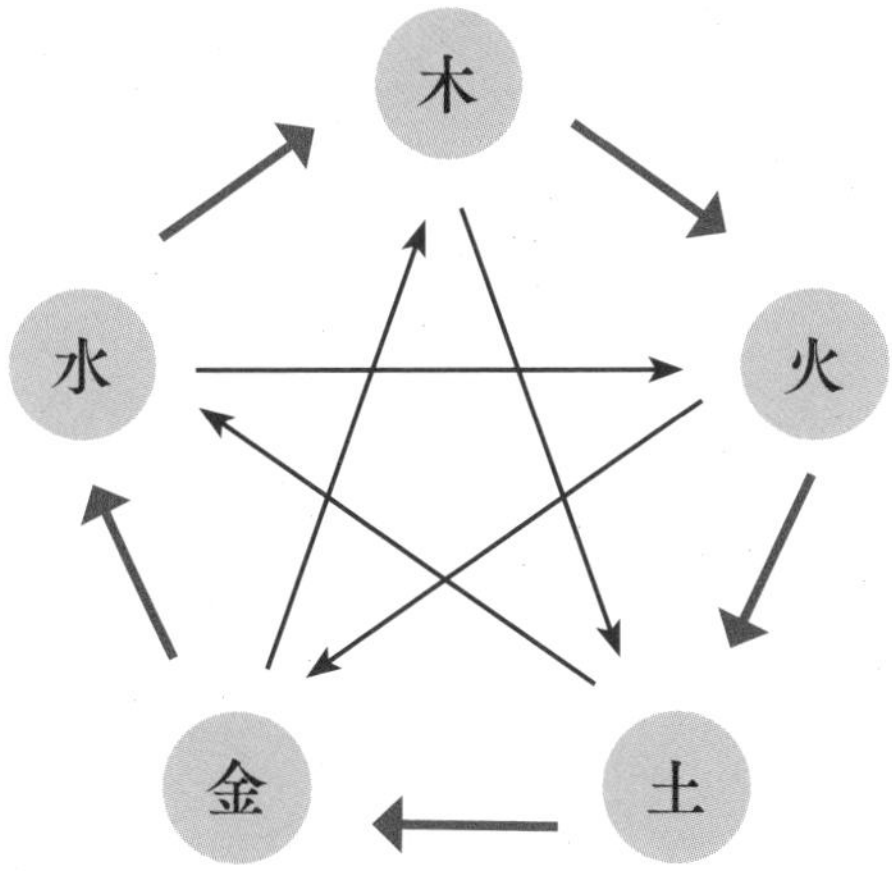

●相生《そうじょう》とは

ある特定の五行が、別の特定の五行を強める関係のことを「相生」といいます。

「木」を起点にしてイメージするとわかりやすいでしょう。

「木」は燃えるときに「火」を生じます。そして、火は燃え尽きれば灰となり「土」になります。その土には鉱物が含まれており、その中からは鉱物「金」が発掘されます。金は溶かすことで液状の「水」になります。もしくは、金を冷やすと表面には露が集まり「水」となると考えてもいいでしょう。水は草木の根を潤して育て、最初の「木」に戻ります。

このように、循環する相生の関係は、生産的な関係といえるでしょう。

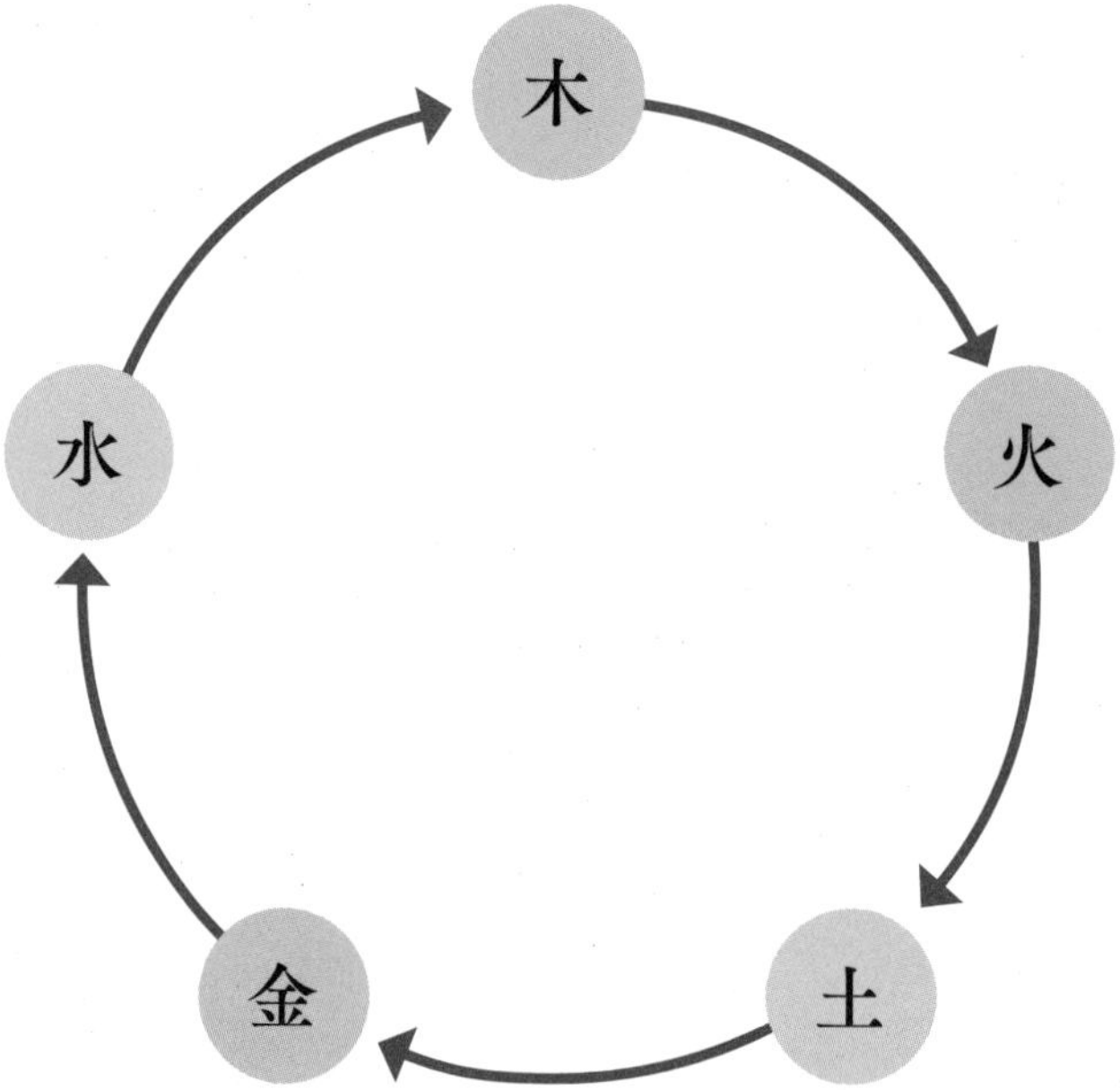

生《しょう》じる関係

「木」を例にすると、「木」の相生となるのは「火」です。

「木」は「火」を強めることができます（**生じる関係**）。「木」は燃えて「火」を生じる働きをする反面、自分のエネルギーを放出して力が弱まってしまいます。

「木」は「火」を生じる → 「木」は弱まり、「火」は強くなる

「火」は「土」を生じる → 「火」は弱まり、「土」は強くなる

「土」は「金」を生じる → 「土」は弱まり、「金」は強くなる

「金」は「水」を生じる → 「金」は弱まり、「水」は強くなる

「水」は「木」を生じる → 「水」は弱まり、「木」は強くなる

［生《しょう》じられる関係］

「生じる関係」と反対の関係です。エネルギーを受け取る側の視点になります。

「木」を例にすると、「木」は「水」から強められます（**生じられる関係**）。「水」は「木」を潤すことで、その力が弱まります。

「木」は「水」に生じられる ⬇ 「木」は強められ、「水」は弱まる

「水」は「金」に生じられる ⬇ 「水」は強められ、「金」は弱まる

「金」は「土」に生じられる ⬇ 「金」は強められ、「土」は弱まる

「土」は「火」に生じられる ⬇ 「土」は強められ、「火」は弱まる

「火」は「木」に生じられる ⬇ 「火」は強められ、「木」は弱まる

●相剋《そうこく》とは

ある特定の五行が、別の特定の五行を弱める関係のことを「相剋」といいます。

「剋」とは、「打ち勝つ」という意味です。各五行は、必ず別の五行に打ち勝ち、または滅ぼす関係をもちます。

「木」は「土」に根を張って養分を奪います。「土」は「水」を濁らせたり、堰き止めたり、地面から吸収します。「水」は「火」を消します。「火」は「金」を熱で溶かします。「金」は斧《おの》やノコギリとなり、「木」を切り倒します。

このように、相手の弱点を突く相剋の関係は、破壊的な関係である反面、相手を支配したり鍛えたりする関係でもあります。

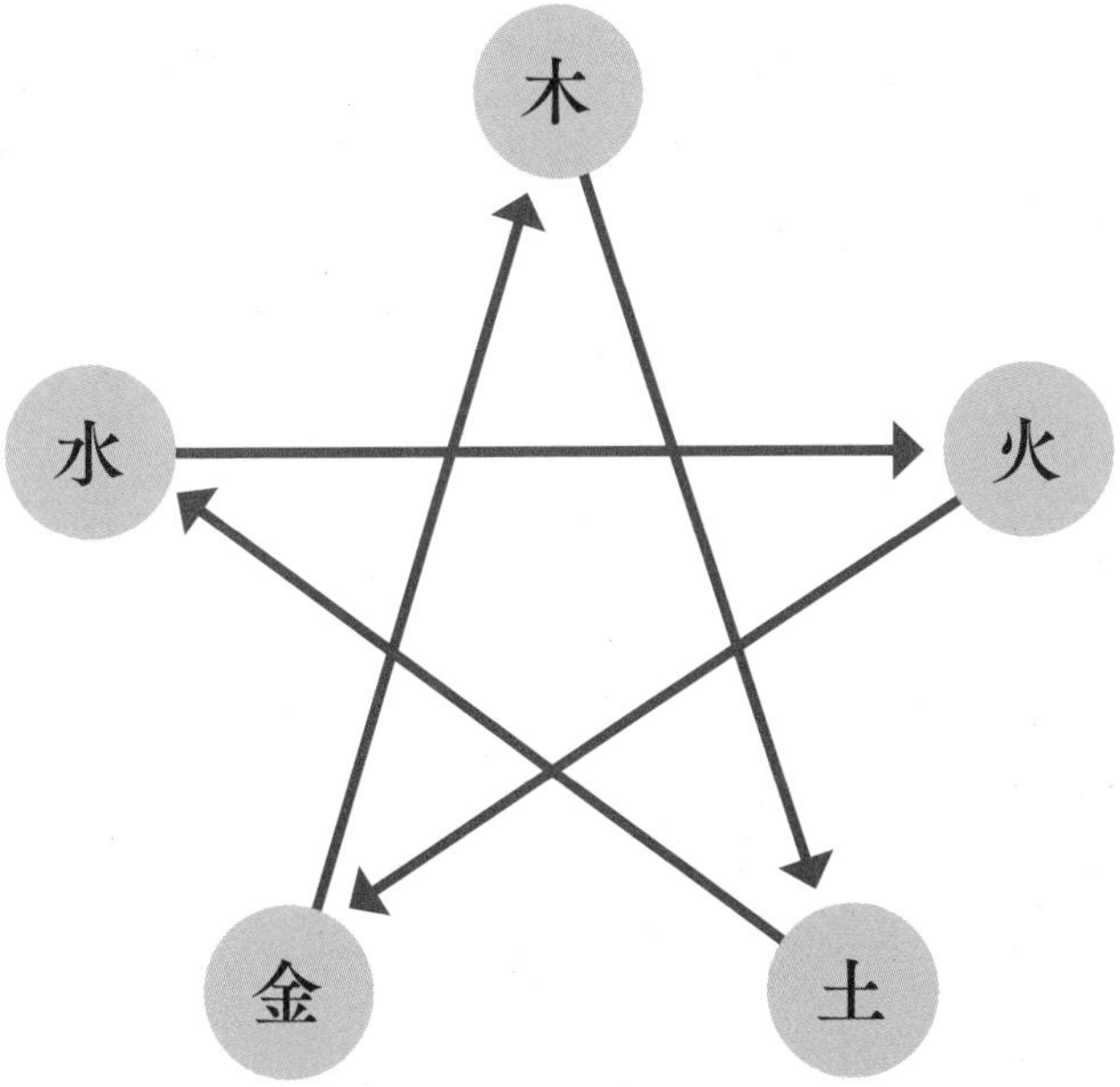

［ 剋《こく》する関係 ］

「木」を例にすると、「木」は「土」を弱めます（**剋する関係**）。

しかし、「木」は養分を奪って「土」を剋する働きをする反面、自分のエネルギーを放出して力が弱まってしまいます。

「木」は「土」を剋する ➡ 「木」は弱まり、「土」も弱まる
「土」は「水」を剋する ➡ 「土」は弱まり、「水」も弱まる
「水」は「火」を剋する ➡ 「水」は弱まり、「火」も弱まる
「火」は「金」を剋する ➡ 「火」は弱まり、「金」も弱まる
「金」は「木」を剋する ➡ 「金」は弱まり、「木」も弱まる

［ 剋《こく》される関係 ］

「剋する関係」と反対の関係です。エネルギーを奪われる側の視点になります。「木」を例にすると、「木」は「金」から弱められます（**剋される関係**）。

しかし、「金」も「木」を切り倒すことで自分のエネルギーを放出して、力が弱まります。

「木」は「金」から剋される
⬇
「木」は弱められ、「金」も弱まる

「金」は「火」から剋される
⬇
「金」は弱められ、「火」も弱まる

「火」は「水」から剋される
⬇
「火」は弱められ、「水」も弱まる

「水」は「土」から剋される
⬇
「水」は弱められ、「土」も弱まる

「土」は「木」から剋される
⬇
「土」は弱められ、「木」も弱まる

5 相生《そうじょう》・相剋《そうこく》を使って開運する

●吉方位のパワーを上げる催吉《さいきち》

風水では、**吉方位のパワーを上げる方法として、五行と相生関係を使用**します。相生関係の五行を使って、吉方位のパワーをさらに強めるということです。これを**「催吉」**といいます。

例えば、八宅風水（P.87〜）で自分、または自宅にとって「東」が吉方位だとします。下の表で確認すると、**「東」**は五行では**「木」**です。「木」のエネルギーを強めるためには、相生関係で「木」が**生じられる「水」**。「東」に「水」の性質の物を置くことや、「水」の色である「黒」を使うことで、催吉します。

八宅風水では下表の東西南北に南東、南西、北西、北東を加え、同様に「強めたい五行」他が決まります。

【五行を強める関係】

方位	強めたい五行	使う五行	使う色
東	木	水	黒
南	火	木	青
西	金	土	黄
北	水	金	白

※P.24の「五行がもつ象徴的な意味」表、P.35の「八卦の象意表」も参照。

●凶のパワーを抑える化《か》殺《さつ》

凶のパワーを抑えるためにも、五行の相生関係を使います。これを**「化殺」**といいます。

例えば、自分、または自宅にとって「東」が凶方位だとします。**「東」**は五行では**「木」**です。「木」のエネルギーを弱めるには、相生関係で「木」が**生じる関係の「火」**の性質をもつ物を置くことや「火」の色である**「赤」**を使うことで、凶を抑えられると考えます。

「木」は、相剋関係の「金」や「土」で抑えることもできます。しかし、**相剋はお互いを傷つけ合う関係**です。効果はありますが、**同時に不調和を生んでしまいます**。そこで、相手を傷つける相剋ではなく、反対に、エネルギーを与える相生で、**穏やかに凶エネルギーを抑える**ということです。

【 五行を弱める関係 】

方位	弱めたい五行	使う五行	使う色
東	木	火	赤
南	火	土	黄
西	金	水	黒
北	水	木	青

※P.24の「五行がもつ象徴的な意味」表、P.35の「八卦の象意表」も参照。

6 八卦《はっけ》について

●「易《えき》」をもとにした考え方

八卦とは、自然界、人間界のすべてを8つの要素で表したもので、古代中国から伝わる「易」の考え方がもとになっています。

　伝説によると、八卦の基礎をつくったのは、古代中国神話に登場する帝王、伏義《ふっき》といわれています。中国古代の世界観で、混沌とした宇宙を表した「太極」。それが「陰」と「陽」という正反対のエネルギー2つに分かれ、宇宙のあらゆる存在や事象が生まれたと考えられています。

　しかし、宇宙のすべてが陰と陽の2つにはっきりと区別できるわけではありません。1日の中に「昼と夜」だけではなく朝や夕方があるように、1年の季節に「夏と冬」だけではなく春と秋があるように、陽の中にも**陰を含む陽**があり、陰の中にも**陽を含む陰**があります。

　こうして、陰陽は、「陽の陽」「陽の陰」「陰の陰」「陰の陽」の4つに分けられ、それぞれ**「老陽」「少陰」「老陰」「少陽」**と名前がつけられました。**これを「四象《ししょう》」**といいます。そして、この**四象をさらに陰陽に分けたものが八卦**となります。

　八卦は、それぞれ**天を示す「乾《けん》」**、**沢を示す「兌《だ》」**、**火の「離《り》」**、**雷の「震《しん》」**、**風の「巽《そん》」**、**水を示す「坎《かん》」**、**山の「艮《ごん》」**、**地の「坤《こん》」**といい、左表のように、関連する人物やさまざまな象意があります。

　風水では、**方位も八卦に基づいて八方位**になっています。それは、前述した**五行、気学で用いる九星にも対応**しています。

【八卦の象意表】

八卦 卦名	正象※	方位	五行	人物	象意
乾《けん》	天	北西	金	父	目上 寺社 学 官庁 交通 貴金属
兌《だ》	沢	西	金	少女	弁舌 口論 色情 喜び 飲食 貨幣 趣味
離《り》	火	南	火	中女	文書 印鑑 試験 学問 派手 華やか 別れ
震《しん》	雷	東	木	長男	音楽 電気 電話 発展 驚き 動く
巽《そん》	風	南東	木	長女	香り 利益 信用 評判 交際 整う 完成
坎《かん》	水	北	水	中男	セックス 暗い場所 苦労 秘密
艮《ごん》	山	北東	土	少男	変化 改革 貯蓄 銀行 静止 地味 ケチ
坤《こん》	地	南西	土	母	衣類 田畑 勤勉 誠実 平凡 大衆的

※最も代表的な象意。

7 八卦の成立

太極、陰陽、四象、八卦の関係は、次の図です。こうして成立した八卦を、風水の方位判断のもととします。

それぞれの方位は、左の図のような卦《か》となっています。

【八卦と四象、陰陽の関係】

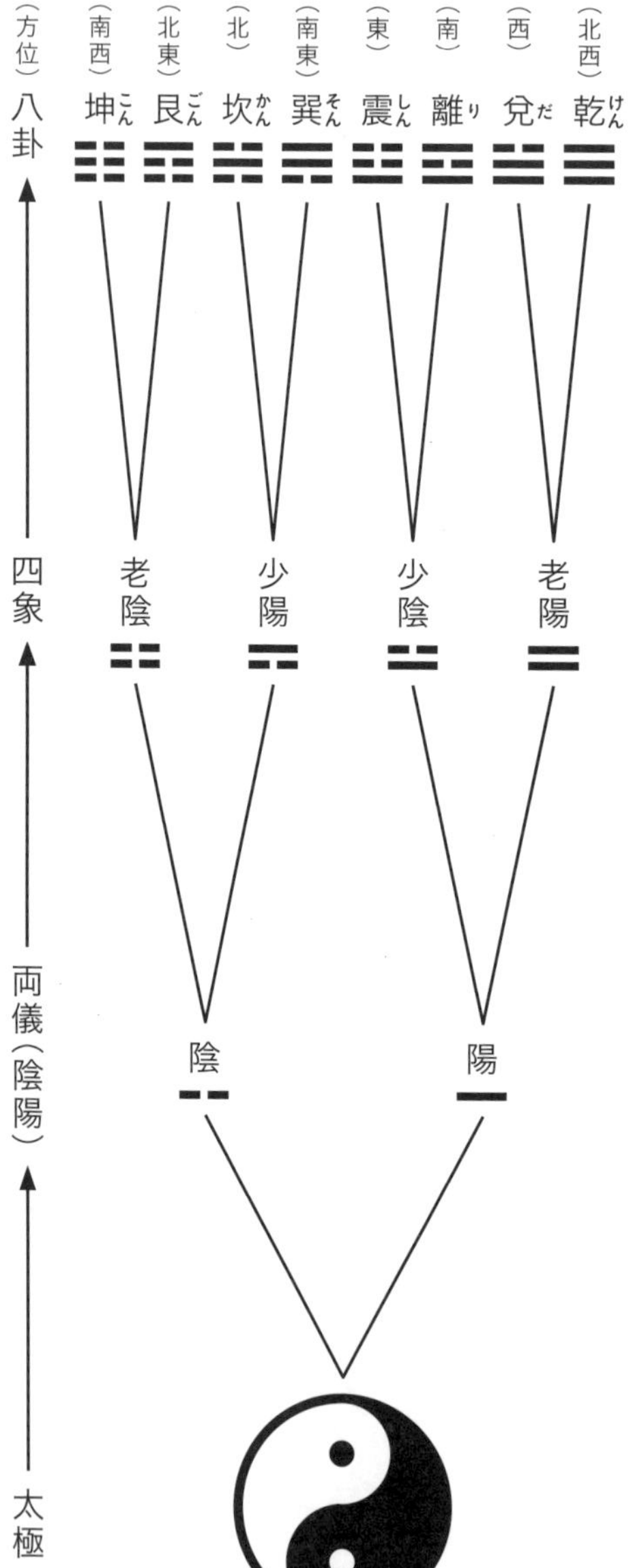

8 太極《たいきょく》とは

●家の中心を差す目印

家の「気」の状態**「理気」を判断する場合、とても重要なのが「太極」**です。

太極は、宇宙の混沌とした状態を表す言葉ですが、風水をみるときに使う場合、**「家の中心」**を意味します。また、家の中心を太極と呼ぶのに対して、**部屋の中心は「小太極《しょうたいきょく》」**と呼びます。小太極は部屋の間取りなどを考える場合に重要です。

家の中心である太極が決まって、初めて方位が決まります。家の中心というと簡単に聞こえますが、では実際、いったいどこが家の中心かと考えると、少々難しくなります。

太極の取り方には、2つの考え方があります。

まず1つ目は、**家の平面図上の重心（中心となる点）を太極とする**考え方です。仮に、家がL字型やコの字型の場合には、家の内側ではなく外側が太極となります。この点に疑問を感じる人もいるようですが、どのような方法でも、ロの字型の家の場合は、太極は必ず家の外になります。

2つ目は、**家の平面図上で出っ張っている部分を省き、欠けの部分を補い、直角の四角形を作った上で、中心を太極とする**考え方です。

注意点として、**ベランダやテラスなどは、部屋とはみなしません**。ですから太極を求めるときは、その部分を削除して線を引くようになります。太極の取り方には諸説ありますが、黒門流風水では重心を太極と取る考え方のため、1つ目の**「家の重心が太極」**という考え方で説明していきます（P．96参照）。

4／風水で必要な道具

本格的に学ぶなら押さえておきたい4アイテム

まず、風水師が用いる道具の筆頭は「**羅盤**《らばん》」です。方位盤のことですが、風水診断に必要な多くの要素が入っています。まず、地面と平行になるよう両手で持ち、中心にある方位磁石を合わせます。通常のコンパスは針が北を指すようにしますが、**羅盤は針が南を指すように**して使います。方位磁石の周囲に八卦や十干十二支《じっかんじゅうにし》（方位を60分割したもの）などが同心円状に書かれています。もちろんプロは要素の多い大型のものを使用しますが、一般向けに小型のものもあります。

次に、門やドアの幅、**家具の高さなどを測って吉凶をみる**「**魯班尺**《ろはんじゃく》」があります。寸法の目盛り以外に、例えば「富貴《ふき》」（名も財も得る）が赤色、「口舌《こうぜつ》」（噂に注意）が黒色と吉凶が色分けされたものです。

龍穴を探す「**尋龍尺**《じんりゅうじゃく》」はダウジング用の棒状のもの。屋外はもちろん、室内の「刑殺」（P.71）を探すことができます。

最後に、**風水師が使用する暦**「**通書**」。二十四節気、干支などが細かく書かれ、吉日を出します。東洋占術の多くに対応しています。

【風水師が使う道具一例】

魯《ろ》班《はん》尺《じゃく》

物の長さ・大きさの吉凶がわかる物差し。
定規のほか、メジャー式の物も。

羅《ら》盤《ばん》

「羅経」と呼ぶことも。
中心に方位磁石があり、周りは方位盤。

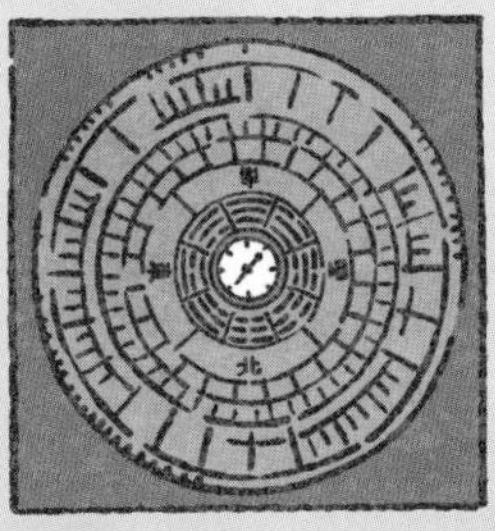

通《つう》書《しょ》

日本の開運暦のような物。
ほとんどの占術に使用できる。

尋《じん》龍《りゅう》尺《じゃく》

龍穴を探す道具。とても高価。
韓国では観龍子と呼ばれている。

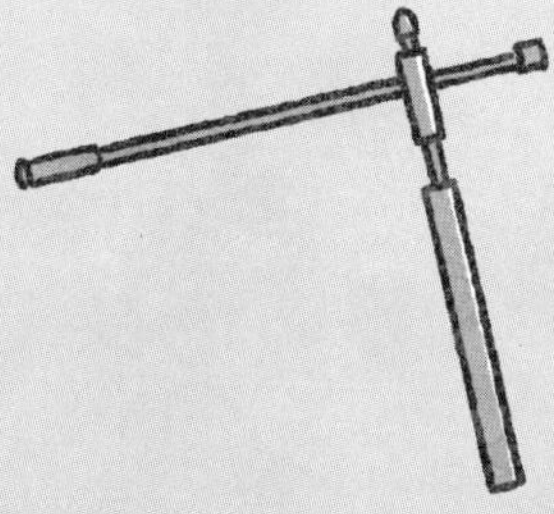

コラム 1

中国に数多く存在する風水の二大流派図

風水が生まれた中国には、大きく分けて2つの流派が存在します。
それぞれの種類や特徴を図にまとめました。

二大流派

三元《さんげん》派

明末清初《みんまつしんしょ》の蒋大鴻《しょうたいこう》が著した『地理弁正《ちりべんせい》』に基づく流派。玄空派ともいわれる。「元運」という時間の概念を重視する。

■ 玄空《げんくう》六大流派

沈氏玄空《ちんしげんくう》学によれば、清代《せいだい》には六大門派があった。今日では流派の数は100を超えるといわれている。

■ 無常《むじょう》派（玄空飛星《げんくうひせい》派） P.274

清代の章仲山が開祖。『地理弁正直解《ちりべんせいちょくかい》』に基づく。現在、中国のプロ風水師たちに最も普及している。

■ 沈氏玄空《しんしげんくう》

清代の沈竹礽《しんちくじょう》を祖とする。息子の沈祖綿が編集した『沈氏玄空学』が有名。

■ 談氏玄空《だんしげんくう》

談養吾《だんようご》が『談氏大三元玄空路透』（1921年）によって広めた。

■ 上虞《じょうぐ》派

徐迪恵《じょてきけい》を祖とする。『地理元文』（端木国瑚）に基づく。この派の流れを汲んだ張心言の「玄空大卦派」もある。

■ 真南《しんなん》派

范宜賓《はんぎひん》が著した『乾坤法竅《けんこんほうきゅう》』に基づく。

■ 蘇州《そしゅう》派

朱小鶴《しゅしょうかく》を祖とする。『地理弁正補《ちりべんせいほ》』に基づく。

■ 湘楚《しょうそ》派

尹一勺《いいっしゃく》の撰による『四秘全書《しひぜんしょ》』に基づく。

■ 広東《かんとん》派（玄空南派《げんくうなんぱ》）

蔡岷山《さいみんざん》とその息子蔡書雲《さいしょうん》を祖とする。『地理弁正求真《ちりべんせいきゅうしん》』（蔡岷山）などに基づく。香港の呉師青《ごしせい》が著した『地学《ちがく》鉄骨秘《てっこつひ》』から広まる。

■ 中州《ちゅうしゅう》派

香港の王亭之《おうていし》によって広まる。無常派の流れの1つ。玄空三訣《げんくうさんけつ》を用いる。

■ 玄空大卦派

張心言《ちょうしんげん》の『地理弁正疏《ちりべんせいりゅう》』に基づく。方位を64分割にする。近年、台湾の曾子南《そしなん》によって広まる。

■ 玄空六法派

河南省の李虔虚《りけんきょ》という道士が伝えた流派。「元空」「雌雄」「金龍」「挨星」「城門」「太歳」の6技法を用いる。

■ 龍門八局派（三元水法派）

唐代の邱延翰《きゅうえんかん》が著した『乾坤《けんこん》国宝』に基づく。水の流れを重視。三元派ではあるが、玄空派には属さない。

三合《さんごう》派 P.272

唐代の楊救貧《ようきゅうひん》※、曽文辿《そぶんせん》の師弟が開祖。宋代の頼布衣《らいふい》が中興《ちゅうこう》の祖。「天」「地」「人」の三盤を用いて判断する。特に外部環境をみるのに優れた流派。

■ 四大水口派

清代の孔聞星《こうぶんせい》の『地理原真《ちりげんしん》』に基づく。水口（水の集まる場所）を重視。

■ 後天水法派

清代の葉九升《ようきゅうしょう》の『地理大成《ちりたいせい》』に基づく。水の流れを重視。

■ 三合四大局派

清代の趙九峰《ちょうきゅうほう》の『地理五訣《ちりごけつ》』に基づく。水口や生まれ年を重視。

※楊救貧は後代に呼ばれた呼称。正しくは楊筠松《よういんしょう》。

その他の流派

■ 八宅《はったく》派 P.87

明代末の箬冠道人《じゃくかんどうじん》著『八宅明鏡《はちたくめいきょう》』に基づく。生まれ年を重視。現在最も普及している陽宅の流派。

■ 陽宅三要《ようたくさんよう》派

清代の趙九峰《ちょうきゅうほう》著『陽宅三要』に基づく。「玄関」「寝室」「キッチン」の関係を重視。

■ 金鎖玉関《きんさぎょくかん》派 P.50

「清王朝に仕えた風水師の末裔」と自称する祁鴻飛《しゃこうひ》が伝えた。山と水の方位を固定的にみる。

■ 九星宅《きゅうせいたく》派

日本の九星気学の基。九星の星を用いる。

■ 八字《はちじ》派

八字（=四柱推命のこと）と風水を関連づけて判断。

■ 八卦《はっけ》派

各方位の象意を固定的に見る。日本の家相に相似。

■ 奇門《きもん》派

奇門遁甲《きもんとんこう》という占術を用いる流派。

■ 河洛《からく》派

河洛神数《からくしんすう》という計算法を用いる。

第二章

目で見る形で判断する巒《らん》頭《とう》

1／巒《らん》頭《とう》とは

地形や建物で
土地の気の勢いや
質をみる

P.21でも説明した通り、「巒頭」とは**地形や建物などの目に見える形から吉凶を判断する方法**です。

風水が誕生した古代中国では、大きな都を造営するときや、墓や個人が邸宅を建てるときには、地形で吉凶を判断し、より良い「気」が流れる場所を選んできました。なぜなら人々は、周囲の気の影響を受けながら暮らしている、死んでもなお影響があるとされたためです。

気の流れが良い土地を探し出し、その場所に、さらに良い気が留まるような家を建てて住むことによって、運を上昇させることになると考えられています。その考え方は、現代にも通じているといえます。なぜなら、風水は占いではなく、環境が人間に及ぼす作用をみる方法だからです。

巒頭では、「龍《りゅう》・穴《けつ》・砂《さ》・水《すい》」という4つのポイントに注目し、それらの位置で吉凶を判断します。この4つについての説明は、P.46にありますので、そちらをご覧ください。

理想的な土地 運の良い家を探すポイント

さて、風水で理想的な土地や家を探すポイントについて、早く知りたいことと思いますが、順を追って説明します。

まず、巒頭でいう理想的な環境、その意味を紹介しましょう。それは「四神相応《しじんそうおう》」という形です。続いて、「できれば避けたい土地」「避けたい環境」を解説していきます。避けたい環境は「形殺《けいさつ》」といい、家の周りの川や道路、建物の形で凶意を示すもののことです。例えば、カーブした道路の外側にある家は強い凶作用があるといったことがあげられます。

とはいえ、すべての凶を避けようと思うと簡単ではないでしょう。現代の住居選びは、交通の便、通勤通学経路、教育環境や福祉の環境などが優先となるでしょうから、「気の流れが良い土地に、最高の家を建てる」などというのは贅沢な話となります。それでも、極力、気**の流れが良く、災害にも強い土地を選び、形殺に当てはまる環境は避けるということを基本にしたい**ものです。

さらにP．71から家の中での形殺についても取り上げます。また、風水では、それのみを重視するということはありませんが、家相《かそう》として関心の高い、「張り《は》」と「欠け《か》」の影響もみていきます。

2／風水の理想モデル四神相応《しじんそうおう》

四方位を神獣に例えた理想的な場所

古くから**「巒頭」での理想的なモデルといわれているのは、「四神相応」と呼ばれる地形**です。龍が「穴《けつ》」を結ぶ直前の山を「父母山《ふぼさん》」と呼びます。この山を、「玄武《げんぶ》」という神獣に例えます。

穴は大地の「気」が集まっている場所ですが、そのままだと、気は風によって散じてしまいます。そこで山脈の末端の丘が穴を囲うように、二股に伸びていると穴の気が守られます。これを「砂《さ》」と呼びます。穴から見て、左が「青龍砂《せいりゅうさ》」、右が「白虎砂《びゃっこさ》」と呼ばれます。

また穴がある土地は砂に守られながらも正面は開けた方がよく、この開けた部分を「明堂《めいどう》」と呼びます。さらに、明堂の正面に丘や小山があるとき、穴より遠くやや高いものを「朝山《ちょうざん》」と呼び、穴に近く低いものを「案山《あんざん》」と呼び、砂の1種となります。

この朝山・案山を鳥に似た神獣「朱雀」に例え、北に父母山（玄武）東に青龍砂、西に白虎砂そして正面の南に朝山・案山（朱雀）の四神獣がそろう地を四神相応の地といい、風水の典型的な良地となります。

●理想的な「四神相応」……山を背後にして、水（海、湖沼《こしょう》、河川水《かせんすい》）を前方に臨むような場所（背山臨水《はいざんりんすい》）を、左右から、丘陵《きゅうりょう》（砂《さ》）もしくは背後の山よりも低い山で囲うような地形。

3／巒《らん》頭《とう》の四大原則

吉凶を判断する「龍《りゅう》・穴《けつ》・砂《さ》・水《すい》」

すでに、「巒頭」の説明とともに、「龍・穴・砂・水」の用語が登場しましたが、この4つの要素は、風水の巒頭のみかたの大変重要な原則となっています。ここではもう一度、この原則を簡単に整理しておきます。

まず1つ目の「龍」は、**大地の「気」の流れのこと**です。「龍脈」とも呼ばれています。次に「穴」は、**大地の気の集まるポイントのこと**です。「龍穴」とも呼ばれています。3つ目の「砂」は、**穴地を守る環境のこと**です。最後の「水」は、**水の流れのこと**です。「水龍」とも呼ばれます。

また、風水において、砂は健康を象徴し、水は財産を象徴するといわれています。古代文明の発祥地からわかる通り、大河のあるところに文明、文化は栄えます。これは、川が物を運ぶのに使われていたからです。物を運ぶということは、人の縁を運び、お金を運んでくることでもあるのです。そのため、風水では古くから川などの水脈を財運の象徴としてみてきたのです。

穴（龍穴）

大地の「気」が集まる龍脈の終着点

龍の「気」が集まっている場所のことを指します。龍脈の終着点で、**穴を結ぶ**といいます。「龍穴」とも呼ばれています。

龍が真龍であれば吉穴《きっけつ》があります。逆に真龍でなければかえって凶穴《きょうけつ》を結びます。穴は**山脈が伸びて、平地になる少し手前にあります**。龍穴の場所を掘ると、「太極暈《たいきょくうん》」と呼ばれる渦巻き状の不思議な模様が出現するといわれています。

龍（龍脈）

龍のように山脈の尾根づたいに流れる

大地の「気」の流れの道筋のことです。「龍脈」とも呼ばれています。通常は、山脈のことを指します。起伏があり、**曲がりくねったものが良い龍脈**であり「真龍」といいます。逆に、起伏がなく真っ直ぐに伸びた龍脈は、吉穴を結びません。

また、龍脈の起点は山脈の最も高い山頂にあり、これを「太祖山」といいます。ここから分岐し、平地になる手前を終着点として「穴」を結びます。

水（水龍）

「気」を蓄える性質をもつ

水の流れのことをいいます。「水龍」とも呼ばれています。「穴」の生気を蓄えるためには、水が必要とされています。

特に、**川が穴地を包むように流れるのを「有情《うじょう》」**といい、穴の生気が蓄えられるといわれています。逆に、**穴に対して反り返るように流れるのを「無情《むじょう》」**といい、穴の生気は蓄えられることなく漏れてしまうといわれています。

砂

「穴」の「気」を守る左右の丘陵

背後の高い山から続く丘陵が「穴」を両手で囲むような地形だと、穴の「気」が守られます。これを「砂《さ》」と呼びます。

穴から見て、左手に伸びる丘陵（または川）を「青龍砂」、右手に伸びる丘陵（または木立ち）を「白虎砂」といいます。**龍が穴を結んでも、この砂がないとせっかくの龍脈の気は風で散じてしまい、「凶穴」となります。**

4／現代の理想的な土地選び

陽宅風水での「巒頭」のみかた

現実には、**私たちは多くが平地に暮らしていて、四神相応の土地を求めることは難しい**といえます。大地形をみる地理風水や、良い土地に先祖を埋葬すれば子孫が繁栄するという陰宅風水を、現代の住居にそのまま当てはめることは無理があるでしょう。

陽宅風水（住宅の風水）で巒頭をみるには、平地や市街地におけるみかたを知る必要があります。**平地で最も注目すべきなのは四大原則の一つ、水の流れ**です。すなわち「水龍」が、平地の龍脈なのです。

水龍は、河川はもちろん側溝なども含み、きれいな水がゆったりと曲がりくねって流れるものが良いとされます。しかし、これも得難い環境でしょう。そこで、陽宅風水では、道路や鉄道も水龍とみなします。住宅の風水では、道路が家に対して、どんな位置にあるのかに注目します。次に「砂」ですが、陽宅風水では住宅周囲の高い建物や丘、池や広い土地などを砂とみます。

そのため、次のような条件がそろえば、四神相応となります。

【 現代における四神相応 】

玄《げん》武《ぶ》

家の後ろ側に山や高台、
高い建物がある土地

朱《す》雀《ざく》

家の正面方向が
見晴らしの良い平地

白《びゃっ》虎《こ》

家の中から見て玄関の右側に、
家と同じ高さの建物か、
家よりは高く青龍側よりも
低い建物がある土地

青《せい》龍《りゅう》

家の中から見て玄関の左側に、
右側よりも高い建物がある土地

5／住居選びに活かしたい金《きん》鎖《さ》玉《ぎょく》関《かん》

「山」と「川」で地形をみる

風水の考え方の1つに「金鎖玉関」というものがあります。これは、**自然の地形の高いところ（山）と、低いところ（水）の配置によって、住居の中で良い気の流れる場所や、運気の良い場所を選ぶみかた**になります。周囲の地形を「山」と「水」でみるのですが、この場合、「水」というのは実際に川などの水がなくても、低い建物や道路などを水とみたてます。

金鎖玉関の理想的な地形は、住居の北、東、南西、南東が実際の山や高い建物などがある「山」となっていて、南、西、北西、北東が実際の川や池、低い建物、道路などの「水」がある地形です。

実際に土地や住居を探す場合、どんな効果を得たいかによって条件を絞るのがおすすめです。それぞれの効果は、P．51下を参照してください。

【それぞれの方位の効果】

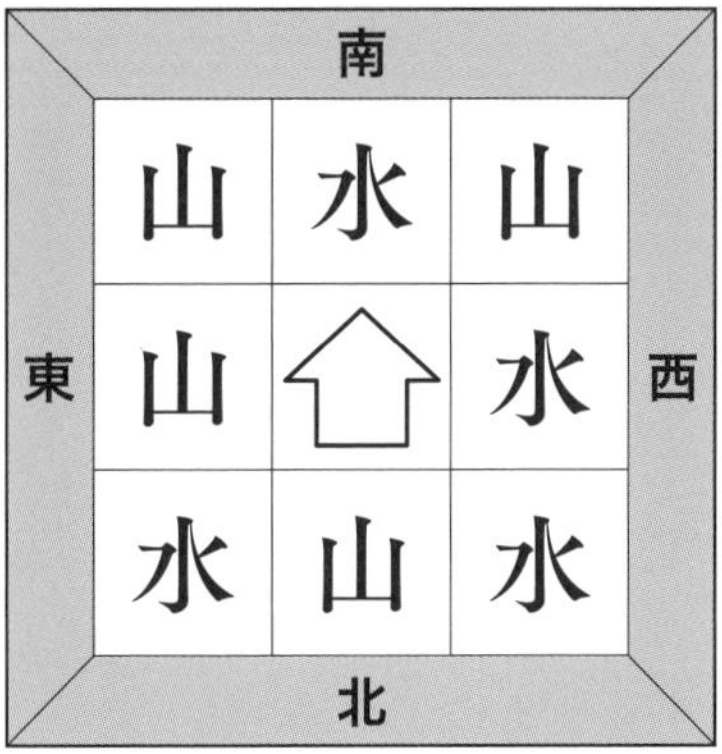

山…地形的に
高い山、高い建物
水…川、低い建物、
道路

- 北に「山」➡小宝に恵まれ、夫婦仲が円満になる
- 北東に「水」➡不動産や財産運に恵まれる
- 東に「山」➡物事が大きく発展、成長する
- 南東に「山」➡恋愛、結婚運に恵まれる
- 南に「水」➡勉強に集中でき、ひらめきが鋭くなる
- 南西に「山」➡健康運に恵まれる
- 西に「水」➡恋愛運に恵まれる
- 北西に「水」➡仕事運に恵まれる

6／できれば避けたい土地

周囲の建物が悪影響を及ぼす土地

土地や物件には、良い「気」が集まる理想的な場所もあれば、悪い運気となりやすい場所もあります。**周囲の建物が悪影響を及ぼす場合を、風水では「形殺」といいます。**「水龍」と同様に陽宅風水で重視されるものです。

形殺は「砂」の一種で、周囲の建物などの形が家に悪影響を与えるもののことです。どういったものが悪影響を及ぼすかというと、とがった形のものや、光るものです。とがったものとは、建物の角の部分や、鉄塔などの先がとがった建造物をいいます。光るものとは、鏡張りのビルなどです。これらは、**その建物が大きく、そして住居に近いほど、影響が出やすくなります。**

最も典型的な例は、付近の建物の角です。この角が住居に向いているのは良くありません。この形殺は見えることが条件で、間に遮蔽物があり住居から見えなければ影響はありません。また、住居のどこに向いているかも重要で、玄関などに向いていると特に悪いとされています。

すでに住んでいる家の解決方法

この章の最初にも説明した通り、理想的な土地や物件を探し出し、さらにその場所に住むということは、容易ではありません。これまでに紹介したような良いとされている条件を1つでもクリアしている場所が見つかれば、それはとても幸運なことであると考えてください。さらに、そういった土地が、良くない条件（形殺）と重ならないことも重要になってきます。

次に、複数ある形殺の特徴をイラストとともに詳しくお教えします。これから土地を購入したり、引っ越しをする場合や、開運をしたいと考えているなら、当てはまるところは選ばないでください。

現在、そのような場所に住んでいる、あるいはすでに所有していて、そこに住まざるを得ない、という場合もあるでしょう。そこで、**風水では「化殺《かさつ》」と呼ばれる凶作用を弱める方法があります。**それについても紹介していきます。例えば、「八卦鏡《はっけきょう》」という風水用の鏡を玄関や窓の外に取りつけて、「気」を反射することは化殺の1つです。

ただし、建物が建っている土地自体の影響はとても大きいものであると考えられています。そのため**化殺は、あくまでも応急処置**であるということを忘れないでください。

周囲の形殺《けいさつ》

1.閂《とう》門《もん》殺《さつ》

向かい合う玄関で人間関係トラブルに

家の玄関が、他の家の玄関と向かい合うものを「閂門殺」といいます。マンションなどで玄関が向き合っている場合もこれにあたります。いがみ合う関係になるといわれており、**人間関係のトラブルが起きやすくなります**。隣の家と窓が向かい合う場合も、閂門殺の一種となります。

2つの玄関の間に門や塀、生垣がある場合には凶作用が緩和されるので、そういったものを設けたり、向かいの玄関が目に入らないよう、玄関にカーテンやパーテーションなどを立てて目隠しをしてください。また、玄関先にサンキャッチャーを取りつけて、入ってくる「気」を散らす方法もあります。凶作用を跳ね返してくれる八卦鏡を外にかけるのもおすすめです。

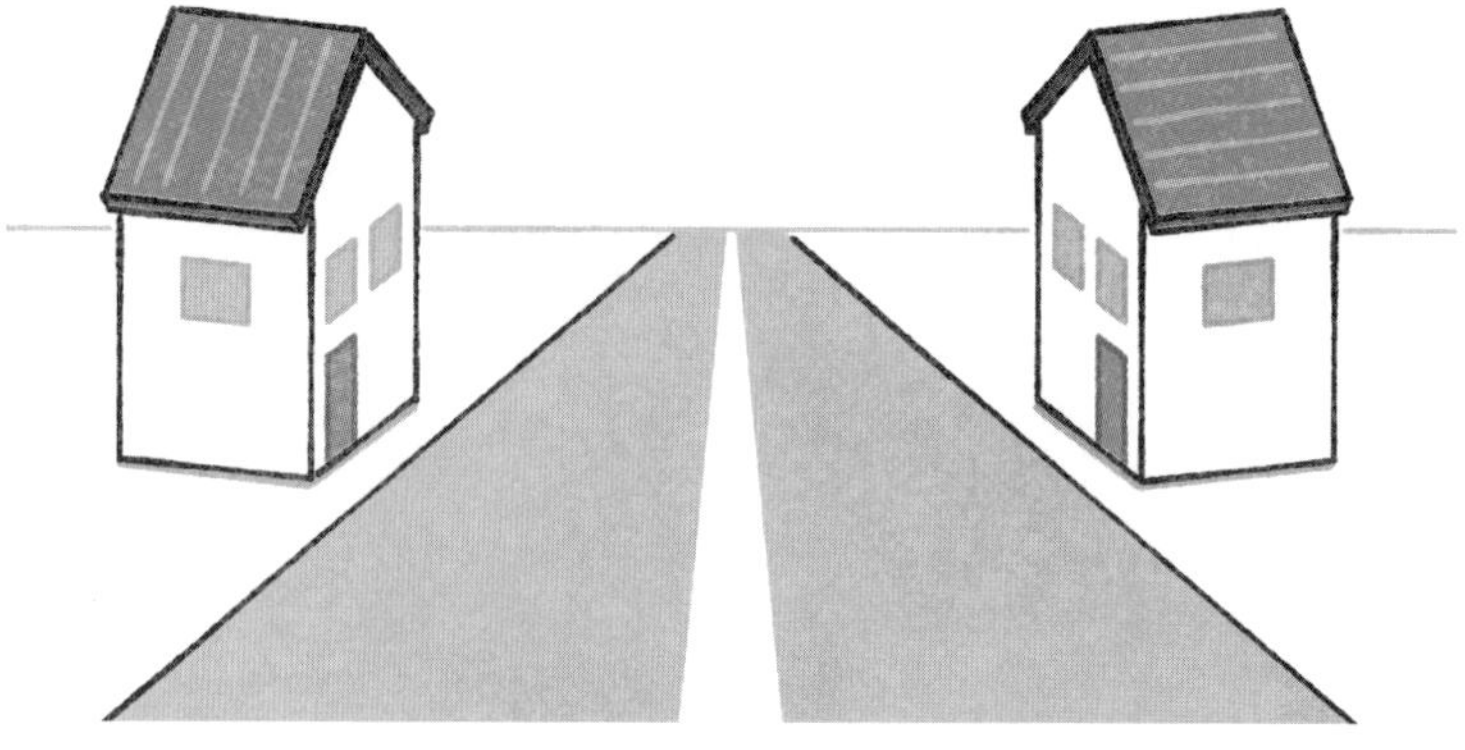

2.隔《かっ》角《かく》殺《さつ》

玄関や窓から見える建築物の角で運気が低迷

近くの建築物の角が、家に向いているものを「隔角殺」といいます。特に、玄関や窓に向いているのは良くないとされています。さらに、その建築物が大きければ大きいほど、近ければ近いほど影響は大きくなります。**圧迫感を受け、精神的に落ち着かなくなり、神経衰弱、不眠、物忘れ、思わぬ怪我などが発生しやすくなる**とされ、運気も低下します。ただし、玄関や窓から建築物の角が視界に入らない場合、影響はありません。

化殺するには、窓に厚手のカーテンやブラインドを取りつけ、玄関には生垣や高い木を植えるなどして、視界を遮りましょう。また、家の外に八卦鏡を取りつけて、悪い「気」を跳ね返すのもいいでしょう。

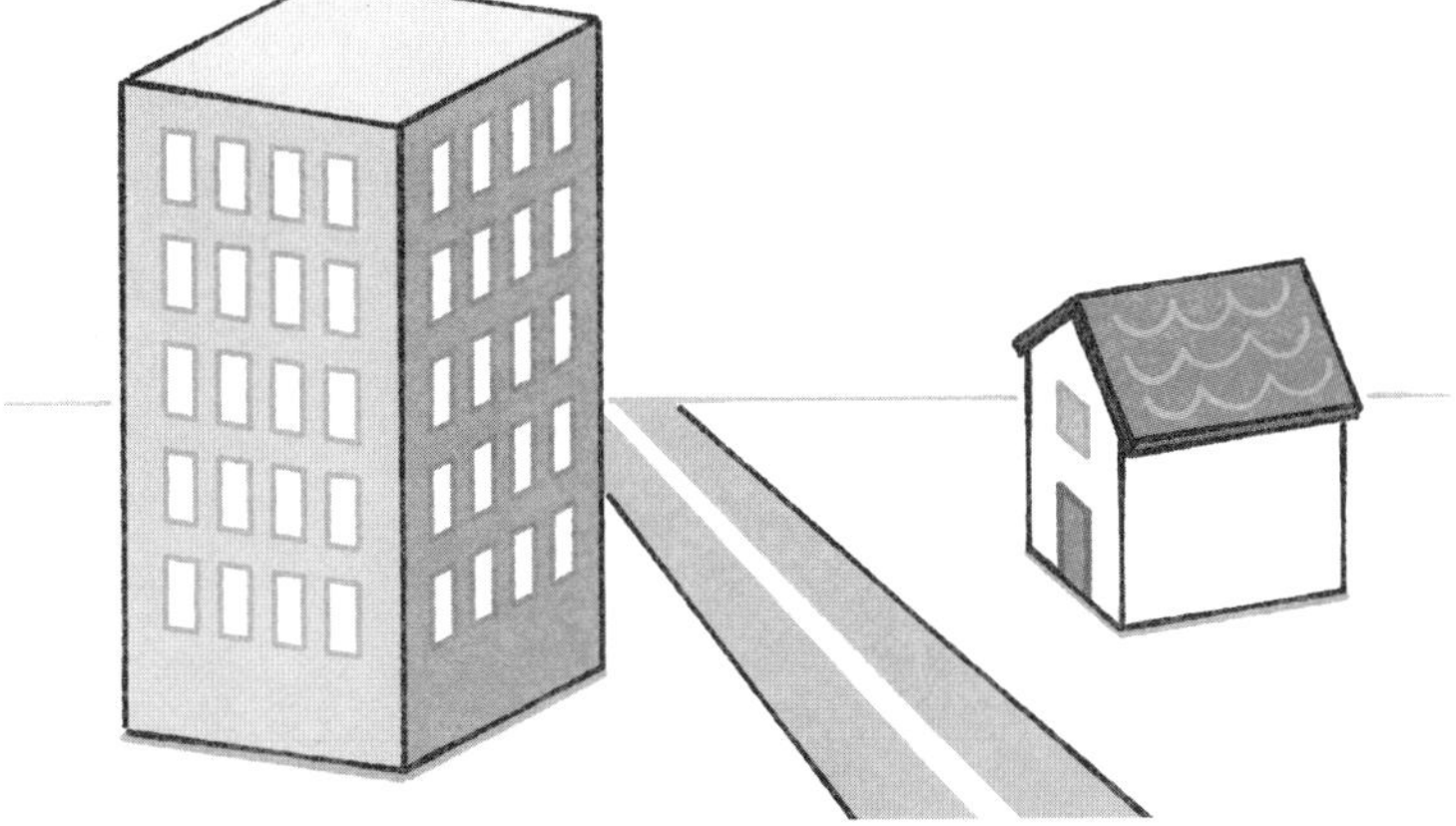

3.鎌《れん》刀《とう》殺《さつ》

カーブの外側にある家は凶作用を受けることが

高速道路など高架道路のカーブの外側に家や事務所が位置する場合を「鎌刀殺」といいます。

本来、一般道路や川でもカーブの外側は良くないのですが、イラストのような高架道路の場合、突発事故や重病、破産などの悪い影響が強くなります。さらに、高架道路と家が同じ高さにあると、**目に見えない圧迫感で、気持ちが落ち着かないなどの影響もより強く出ます**。逆に、カーブの内側に家や事務所がある場合は吉となり、昇進や財運の向上があるといわれます。

化殺するには、高架道路が建物の中から見えないようにカーテンやブラインドなどで遮る、外に八卦鏡を取りつけて「気」を跳ね返すなどしてください。

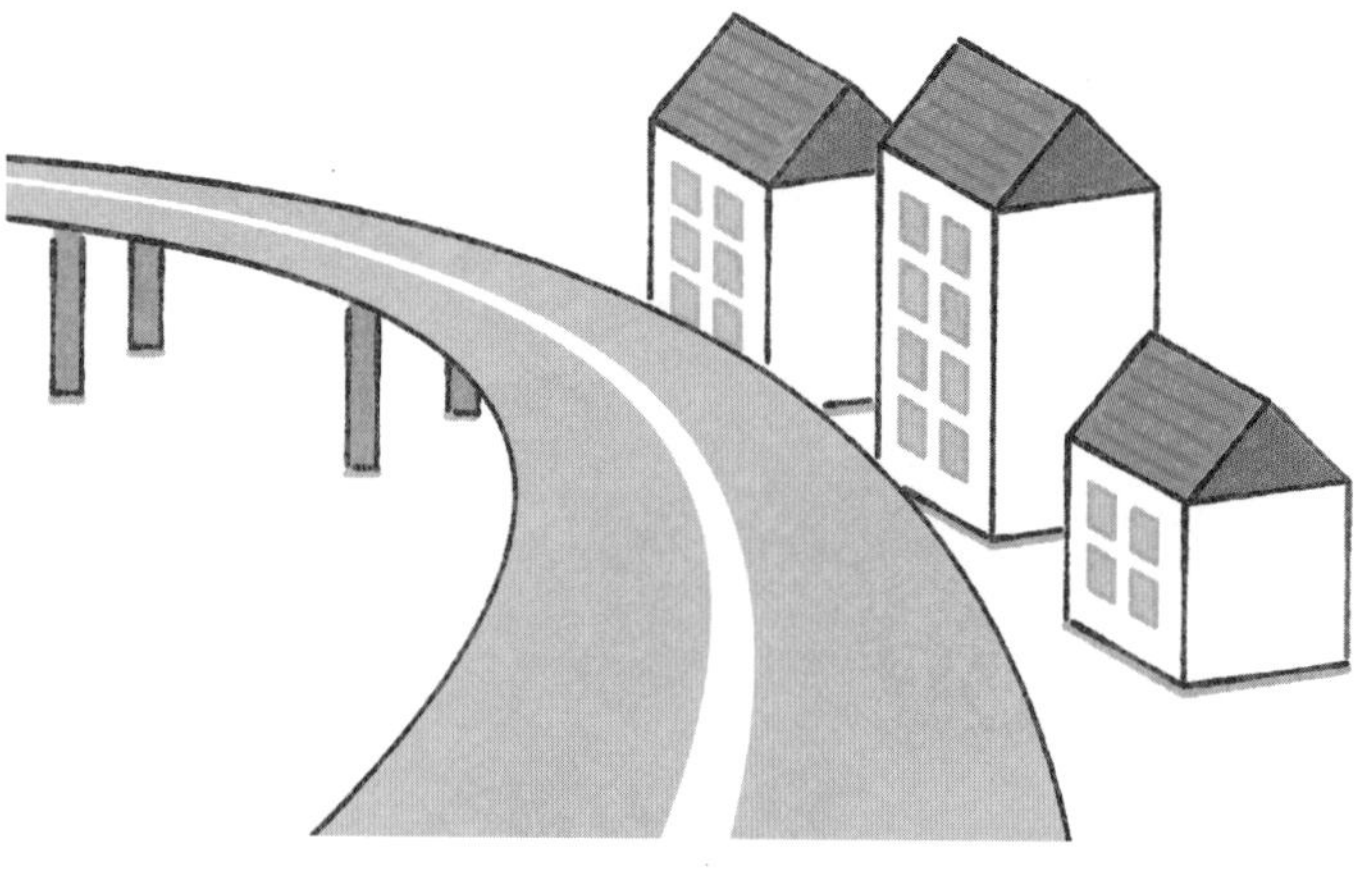

4.川《かわ》字《じ》屋《おく》

引っ越しの際に特に注意したい形殺

イラストのように、家の前が道路に面していて、同じ形の細長い家屋３棟が、川の字のように並んでいる場合を「川字屋」といいます。

この場合、**女性の体に関してのトラブルが起きやすい**といわれています。例えば、子どもができづらい、胎児が育ちにくいなど、婦人科系の病気の心配が生じるとされます。子どもがいる場合は、怪我をしやすくなるので注意が必要です。財政面でも、何かと出費が増え、お金が貯まりづらくなるなどのトラブルが発生するでしょう。

これらの凶作用については、化殺方法が明確にはないといわれています。そのため、引っ越しの際には、このような配置になっている住居を選ばないよう、特に注意する必要があります。

5.穿《せん》心《しん》殺《さつ》

玄関の真正面の電柱は別れの災いをもたらすことが

　イラストのように、家の玄関の真正面に、電柱や樹木が視界を遮るように立っているものを「穿心殺」といいます。他にも、とがった形の建築物や鉄塔などが立っている場合もこれにあたります。

　このような住居では、**別れの災いが起こる**とされています。**家族が病気がちになり、苦労を呼びます。特に、一家の主人に起こりやすい**といわれます。ただし、命を失うほどのことにはならないとされています。また、「気」が乱れることになるので、金運が下がる危険性もあります。

　このような場合は、電柱や樹木などが玄関から見えないようにカーテンやブラインドで遮ってください。あるいは、八卦鏡を外につけて凶作用を反射させることで化殺できます。

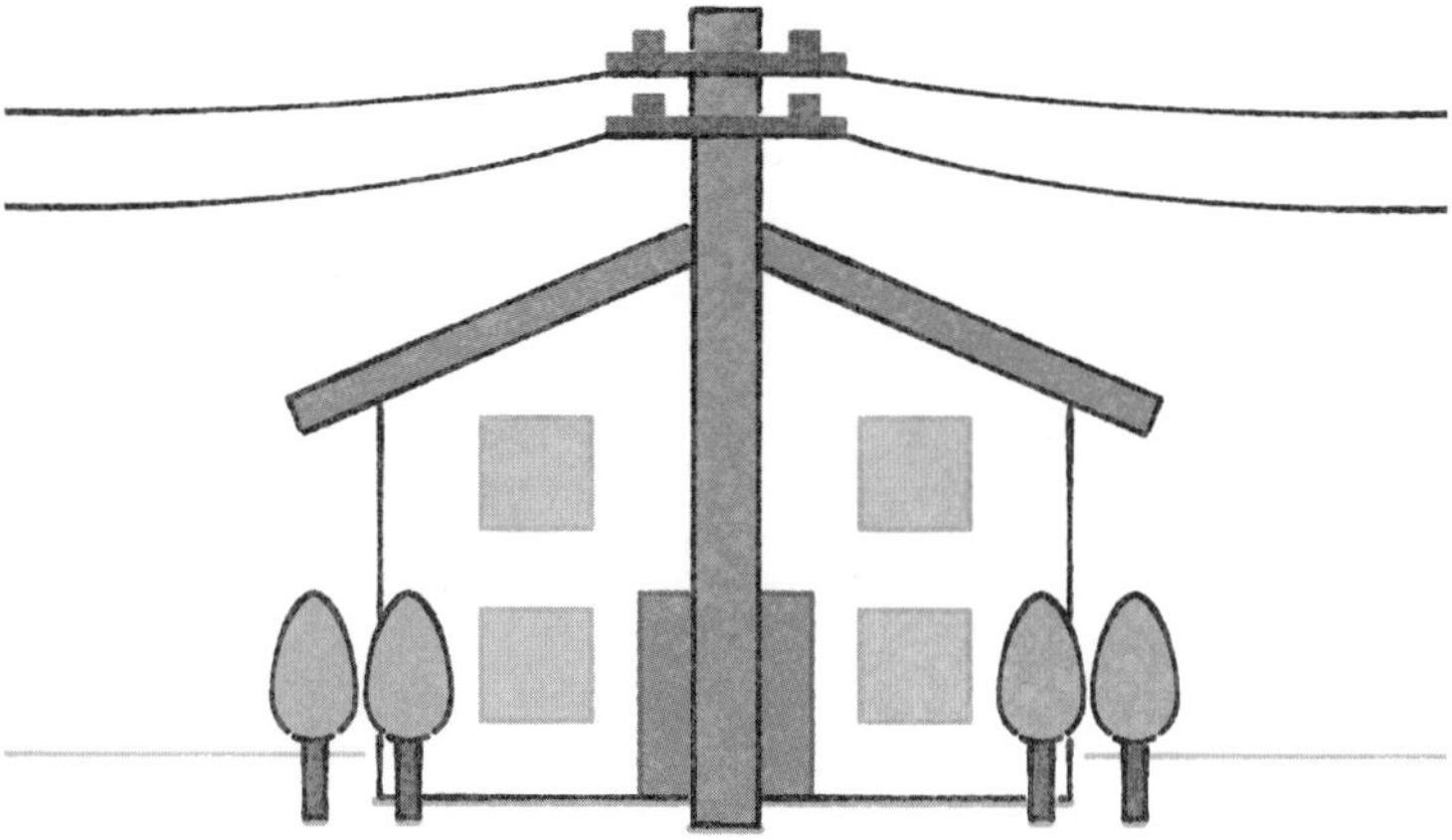

6.丁《てい》字《じ》路《ろ》口《こう》

玄関の真正面の道路から邪気が入り込む

　袋小路となっている土地の突き当たりに家がある場合や、イラストのように住居が丁字路に面していて、道路が玄関の真正面に向かってくるものを「丁字路口」といいます。

　これは、道路から直進してくる殺気がまともに玄関に入り込んでくるので、**突然の事故や怪我、財産の損失に悩まされる**といわれています。また、玄関が道路の真正面にあると、より強い影響を受けてしまうので、家を建てるときにはせめて、玄関の位置だけでもずらしたいものです。

　このような住宅の場合は、住居の門や玄関の前に、邪気を遮るような塀や生垣などの遮蔽物を置いたり、外に八卦鏡を取りつけたりして、外からの「気」が住居に入らないようにしましょう。

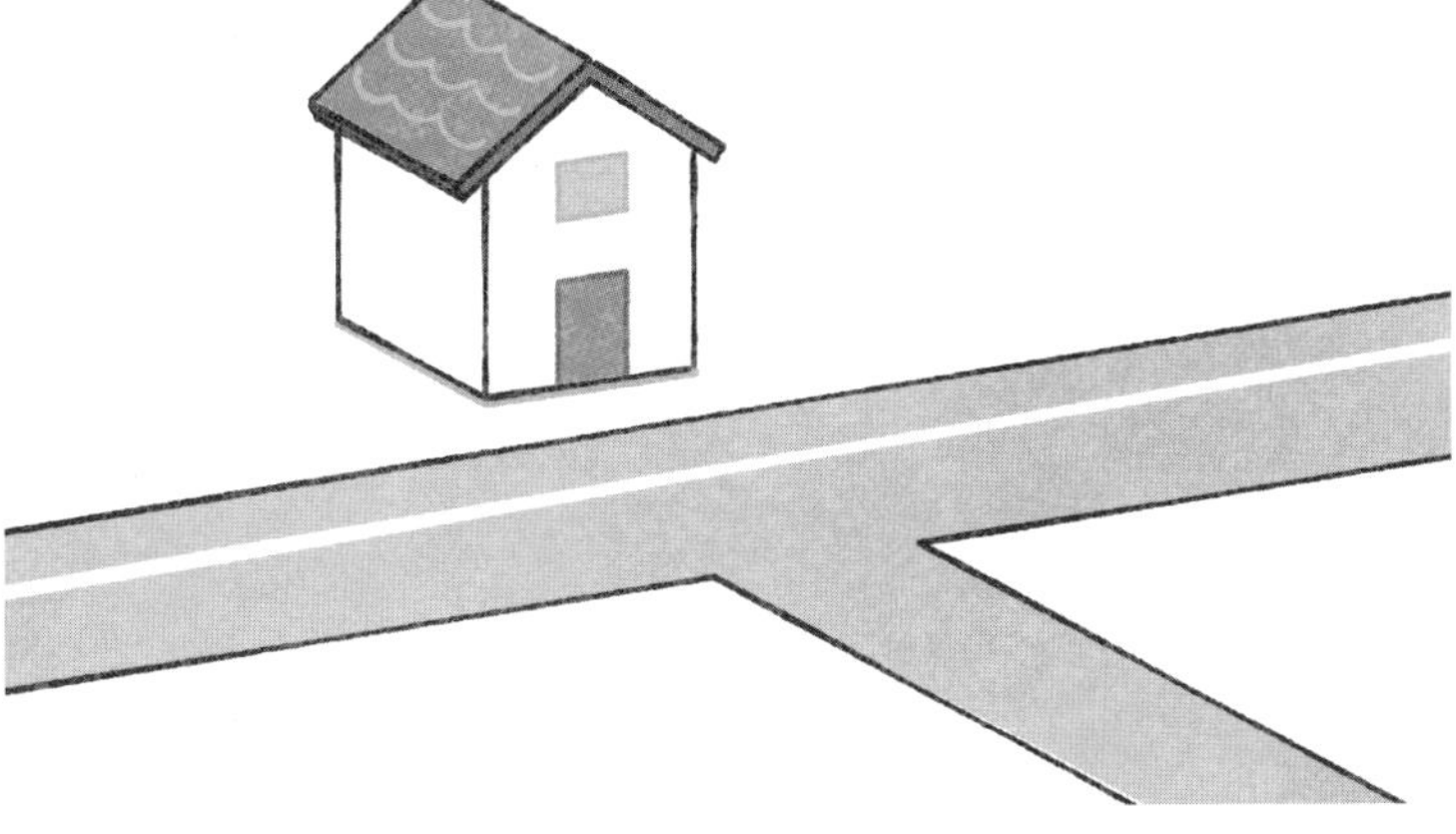

7.天斬殺《てんざんさつ》

2つの高い建物の間の家は心身に悪影響を及ぼす

家の前方あるいは後方に、2つの高い建物の隙間の延長線上がある場合は、凶だといわれています。これは、建物の間から吹く風によって、良い気が散ってしまうと考えられているためです。

間の家が刀の切っ先で天から斬られたように見えることから「天斬殺」といわれています。この家に住むと、**身体に悪影響が出るとされ、神経痛やリウマチなどの疾病に悩まされたり、血光の災い（交通事故、手術）、訴訟、事業の失敗などにあいやすくなる**とされています。ただし、2つの建物の間から別の建物が見える場合は、天斬殺ではないので、凶作用を心配する必要はありません。

天斬殺の場合は、八卦鏡を外に取りつけて、「気」を反射させると化殺できます。

8.反《はん》弓《きゅう》直《ちょく》箭《せん》

道路が弓矢で住居を射る形 極めて大きな凶作用が

丁字路口と鎌刀殺が合わさったもののことです。イラストのように住宅に対して道路が弓なりに反りかえり、真ん中にもう1本の道路が住宅に向かっている場合を「反弓直箭」といいます。

ここに住んでいると、道路から直接的に向かってくる邪気が、家に突き刺さるような雰囲気を感じます。そのため、**常に強い圧迫感を感じ、心が落ち着かず、精神的なトラブルを引き起こしやすくなる**とされています。また、血光の災い（交通事故や手術）などの、極めて大きな凶作用も及ぼします。

この場合は、玄関の前や道路に面している側に塀や生垣を設けて、邪気の流れを遮断するようにしてください。また、八卦鏡を取りつけて、邪気を跳ね返すことも有効とされています。

9.露《ろ》風《ふう》殺《さつ》

周囲より飛びぬけて高い家は人間関係で孤立しやすい

周囲の建物に比べて、1棟だけ飛びぬけて高い場合を「露風殺」といいます。**人間関係で孤独になりやすい、事業の失敗、見栄を張り借金をするなどの凶作用がある**といわれています。そうしたことが起こった結果、病気になる危険性もあります。

巒頭では、住居を守る「砂」があるものが良いとされています。1つだけ飛び出していると、強い風にさらされ、守られることはありません。

ただし、他の建物より飛びぬけて高いマンションなどに住んでいる場合でも、両側に部屋があり、囲まれている場合は、悪影響を受けません。

化殺をするには、外に八卦鏡を取りつけてください。邪気を跳ね返すことができます。

【その他にも気をつけたい凶作用のある家や土地】

- 家の前に**神社仏閣、祠堂《しどう》、慰霊碑**➡平穏な生活を送るのが難しい
- 家の玄関前に**古い空き家**➡病気になりやすい
- 家の**四方が道路で囲まれている**➡発展性が阻まれる
- **土地や住居が三角形の形**をしている➡心身が不安定になりやすい
- 家の**四方がビルに囲まれている**➡精神が安定せず、発展しない
- **玄関や出入り口が川に面している**➡浪費家になり、散財しやすい
- 家の**そばに果樹園**がある➡家の運気が衰退する
- 家が**山や丘陵などの頂上**にある➡人間関係に不和が起こりやすい

7／建物の張《は》りと欠《か》け

張り（凸部分）は吉
欠け（凹部分）は凶
とするのが基本

この項では、「張り」と「欠け」について説明しましょう。

日本の家相では欠けと張りをかなり重視しますが、中国伝統の陽宅風水では、そこだけを取り上げて家全体の吉凶判断をすることはありません。しかし、関心の高いテーマであり、方位の象意を頭に入れることができますので、張り、欠けの方位別に基本情報を紹介します。

張りとは、家の間取り図でみて出っ張った箇所のことで、欠けは周囲に比べてへこんでいる箇所のことです。日本家相では、一辺の3分の1以内の出っ張りが**張り**、一辺の3分の1以上が欠けていれば**欠け**としますが、私の場合は、3分の1以上でも以下でも欠けとみなします。ある方位に欠けがある場合、その方位の示す気が弱まり、凶作用があるとします。ある方位に張りがある場合、日本家相では、その方位の示す気が強まり吉としていますが、中国風水やインド風水（ヴァスツ）では、張りも凶とする場合が多いようです。集合住宅の建物自体の張り欠けは、自宅スペースの張り欠けほどの影響はありません。

張り

下図のように西方位に張り出しがある家の場合、例えば日本の家相では、西が示す金銭、恋愛が吉。南東方位の張り出しなら、結婚、商売が吉などと判断しますが、中国やインドの場合は、逆に張り出しも凶とする場合が多いです。

南東

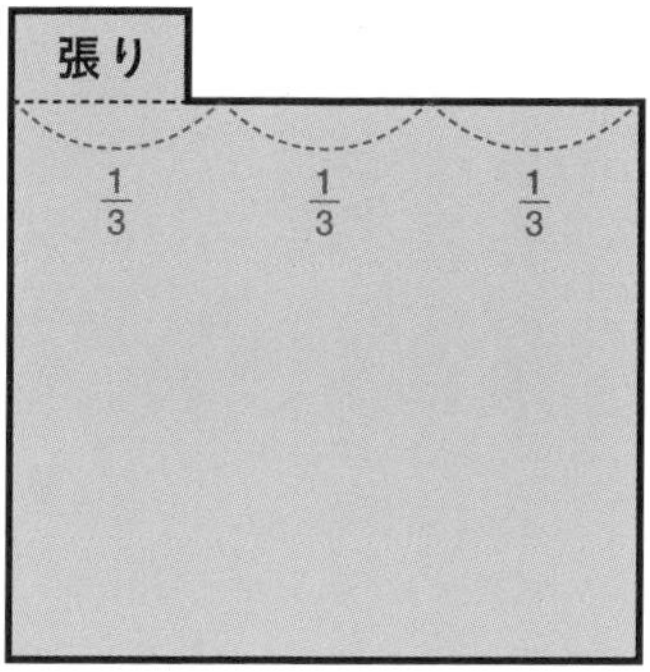

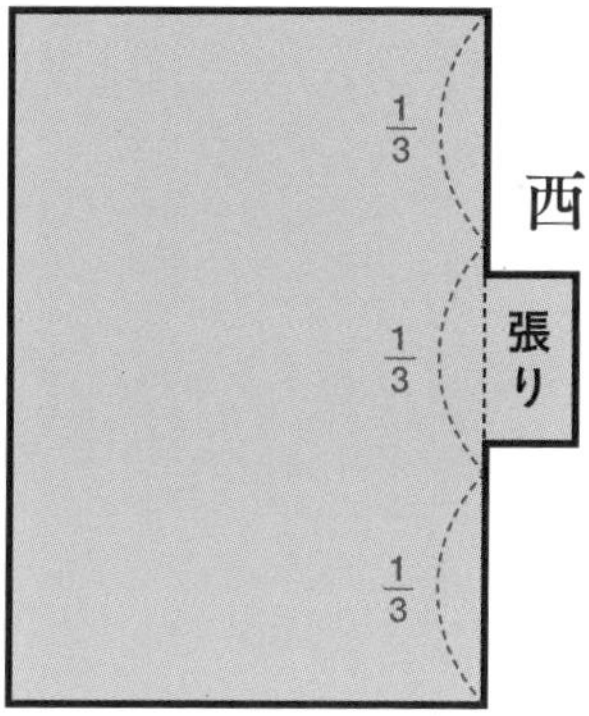

西

欠け

下図のように北西方位に欠けがある家は、北西が示す父親の気が弱まるため、父親の権威が弱い家庭となります。また、北方位に欠けがある家は、子どもができにくい家になるなどと判断します。

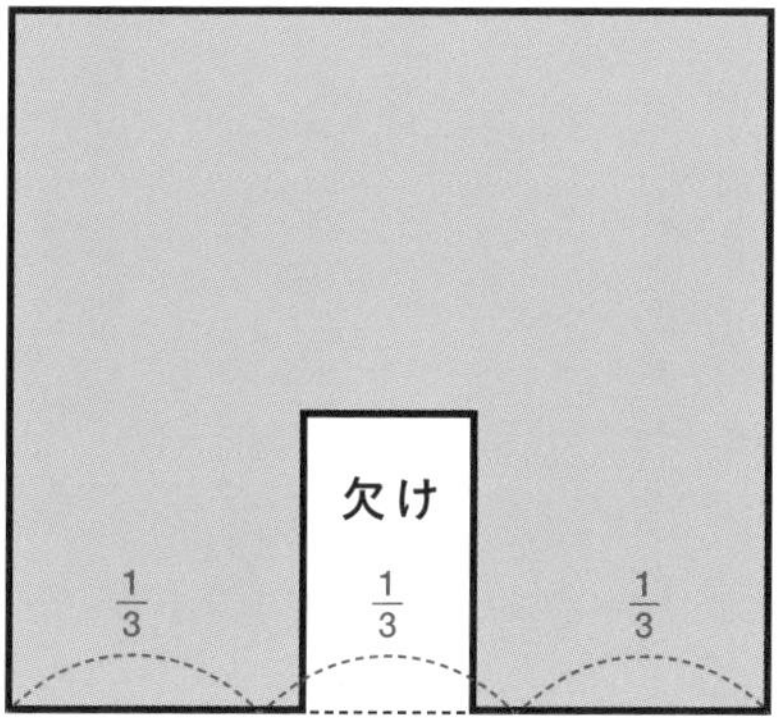

北

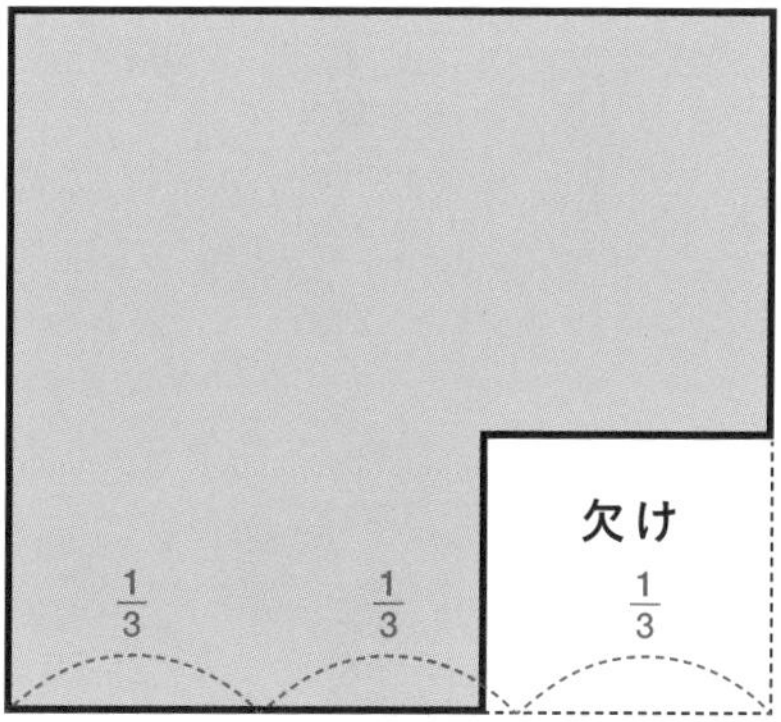

北西

八方位と欠けの影響

P.65の例のように、八方位はそれぞれ意味を持っています。

例えば、**ある方位が「欠け」となっている家は、その方位に対応する人間や、その方位が象徴する身体の部位にさまざまな影響が出てくる**とみます。

張りならば、その出ている部分がどの方位にあるかをみましょう。その方位が象徴としても つ運が強められ、住む人間に良い影響があるといえます。

吉作用はいいとして、気になるのは凶作用の方でしょう。次に、方位別の「欠け」を説明します。P.35の八卦の象意表も参照しつつ読み進めてみてください。

北西〈乾《けん》〉の欠け

家の中で、北西（乾）の方位が欠けていると、**仕事上のトラブルが起きやすくなります。**経営が不安定になりがちで、事業の失敗が起きるという暗示もあります。会社員の場合は、良い上司に恵まれず、上司との衝突が多くなるとされています。就職や転職を控えている人の場合、良い会社と巡り合うことが難しくなります。

健康面では、呼吸器や皮膚の病気、右足の怪我に注意しましょう。

北西は、一家の主人の座となっています。そこが欠けるということは、旧来のみかたですと**夫のいない家になる**ということです。例えば、夫が長期で単身赴任したり、家庭内での立場がなくなり、威厳のない父親になるなど、一家の主人の存在感が薄い家庭になってしまいます。

西〈兌《だ》〉の欠け

家の中で、西（兌）の方位が欠けている場合は、**金銭的に苦労することになる**、とされます。西は、金運を司る方位であるためです。金銭的なトラブルに巻き込まれる、借金がかさむ、悪くすると破産するなどの暗示があります。

健康面では、呼吸器系のトラブルを起こしやすくなるでしょう。

家庭内では、お金が発端となって口論や揉め事が起こりやすくなりがちです。兄弟関係や夫婦関係など、家族の人間関係が悪くなるといわれています。

恋愛面では、不倫や複数人との恋愛関係を持つなど、異性関係に乱れが出てくる暗示があります。

南〈離《り》〉の欠け

家の中で、南（離）の方位に欠けがあると、精神的に不安定になりやすいといわれています。その結果、**健康を損ないやすくなる**とされます。特に、脳や心臓などに何らかの影響が出やすいでしょう。

収入面では、他の人が引き起こしたことで出費がかさみ、安定しません。

家庭面では、生別、死別が多くなり、孤独な人生となりやすいでしょう。

恋愛面では、恋愛のチャンス自体は多くなります。それゆえに、多くの別れを経験することになるでしょう。そのため、恋愛そのものに嫌気がさしてしまう恐れがありそうです。結婚したとしても、冷めた結婚生活を送ることになりかねません。

東〈震《しん》〉の欠け

家の中で、東（震）の方位に欠けがあると、**長男に問題が出やすく、跡継ぎ問題でのトラブルが起きやすくなる**とされています。また、長男自身が将来や先行きへの不安感から、考え込んでしまう傾向を強め、思わぬ失敗を重ねてしまうことにもなるでしょう。

健康面は、肝臓にトラブルが生じやすいという象意をもちます。疲労感が消えないため、精神的にもバランスをくずしやすくなるとされています。

収入面では、急な出費が多くなり、安定しづらくなってしまうでしょう。

恋愛面では、出会いがあったとしても、相手が問題です。見栄っ張りで、口先ばかりの中身がない人ばかりが現れます。

南東〈巽《そん》〉の欠け

家の中で南東（巽）の方位に欠けがあると、人づき合いがうまくいかなくなり、周りの人からの信用を失ったり、評判が悪くなったりするとされています。特に、自営業者には、影響が大きく出るでしょう。

健康面では、慢性的な病気を抱えやすくなり、その病気と一生つき合っていくことになるとされています。

恋愛面では、**結婚関係において、かなりの悪影響を及ぼす**とされています。

例えば、なかなか良い相手に恵まれず、晩婚傾向が強くなるか、結婚をせずに一生を終える、といったことが起こりやすくなるでしょう。特に、長女の結婚に問題が出やすくなるといわれています。

北〈坎《かん》〉の欠け

家の中で、北（坎）の方位が欠けると、**悩み事が多くなり、憂鬱な精神状態になりやすい**とされています。

そのため、健康状態も悪化してしまうでしょう。特に象意としてあるのが、肝臓、膀胱、子宮、生殖器などの下半身の病気です。

恋愛面では、なかなか理想の人が現れず、不倫などのトラブルを抱えたつき合いになってしまいます。**夫婦関係にも問題が出やすい**とされています。セックスレスや、ケンカが多くなったりするでしょう。そうでなくても、子どもができにくくなるというのが、この方位の欠けです。

人づき合いがうまくいかず、人間関係のトラブルが多くなり、仕事で結果を出すのが難しいともいわれています。

北東〈艮《ごん》〉の欠け

家の中で、北東（艮）の方位が欠けていると、血縁関係にある人たちなど、**身近な人たちとのトラブルを引き起こしやすくなる**といわれています。問題を1つ解決したら、別の問題が出てくるというように、悩みが尽きることはないでしょう。財産や遺産問題での揉め事も起きやすくなるという欠けです。

また、**跡継ぎがいなくなり一家が絶える運命になる**という暗示もあります。

健康面では、関節痛や腰痛に悩まされることになるでしょう。家庭はいざこざが多くて落ち着きません。

恋愛や結婚面では、婿養子を迎えなければならない事情があっても、相手がなかなか見つからず苦労する暗示があるとされています。

南西〈坤《こん》〉の欠け

家の中で、南西（坤）の方位に欠けがある場合は、**健康状態にトラブルが起きやすくなる**とされています。特に、胃腸のトラブルが深刻化し、重病を引き起こす恐れがあるとされています。

家庭運を左右することから、**一家の妻を中心として女性たちにトラブルが起きやすくなり**ます。**家族全員が病気がちになるので、暗い雰囲気の家庭となってしまう**でしょう。

また、この方位のキーワードの１つに「勤勉」があります。その吉作用が欠けているのですから、勤労意欲や学習意欲などを失いがちになります。

金銭面では、コツコツとお金を貯める堅実さが失われてしまうため、金運が不安定になりやすいでしょう。

欠けの補い方

第一に、欠けのある家は、**最初から選ばないことや、建てないように心がける**必要があります。しかし、欠けのある家にすでに住んでいる場合は、欠けとなる部分に家具を置くか、鏡や絵画を飾ることで対処してください。これは、**疑似的に奥行きをつくることで、欠けがないように装う**という手法です。

例えば、鏡の場合は、欠けている部分の壁にかけるか、壁の手前に大きめのものをかけましょう。絵画の場合は、室内を描いた作品がおすすめです。視覚的に空間が広がるような図柄や写真のポスターを張るのもいいでしょう。ただし、山や湖などの風景は避けてください。欠け部分が外というイメージになってしまうと、意味がなくなってしまうためです。

8 ／ 家の中の形殺《けいさつ》

間取りを形殺《けいさつ》で考えたときのNG例、OK例

「できれば避けたい土地」（P．52〜）では、家の周りの様子でみる「形殺」について話しました。ここでは、家の中の形殺について紹介しましょう。NG例とOK例のイラストとともに説明していきます。

風水では、人との交流がお金を運んでくると考えます。家の中に入ってくる「気」の中でも特に、玄関から入ってくるものは、金運を運んできます。その金運の気が、さらに、各部屋に流れていきます。ただ、ドアなど開閉口がない部分には、その気は入っていきません。

その金運をうまく取り入れるためには工夫が必要です。**間取りによっては、財産が貯まらない家になってしまう**可能性もあります。ほとんどの場合は、家具を移動させるなど、インテリアを少し工夫するだけで解決することが多いのです。しかし、どうしても変えることが難しい場合もあるでしょう。そのような場合には、やはり「化殺」をすることで好転させる方法をとります。また、室内に置いておくと良くないものなどもありますので、注意してください。

1.玄関から窓の外が見える「漏財宅《ろうざいたく》」

「気」が窓から外に漏れ出し
お金が貯まらない家に

玄関から、窓の外の景色が見える状態を風水では「漏財宅」といいます。

NG例の場合、玄関の向かいに寝室があり、寝室のドアを開けると、寝室の窓から外の景色が見えます。これは、玄関から入った「気」が、窓から外に漏れ出すことを意味し、**漏財宅の名の通り、お金が貯まらない家になります**。

このような間取りの場合、窓にしっかりとした厚手のカーテンをつけることと、寝室のドアを開けっ放しにしないことが大切です。また、パーテーションを置き、玄関から窓を見えなくすることで、金運の流れを変え、外に出ないようにすることができます。パーテーションは、透けない素材のものを使用してください。

OK例

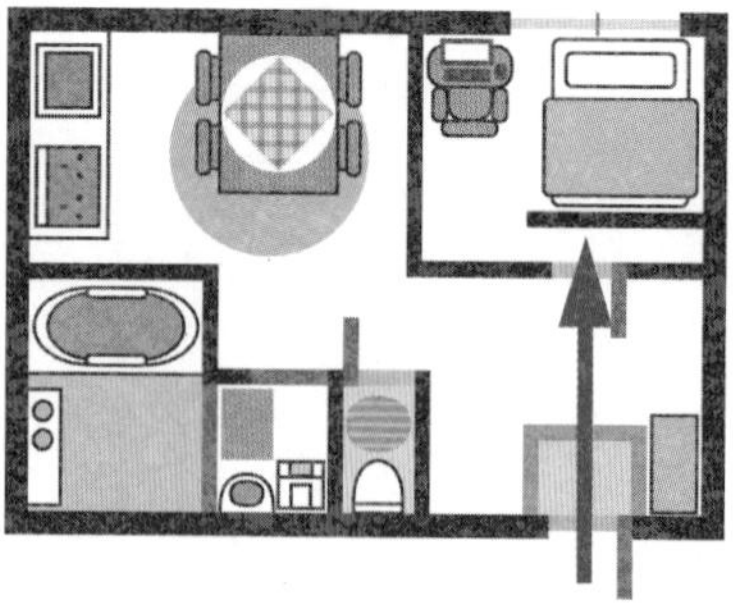

NG例

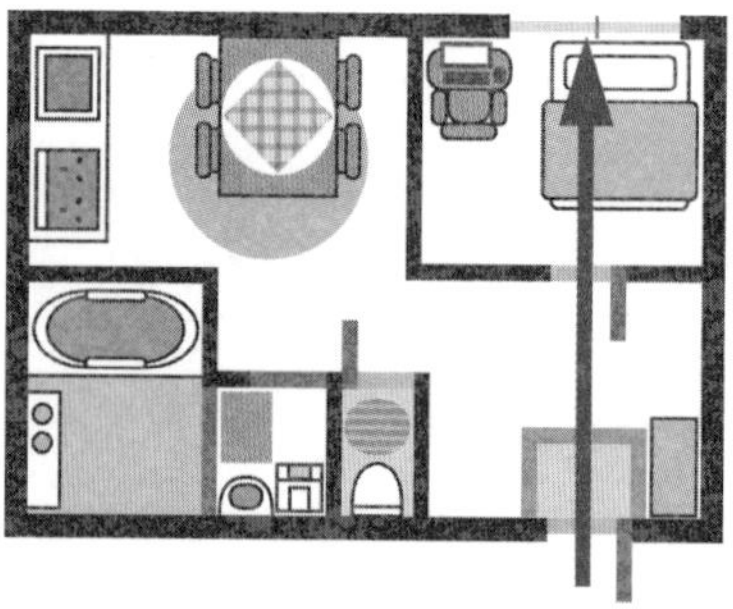

2.入り口の近くにガスレンジ

「気」が燃やされ お金が貯まりづらい家に

ガスレンジが玄関のすぐ近くにあると、玄関から入った気が燃やされ、家の奥まで入っていきません。特にＮＧ例のような、玄関の正面にガスレンジがあるのは良くない間取りです。**「漏財宅」と同様に、財が漏れて、お金が貯まりづらい家になります。**

玄関とガスレンジの間にドアがあったとしても、出入りするときに、入ってきた気が燃やされてしまい、家の奥まで入りません。

玄関の正面にガスレンジがある場合は、暖簾《のれん》やカーテンを玄関の上や、ドアの内側にかけて壁の役割を果たすよう工夫してください。そうすることで、金運がダイレクトにガスレンジに向かうことがなくなり、家の奥まで届くようになります。

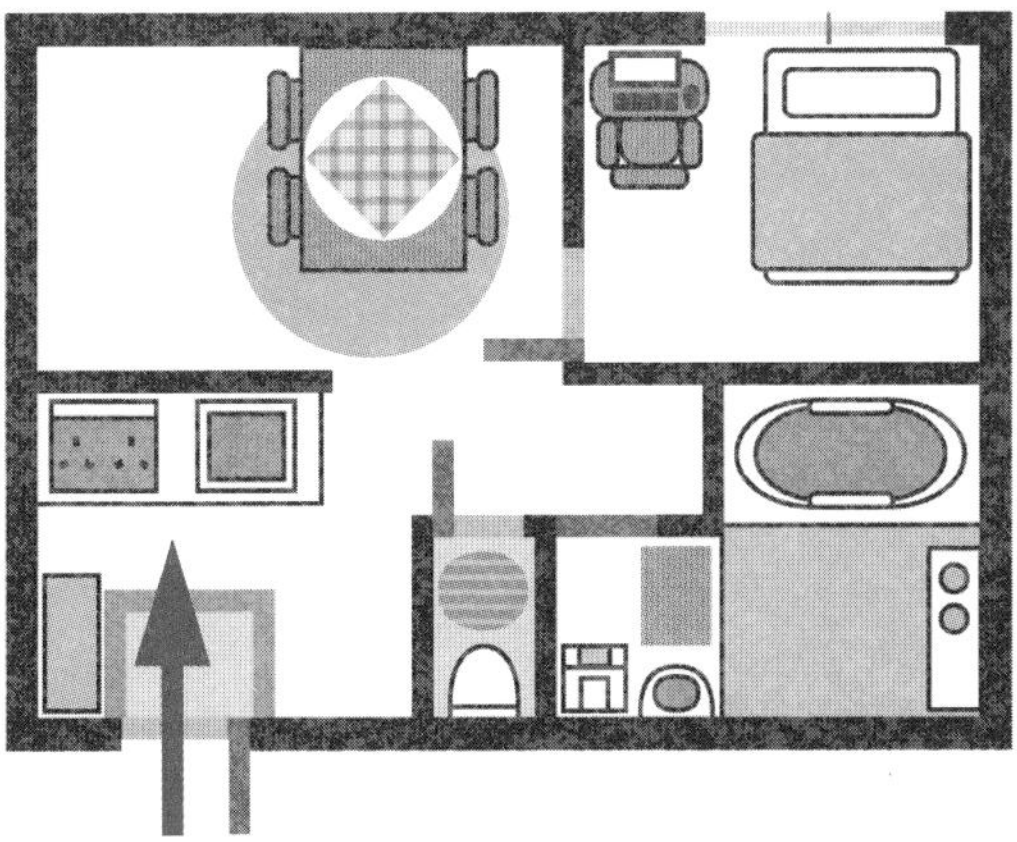

NG例

3.ガスレンジとトイレのドアが真向かい

トイレの「気」が燃焼し健康に悪影響が

NG例のように、ガスレンジとトイレのドアが真向かい（対冲《たいちゅう》といいます）になる間取りは凶です。なぜかというと、トイレの汚れた気をガスレンジが吸い込み、その気を燃焼させながら料理を作ることになるからです。そのように調理されたものを食べることになるので、**健康に悪影響が出るといわれており、避けるべき配置**です。

また、ガスレンジのつまみとトイレが向かい合っている場合は、金運が下がる危険性がります。電子レンジ、オーブン、炊飯器のスイッチの向きも、トイレの対冲は良くありません。

この場合、トイレのドアをしっかり閉めておくことはもちろんですが、キッチンの入り口にカーテンや暖簾をかけて、ガードすることも重要です。

NG例

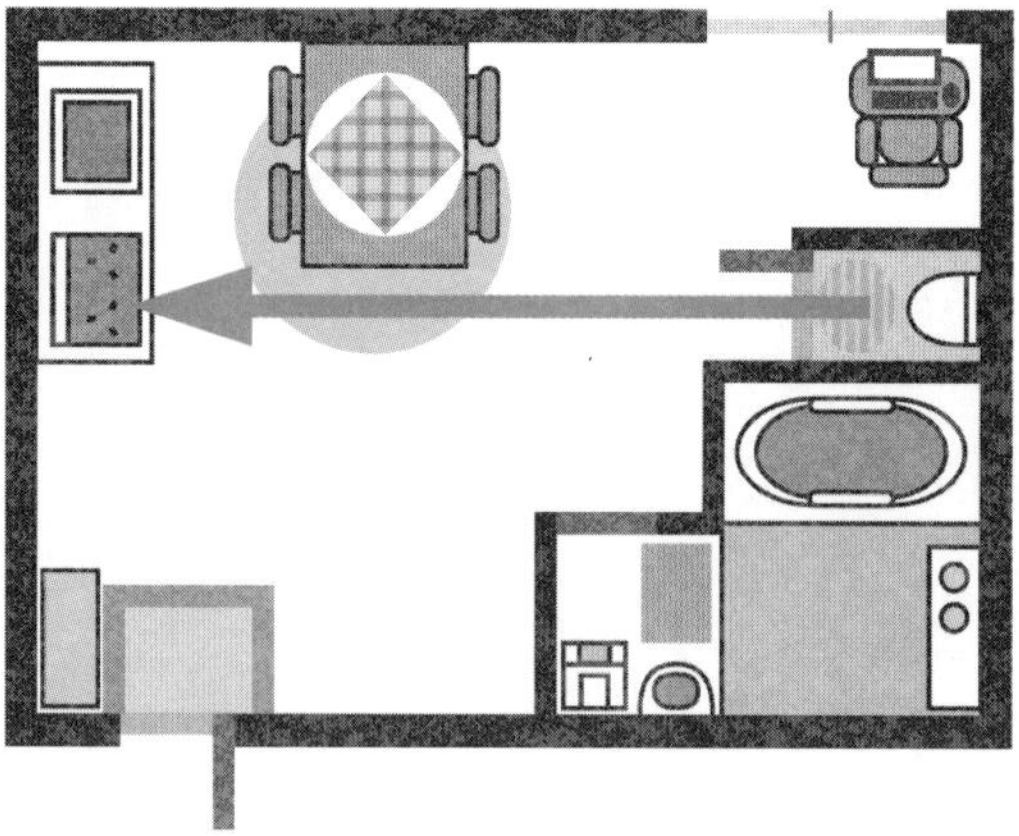

4.ガスレンジと寝室のドアが対冲《たいちゅう》

燃やされた「気」で災いや疾病が引き起こされる

ＮＧ例のように、ガスレンジと寝室のドアが向かい合う間取りは、凶とされています。この部屋で寝る人には、**災いや疾病が起こりやすくなります**。この場合、寝室のドアは常に閉め、キッチンや寝室の中にカーテンをかけたり、パーテーションを立てるのが効果的です。

また、寝室は家全体から見て、吉方位（八宅盤でみます。詳しくはP．90～）にあることが理想的とされています。ワンルームの場合は、部屋の中心から見た吉方位にベッドを置いてください。枕は吉方位に頭が向くように置きましょう。さらに吉方位の中でも、健康に恵まれる方位とされている「天医《てんい》」や、結婚などの和合や協調を象徴する方位である「延年《えんねん》」が理想的といわれています。

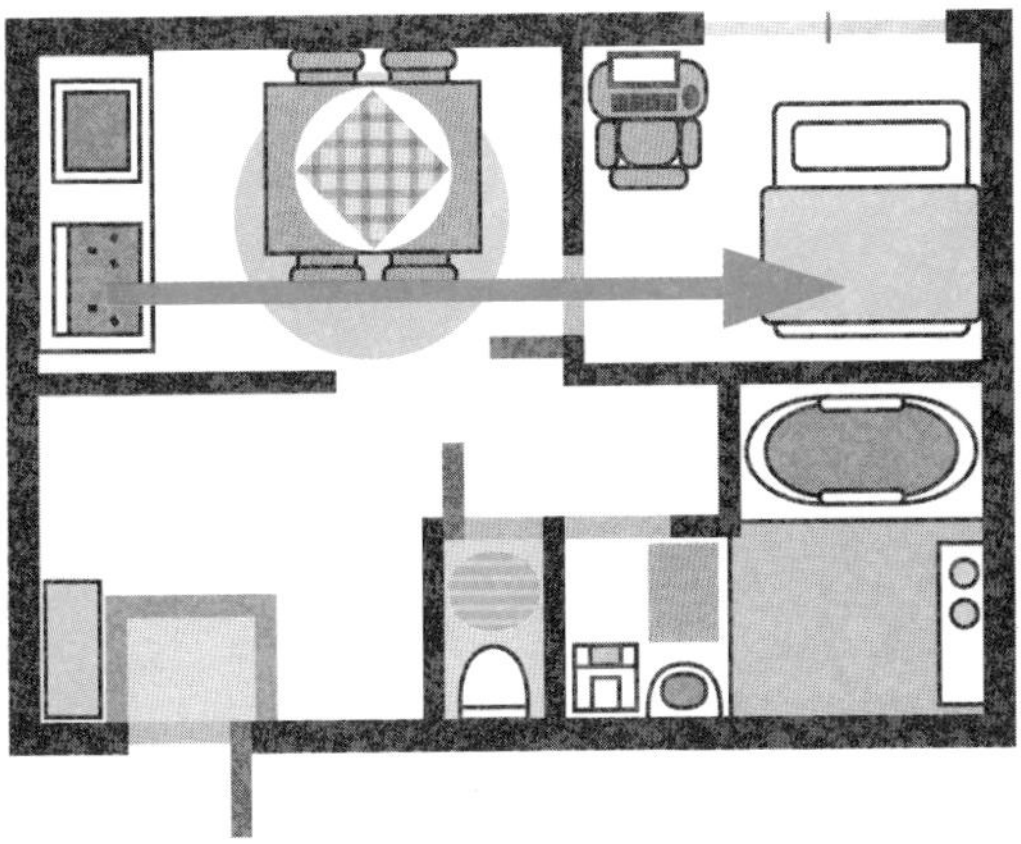

5.ベッドの上に梁「横《おう》梁《りょう》圧《あっ》冲《ちゅう》」

無意識の精神的圧迫感が健康運・金運に悪影響

NG例のように、天井の梁がベッドの上にくるものを風水では「横梁圧冲」といいます。この状態で寝ていると、**精神的圧迫感を感じ、眠りが浅くなる**ことがあります。そのため、**次第に健康運・金運を害していく**のです。ぶら下がり型の照明器具を一種の梁とみなす場合もあります。

この場合には、ベッドの位置や、寝る向きを変えることがベストですが、OK例のように梁自体にポスターや布をかけて、目隠しをする方法もあります。隠す部分は、ベッドの上の寝姿が当たるところだけで大丈夫です。それらを貼るときは、画鋲やテープ類など何でもよく、絵柄も好みのもので問題ありません。照明は、ペンダント型でなく、シーリングライトにしてください。

6.寝室の入り口の直線上にベッド「房門冲床《ぼうもんちゅうしょう》」

部屋の外から寝姿が見えると邪気の影響を受けやすくなる

ＮＧ例のように寝室の出入り口から見たとき、その直線上にベッドがあり、ドアを開けると外から寝ている姿が見えてしまうような配置を風水では「房門冲床」といい凶相とされています。人の出入りがなくても、部屋の入り口からはさまざまな「気」が出入りします。ですから、**寝ている間に邪気も受けてしまいます**。そのため、**心身の安定を欠くようになり、ゆっくり眠ることができず、病気や仕事上のミスを引き起こしたり、金運をつかむ力が減ってしまう**といわれています。

この場合は、寝室の入り口の直線上からベッドの位置をずらすか、ドアの内側にカーテンや暖簾をかけたり、ドアとベッドの間を衝立で仕切るという方法で壁を作りましょう。

NG例

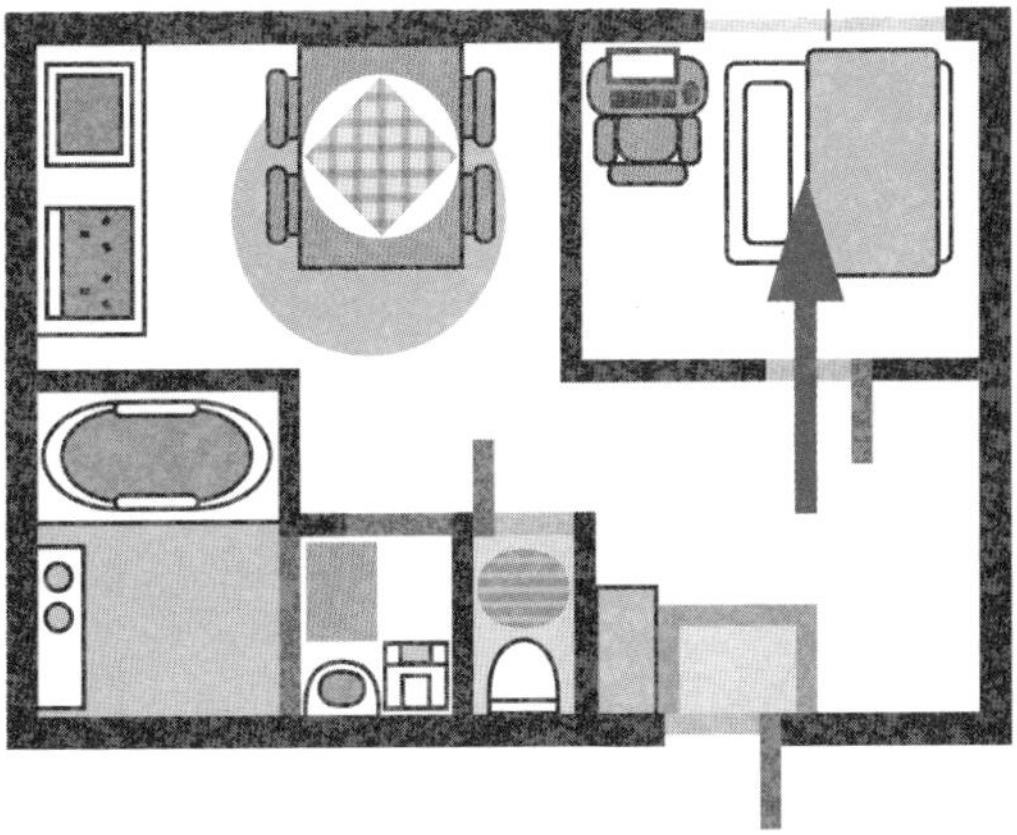

7.寝室のドアとトイレのドアが対冲

悪い「気」が漏れ出し 健康面に悪影響が

ＮＧ例のようにトイレのドアと寝室のドアが、向かい合わせになるものは、トイレの汚れた気が、寝室に侵入するので凶作用を及ぼします。**特に、健康問題に影響する**といわれています。

このような場合は、常にトイレと寝室のドアを閉めておくことが大切です。さらに、トイレと寝室のドアの内側にカーテンや暖簾をかけて、悪い気が寝室に流れ込まないようガードするといいでしょう。

また、トイレは凶方位にある方が良いとされています。汚物と一緒に凶方位が持つ悪いパワーも捨てることができるからです。一方、吉方位にあるトイレは、吉方位が持つ良いパワーを捨て去ってしまい、お金が貯まらなくなると考えられています。現代では、お風呂もトイレと同様に扱います。

ＮＧ例

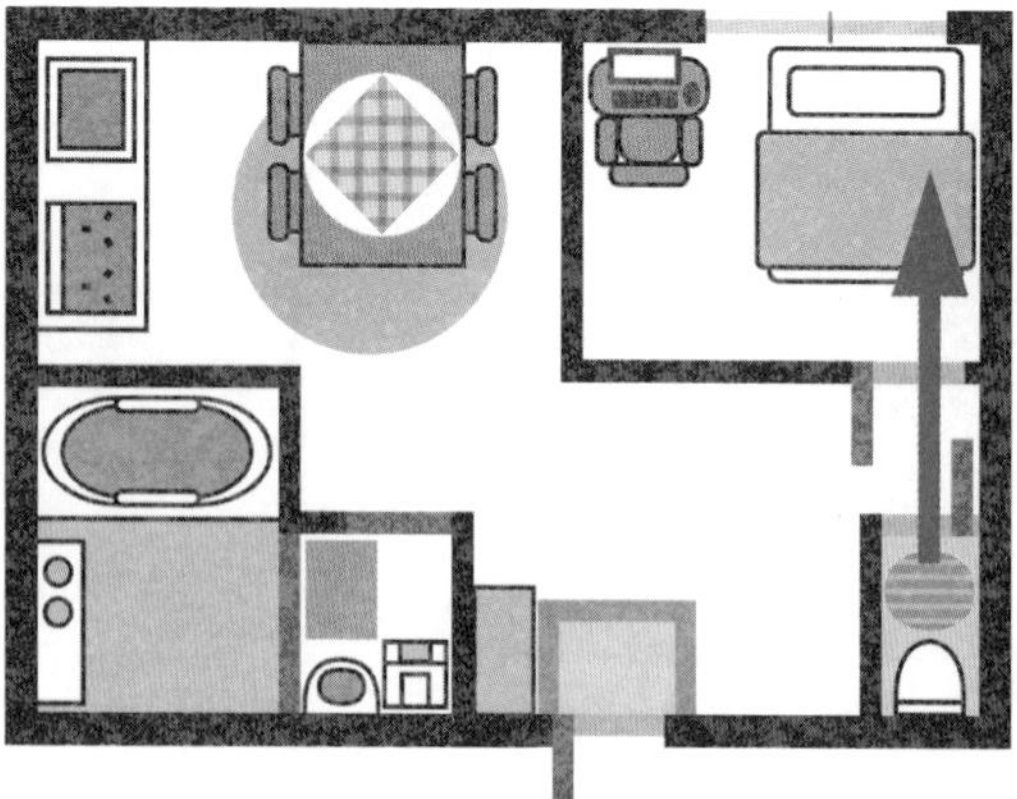

8.壁と頭の間に空間

無意識のうちに不安感が蓄積し異性関係のトラブルが

ＮＧ例のように、ベッドと壁の間に隙間があるというのは、良いことではありません。この隙間に強く気が流れるため、**精神的な不安感を無意識に蓄積します**。隙間があると寝返りを打ったときにきしむ音が響くこともあります。そのため、安心して寝られない要因になりかねません。また、異性関係に問題が出るともいわれます。

このような配置で寝ている人は、ベッドと壁に隙間があかないようにしてください。それだけで改善されるはずです。また、そうするのが難しい場合は、空間がある部分に棚などを置いて空間を埋めるという手もあります。その場合は、棚に空間ができないよう、本などを入れたり、扉付きの物を置くなどしてください。

NG例

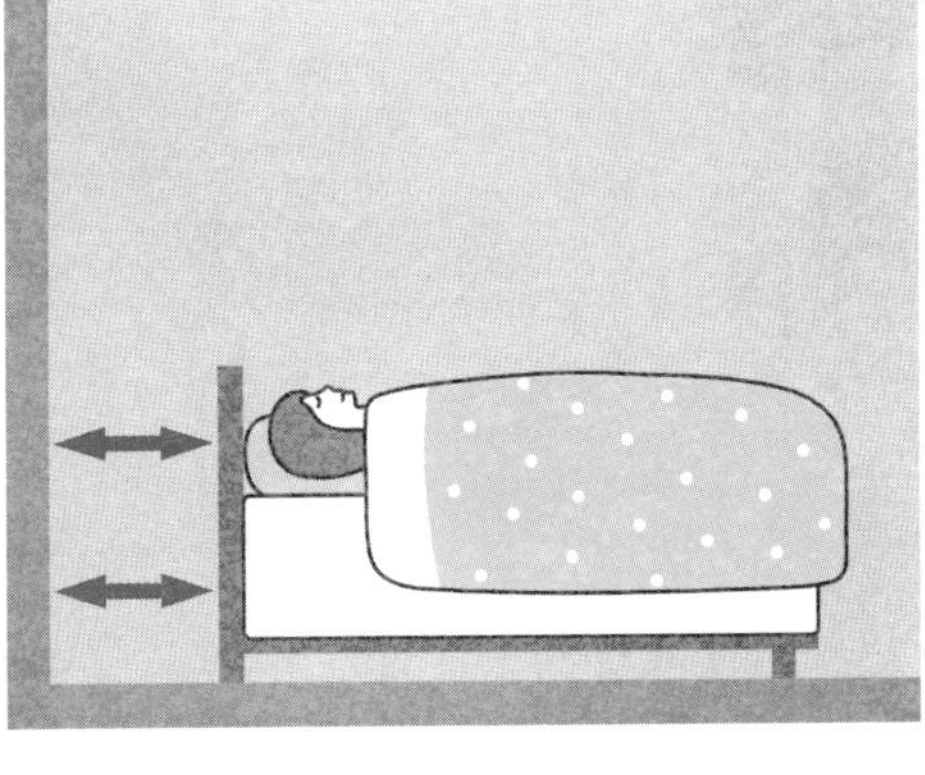

9.寝室の鏡

「気」が跳ね返され運気が下がる危険が

ＮＧ例のように、鏡に自身の寝姿が映るのは望ましくありません。これは、**精神衛生上良くない**といわれています。

また、鏡には気を跳ね返す作用があり、良い気も悪い気も跳ね返しますので、取り扱いには注意が必要です。**住む人が本来持っている運を跳ね返してしまい、金運を落とす**などの危険性があります。

基本的に鏡は、ベッドのそばに置かないように気をつけることが大切です。壁かけタイプなどで移動できない場合は、鏡に布をかけるなどして、寝姿が映らないようにしてください。三面鏡や左右にルーバーなどの扉がついているタイプは必ず閉めましょう。なお、起きているときは、鏡から影響を受けることはありません。

NG例

10.寝室の水槽

運気がどんどん下がり健康を害することも

ＮＧ例のように、寝室に水槽や水が使用されているオブジェがあると、**健康運を下げ、凶作用を及ぼします**。眠る場所には、水に関わる物を置かないようにしましょう。**中国では、心臓よりも高い位置に水があると、病気になると考えられています**。

水槽や水が使用されているオブジェは、他の部屋に移動させてください。ワンルームなどで、移動できるような部屋や場所がない場合は、台の上に置くのではなく、床に直置きしてください。

ベッドに横になったときに、自分の心臓よりも低い位置に水がある状態にしましょう。そうすることにより、悪いパワーを抑えることができます。さらに、ベッドのそばからなるべく離して置くと、より効果的です。

ＮＧ例

コラム②

これからの風水に必須な知識「ジオパシックストレス」

ジオパシックストレスとは、**「地下の水脈」「特定の鉱物の堆積」「断層線と地下空洞」などの弱い電磁界（電界と磁界）によって、ゆがめられた振動**のこと。せっかく風水では吉相の家でも、その家がジオパシックストレス上にあれば、風水の効果が出にくくなります。タワーマンションの20階以上なら影響はないといえますが、それ以下の階や戸建ての2階、3階も悪影響を受ける場合があります。

発見と経緯

■１９２９年

◎ドイツのグスタフ・フォン・ポールが、癌が多発する地域とそうでない地域の比較研究によりジオパシックストレスを発見。その後の研究で、癌の95％に関連があると結論づける。

■１９４０〜６０年

◎ドイツのエルンスト・ハートマンが、30年に及ぶ研究により「癌は場所の病気」と結論づける。

■１９８０〜９０年

◎イギリスのラルフ・ゴードンが、肺、胸、頸《けい》部の癌の95％に関連があると結論づける。

◎オットー・バーグマンがウィーン大学にて、ジオパシックストレスが人体に与える影響について実験。２年にわたり、９８５人に対して６９２４件のテストを行い、46万２４２１の測定値を記録。血沈、血圧、血液循環、心拍、呼吸、皮膚抵抗、筋肉の電気伝導に影響を与えることを発見。

■１９８９年

◎オーストリアのキャシー・バチエラーが、３００軒のアパートと１万１０００人以上の人を調査。５００症例の癌患者とジオパシックストレスの間に１００％の関連があることを発見。

◎同キャシーは、３０００人以上の児童を調査。学習困難な児童（ハイパーアクティブ、または態度が悪い行動）のうち95％が、就寝場所か学校机（または両方）が、強いジオパシックストレス上にあることを示した。

■１９９０年

◎デンマークのユージン・ポールガードが、乳児の突然死18件のうち14件がジオパシックストレスと関連していたという論文を発表。

◎イギリスのロジャー・ローズが、50人の脳脊髄炎の患者を調べたところ、全員がジオパシックストレスと関連があった。

関連が疑われる症状

「発見と経緯」でも示されていますが、ジオパシックストレスは、人間の心身トラブルに深く関連していると考えられています。特に寝室など、本来、心身を休めて体力を回復させるための場所がジオパシックストレス上にあると、重篤な病気にかかりやすいほか、対人関係や精神面でもトラブルを抱えてしまう事例が散見されるようです。また、交通事故もジオパシックストレス上で多発するという報告もありました。

ジオパシックストレスとの関連が疑われている症状には、次のものがあげられます。

●悪性腫瘍や変性疾患、内分泌の障害
●統合失調症やその他の精神障害
●偏頭痛や不眠症、免疫低下にともなう感染症
●慢性的な疲労、短気
●対人関係の悪化、児童であれば学校での問題行動など

ジオパシックストレスから受けるとされる影響

ステージ1［主観的な感覚］

2、3時間以内～数ヵ月で、否定的な感情と感覚に。理由なく不快な感覚、気分障害、無関心、無気力、不安、不合理な悲しみを感じる。

ステージ2［否定的な感情］

2、3日以内～数ヵ月で、感情の抑制と睡眠障害に。

ステージ3［ストレスホルモンの増加］

2、3ヵ月以内～数年で、大きな徴候の発症。

ステージ4［消化器系疾患］

1～3年後、消化器系の問題。

ステージ5［脳障害］

3～5年後、学習の問題、記憶と認識機能障害。

ステージ6［免疫抑制］

5年以上で、免疫力が低下。

ジオパシックストレスの種類

①地下水脈

深さ30センチ～300メートル、幅30センチ～80メートル前後のものまであります。2つの水脈の接点はより強力。悪いエネルギーを発するものは「ブラックストリーム」と呼ばれます。

②断層

③グローバル・グリッド

電磁界が「グリッド」と呼ばれる格子状、網状の構造で現れ、2つの線が交差する地点でジオパシックストレスが起こるといわれています。

【代表的なグリッド】

●**ハートマングリッド**　●**カレーグリッド**

④鉱脈、地下空洞

※ジオパシックストレスが起こらないグリッドもあります

●**レイライン**…良いラインと悪いラインがある。
●**プラネタリーエナジーグリッド（ベッカーハーゲングリッド）**
●**シュナイダーグリッド**…思考と言語を増強する。演壇と講演台があることが多い。
●**シュナイダーセカンドグリッド**…体力と知力に関連。神聖な井戸、教会、聖地があることが多い。
●**シューマン・ウェブ**…地球から発せられる有益な電磁波（シューマン波）。NASAで人工的にシューマン波を作り出し、宇宙飛行士の体調不良が改善された。

ジオパシックストレスの見つけ方

ジオパシックストレスを発見するには「ダウジング（枝や振り子などを手に持ち、力を加えない状態で動くかどうかで判断する手法）」「キネシオロジー（人間や生物の身体運動の科学的研究）」「レヨネータ（波動送波機）」「現象から判断」という方法がある。

■現象から判断する方法

●コンクリートやアスファルトにひび割れが生じる。
●雷が落ちる。
●樹木の成長阻害（コブやねじれができる）。特に果樹は敏感。
●ほとんどの哺乳類（イヌ、ウシ、ウマなど）とツバメは避ける。
●手の甲の薬指と小指の骨の間にあるツボ「中渚《ちゅうしょ》」に反応が出る（男性は右手、女性は左手）。

■ジオパシックストレスを好むもの

●ツタ、サンシキヒルガオ、イラクサ、アザミ、ジギタリス、シダ科、ナス科の植物は、その場所に自然に引きつけられる。
●昆虫（ハチ、アリ、シロアリの巣、蚊柱など）、寄生虫、バクテリアは成長する。
●ウイルスは増殖する。
●ネコ、リスなどの小動物、フクロウ、ヘビ、ナメクジ、カタツムリなどは好む（特にネコは好んで寝る場合が多い）。

主な対処法

●**ベッドを動かす**…現在最も確実とされている方法。
●**アースパンクチャー（杭打ち）・金属の棒を地中に打ち込む**…金属の棒の種類、深さはダウジングで決める。
●**水晶やパワーストーンを地中に埋める**…石の種類、深さ、量はダウジングで決める。
●**クリスタルを屋内に置く**…ネガティブなエネルギーを吸収するといわれるクリスタルは、事前に流水などで必ずクリアリング（浄化）しておく。数や場所はダウジングで決める。
●**アルミホイルを床、ベッドの下、壁に貼る**…調理用アルミホイルを使う場合は、強度を増すために何枚か重ねる。特に接続部は必ず重ねる。
●**金属プレートを置く**…銅板がよく使われる。平均的な大きさは幅3〜4フィート、長さ6〜8フィート。（※1フィートは約30㎝）
●**磁石を壁、天井、床に置く**…磁束密度800〜1200ガウスの磁石の使用。
●**鏡を置く**…鏡はネガティブなエネルギーを反射する。寝室に置く場合、反射されてベッドに向かってしまわないように注意。
○黒鉛、ニワトコ、ニレの木にも遮断する効果があるといわれている。
○木炭にもクリスタルと同様の効果があるが、持続性がない。
○ダウジングによって特定された壁の色、光の色、シンボルにも防ぐ効果がある。

第三章

黒門風水 基本編

人の運、年の運、家の運

1

中心人物の運「八宅風水《はったく》」、年《とし》の運「流年法《りゅうねん》」、家の運「紫白九星《しはくきゅうせい》」

さまざまな手法のある風水 理気《りき》の基本は この3つの技

この章は、理気を使った方法を紹介します。前述の通り、目で見ることができる環境（巒頭《らんとう》）や形殺《けいさつ》（良くない形状）は、同じ環境にいる人、同じ形状の場合には誰にでも共通した吉凶となります。一方、**理気は、目には見えない「気」の状態をみます。生まれ年や気が入ってくる場所（玄関の向き）などから吉凶を判断するアプローチです。**理気の判断には「五行」（P. 23〜）「八卦《はっけ》」（P. 34〜）などの知識が必要ですから各基礎知識を参照しながら読み進めてください。

理気の方法にもさまざまありますが、本書ではポピュラーな八宅派と流年法、紫白九星派の方法を紹介します。八宅風水は、個人と八方位の気の関係から家をみるもので「人の運」といえます。流年法は、毎年変わる八方位の吉凶の影響を調べるもので「年の運」、紫白九星は玄関の向きから吉凶をみる「家の運」といえます。

2／人の運「八宅《はったく》風水」とは

陽宅《ようたく》風水の一派で、人と家の関係をみる八卦《はっけ》の知恵

八宅風水は中国の古典『八宅明鏡《はったくめいきょう》』などが元で、現在最も普及している方法です。陽宅（家の中の風水）の一派といえ、同じ八宅派でも流派が複数存在します。「一家の中心人物の生まれ年でみる」流派の他に、「建物の向き（向《こう》）」や逆に「建物の後方（座山《ざざん》）」「門の方位（門位）」を基準とする流派などがあります。さらに玄関の位置と炉（現代のコンロ）の位置から六十四卦の易卦を出し、生まれ年（本命《ほんめい》卦《け》）を加味して512パターンに分けてみる細密な技法もあるのです。

本章では「本命卦による八宅盤」を説明します。P．36の「八卦の成立」の表の通り、直線が3段の「陽・陽・陽」から、溝のある線が3段の「陰・陰・陰」の8種の記号が八卦です。**本命卦または宅卦《たっけ》（玄関の向き別の家の運）の八卦と、方位の定位置の卦との照合で吉凶は導かれます。**この記号を爻《こう》といい、陰（陽）が陽（陰）に変わることを変爻《へんこう》といいます。易《えき》、爻についてはここで詳述できませんが、易の書籍などで奥深い世界にふれてください。

1 八宅《はったく》風水の基本「本命卦《ほんめいけ》」

●「本命卦」は生まれ年と性で決まる

次ページの本命卦早見表で、本命卦を調べてください。八卦（P．34〜）と同じ名称で全8種です。男性に坤《こん》が、女性に艮《ごん》が2つあります。

ただし、東洋占術の新年は立春からです。各年の立春前（1月1日〜2月4、5日）の間に誕生日がある場合は、前年の本命卦となります。2月4日か5日生まれの境い目の方は、出生地と出生時間で前年かどうかが分かれます。詳しくはP．313を参照ください。

また、東側四方位が吉の「東四命《とうしめい》」と、西側四方位が吉の「西四命《さいしめい》」の2つのグループに分かれます。どちらがより吉というものではありません。家との相性をみることができるので、どちらのグループかを押さえておいてください。

●中心人物とは一家の柱となる人

独り暮らしの場合は、当然、本人の本命卦で家の中の八方位を判断します。家族で住んでいる場合は、**一家の柱となる人の本命卦から家を判断します**。その家の稼ぎ頭、世帯主ということです。女性や子どもが一家を支えている場合は、その人の本命卦を出してください。

中心人物にとって大吉の方位に玄関、寝室、リビングと重要ポイントがある素晴らしい家でも、パートナーや家族にとっては凶となるケースは当然、出てきます。この場合は、各自の部屋を本人にとっての吉方位にします。また、出産や受験など大事な出来事がある時期は、その当事者の本命卦で家を診断し、化殺を施すことも考えられます。

家でなく、店舗や会社の場合は、代表者の生まれ年となります。

【 本命卦早見表 】

家の中心人物の本命卦を生まれ年と性別から出します。
四命は、東と西のどちらのグループに属するかを覚えておいてください。
誕生日が1月1日〜2月3日の場合は前年が本命卦となります。

例：1989（昭和64＝平成元）年1月7日生まれの男性は前年の昭和63年の「震」です。
※2月4日、5日生まれの方は境い目のため、出生地と誕生時間で正確に出す必要があります。P.313〜をご覧ください。

生まれた年	男性の本命卦	四命	女性の本命卦	四命
昭和21、30、39、48、57、平成3、12年	離《り》	東四命	乾《けん》	西四命
昭和22、31、40、49、58、平成4、13年	艮《ごん》	西四命	兌《だ》	西四命
昭和23、32、41、50、59、平成5、14年	兌《だ》	西四命	艮《ごん》	西四命
昭和24、33、42、51、60、平成6年	乾《けん》	西四命	離《り》	東四命
昭和25、34、43、52、61、平成7年	坤《こん》	西四命	坎《かん》	東四命
昭和26、35、44、53、62、平成8年	巽《そん》	東四命	坤《こん》	西四命
昭和27、36、45、54、63、平成9年	震《しん》	東四命	震《しん》	東四命
昭和28、37、46、55、平成元、10年	坤《こん》	西四命	巽《そん》	東四命
昭和29、38、47、56、平成2、11年	坎《かん》	東四命	艮《ごん》	西四命

2 本命卦別八宅盤

前ページで確認した「家の中心人物の本命卦」による吉方位（赤色）、凶方位（グレー）が次となります。「生気《せいき》」「絶命《ぜつめい》」などの各方位の意味はP.93にあります。

東に吉方位が多い東四命《とうしめい》の四卦

【本命卦が震《しん》】

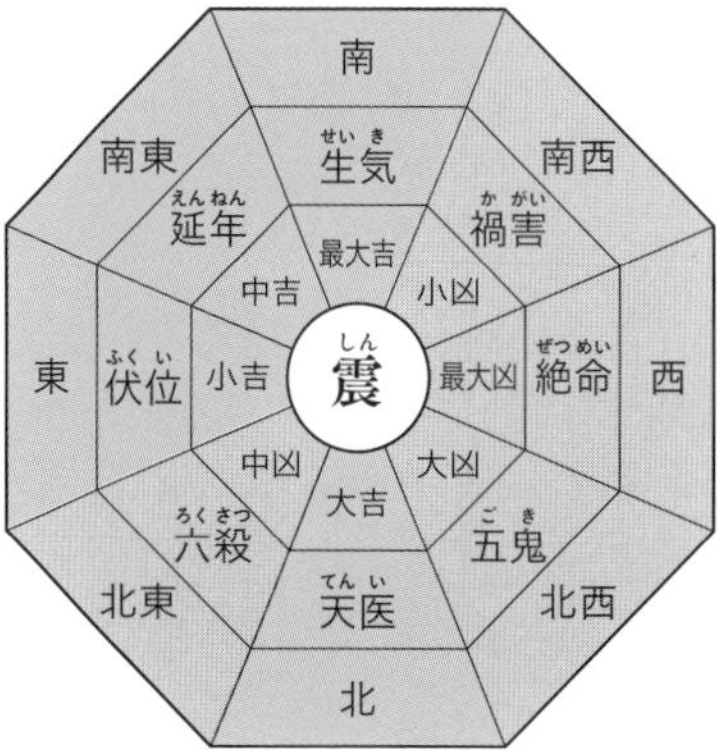

【本命卦が離《り》】

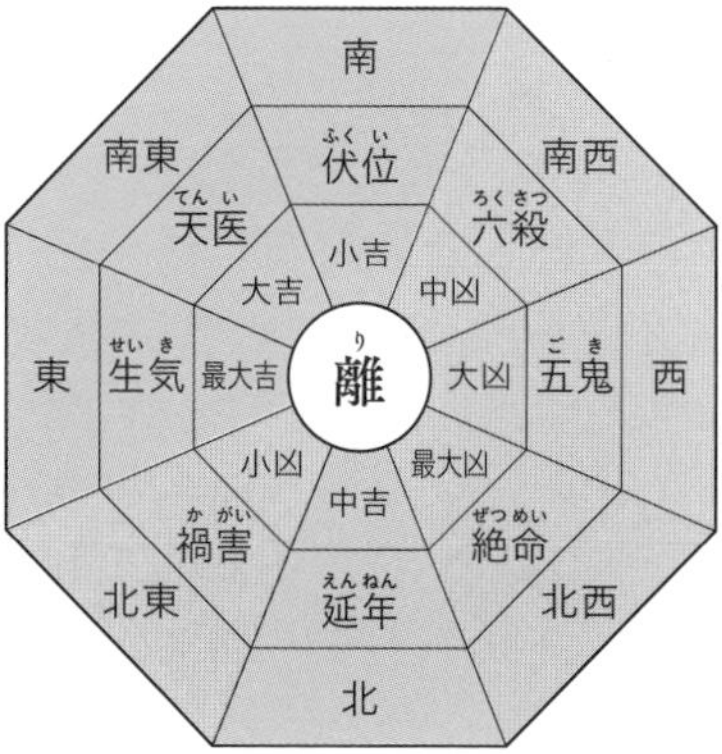

【本命卦が坎《かん》】

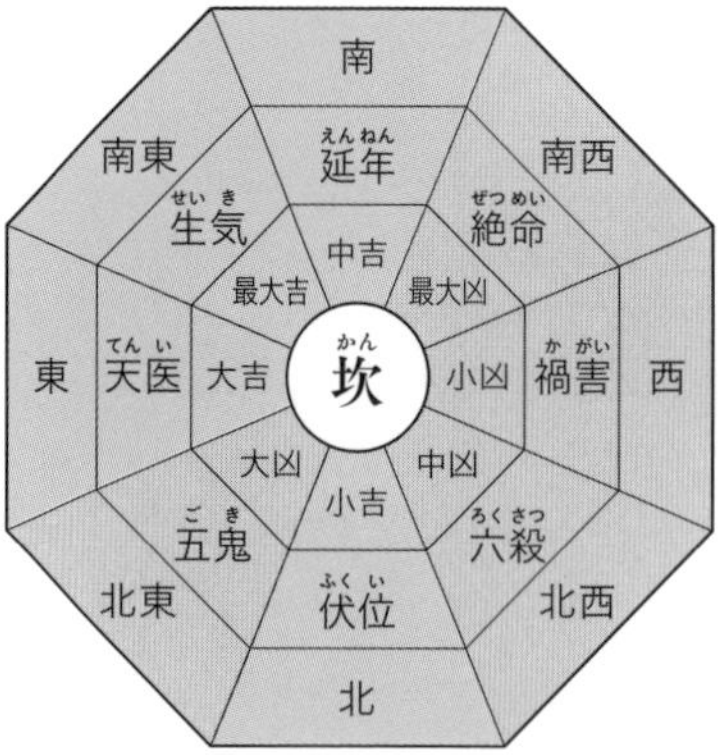

【本命卦が巽《そん》】

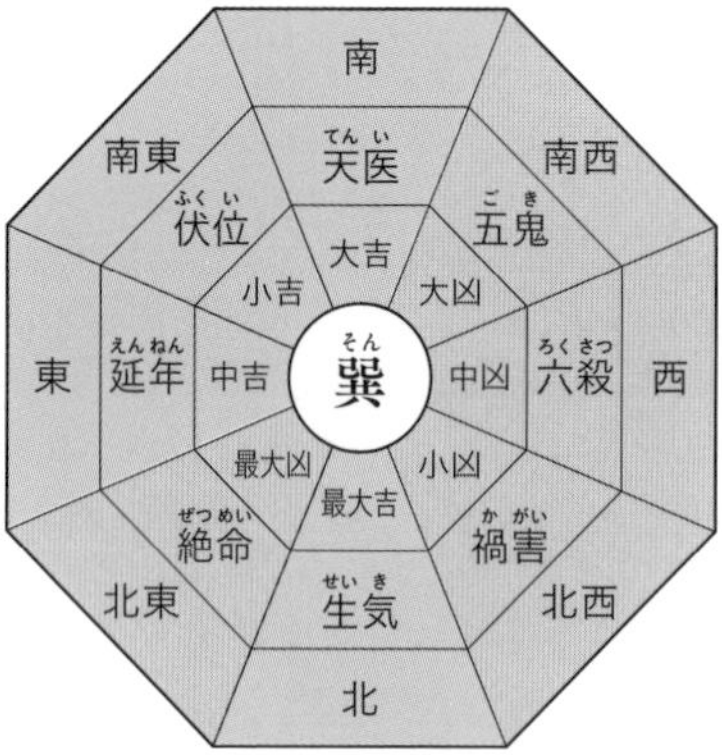

西に吉方位が多い西《さい》四《し》命《めい》の四卦

【本命卦が兌《だ》】

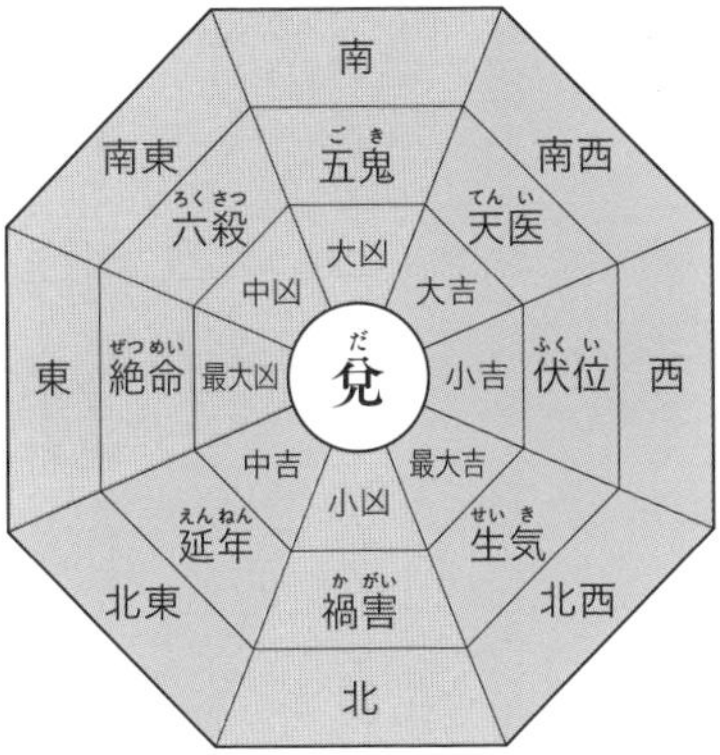

【本命卦が乾《けん》】

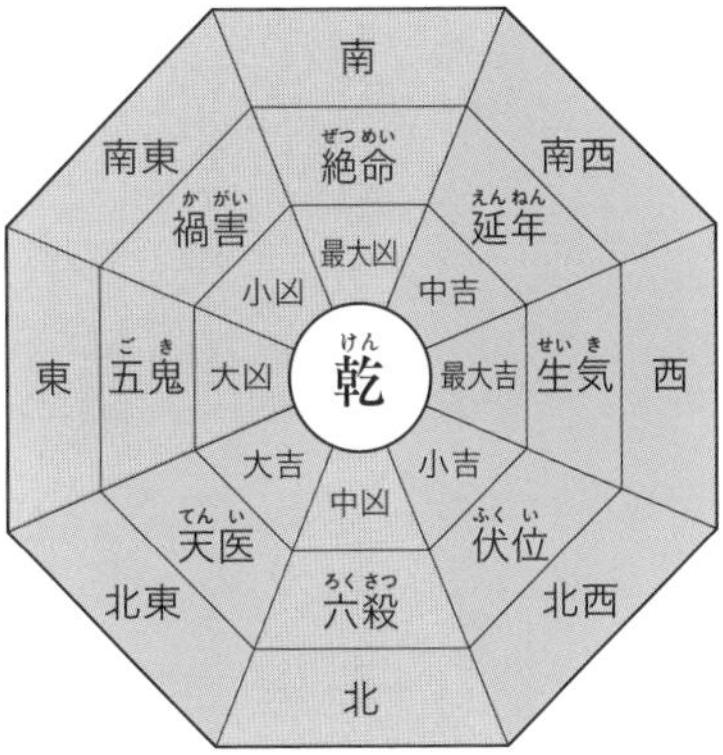

【本命卦が坤《こん》】

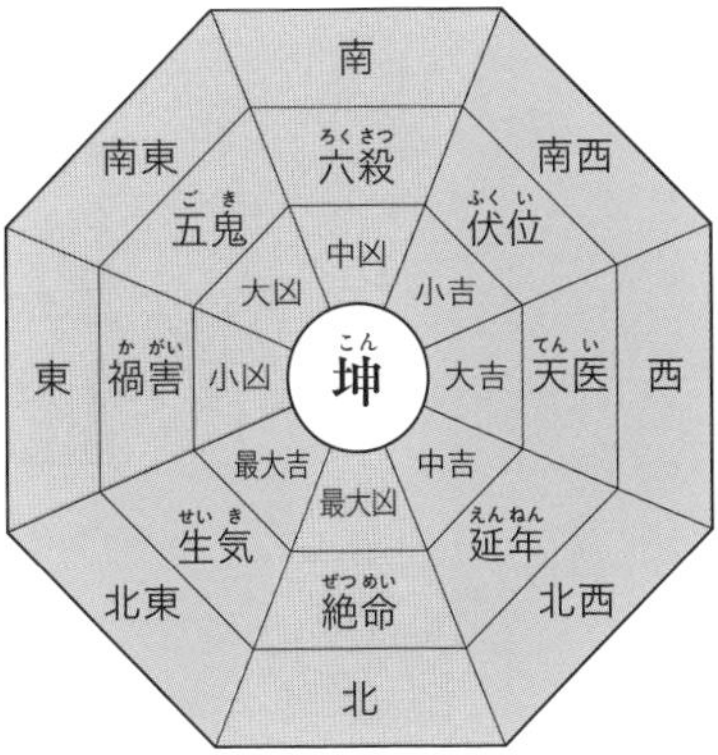

【本命卦が艮《ごん》】

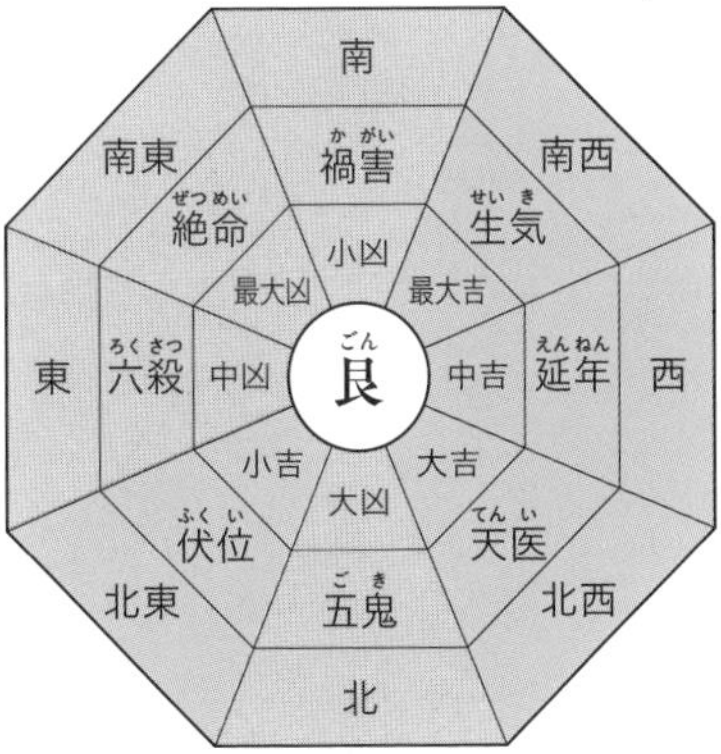

3 八方位の意味と吉凶「八遊星《はちゆうせい》」

●本命卦八宅盤の見方

本命卦八宅盤には、「生気《せいき》」「天医《てんい》」などの語が入っています。これは、八遊星という方位の性質です。吉凶レベルも最大吉〜最大凶の8段階に分かれています。

吉方位は最大吉の生気、大吉の天医、中吉の延年《えんねん》、小吉の伏位《ふくい》、以上四方位。凶方位は小凶の禍害《かがい》、中凶の六殺《ろくさつ》、大凶の五鬼《ごき》、最大凶の絶命《ぜつめい》の四方位です。

P.90〜91を見ると、本命卦によって、それぞれの位置が違うことがわかるでしょう。絶命など怖い名称ですが、「気のエネルギー」の用語です。凶方位に位置した方が良い部屋もありますので、「短命になる」など言葉を拡大解釈しないようにしましょう。この八遊星が、本命卦別にどの方位にあり、家の中の各方位をどのように使うか。凶を減じ、吉をどう強化するかが肝心なのです。

では、八遊星の解説をしましょう。

例

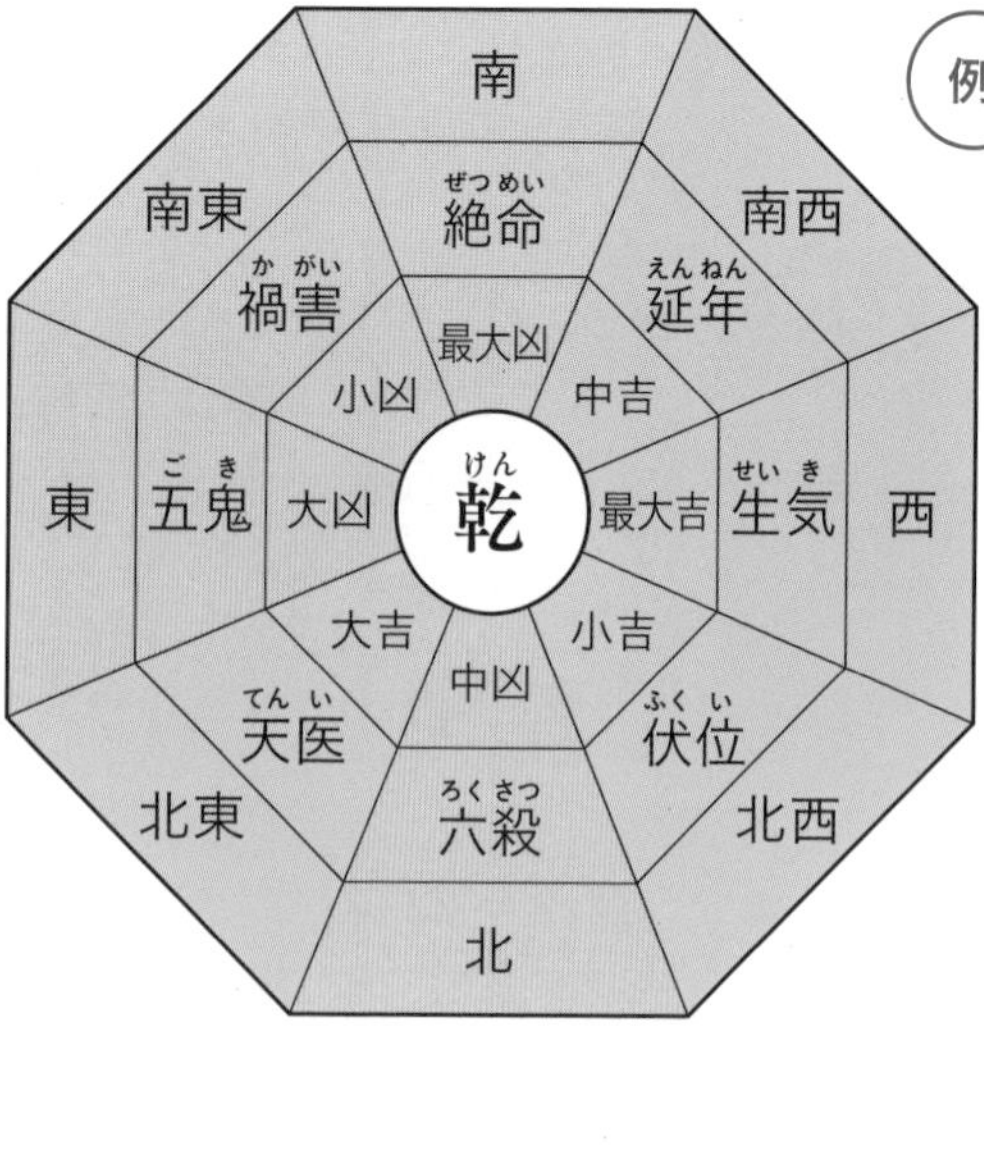

天医《てんい》

心身が安らぎ、集中力が増す 大吉方位

「天の医療が施される」という意味の癒やしの方位です。心身が安定し、落ち着ける場所ですから、**住居では寝室に適しています**。集中力が増す作用があるため、勉強部屋や仕事部屋とすれば良い結果を出せます。玄関が位置するのも大吉で、リビングなら穏やかな家庭となります。ただ、キッチンやバスルームなど水回りには適していません。企業では開発部門や管理部門が適しています。

生気《せいき》

活気にあふれ積極的になる 最大吉方位

文字通り、生の気、元気を意味する方位で、活気を帯びて物事が発展します。過ごす時間が長いと積極的になれます。**住居では、玄関やリビングが最も適し、仕事部屋にも良い方位**。店舗ではレジや顧客の出入り口を配置します。事務所では、受発注部門や営業部門を置くのに適しています。吉方位ですが、体を休める目的とは合いません。寝室として使用する場合は注意が必要です。

伏位《ふくい》

平和、安定を意味する 小吉方位

物事を安定させる作用があります。目に見える強い吉作用はありませんが、波風のない平穏さをもたらす方位です。**リビングや寝室にあたれば落ち着いた家庭となり、心安らぐ日々を送れるでしょう**。玄関なら、大きなダメージとなるようなことが入ってこない平和な家となります。「地道な努力を続ける」という意味もありますので、勉強部屋、仕事部屋、書斎にも適しています。

延年《えんねん》

人間関係が良好となる 中吉方位

協調性が増し、コミュニケーションがスムーズになる方位です。良い縁ももたらされます。**玄関にあたれば良い人脈が築け、リビングの場合は円満な家庭となります**。恋愛を成就させたい、結婚を望む家族がいる場合、その人の寝室を延年方位に配置するのが理想的です。店舗や企業で収納スペースなどにしている場合は、打ち合わせ用の場所をつくるなどして活用したい方位です。

六殺《ろくさつ》

自制心が弱くなってしまう中凶方位

自分の欲望や感情をコントロールしにくくなる方位。そのため、ギャンブルや色情と関係が深いとされます。よけいなことを口にしてトラブルを招く、借金を増やすという影響も。単にモテたいなど遊びの恋愛を望む場合には一定の効果がありますが、良い出会いがあるとはいえません。**収納部屋や水回りならば問題ありません**。その他の部屋の場合は、後述の化殺を施しましょう。

禍害《かがい》

体調不良や減収の恐れを増す小凶方位

大きな災いを招くというのではなく、少しずつ活力がそがれることを意味します。ストレスをためがちになるので内臓の調子をくずしたり、不安が去らなかったりします。頑張っているのに収入がなかなか増えない、職場の上司に恵まれないという影響もあります。**収納部屋や水回りにあたれば問題ありません**。その他の部屋の場合は、後述の化殺《かさつ》を施しましょう。

絶命《ぜつめい》

病気や不幸を呼び込む最大凶方位

最も悪い方位です。**バスルームやキッチンにあたれば凶作用を流し去ることが可能です**。玄関の他、寝室やリビング、仕事部屋といった部屋にあたる場合は、部屋を変えるか、後述の化殺を施しましょう。この方位で長時間過ごすと、精神的、経済的にダメージを負い、病気がちになるといわれます。家族が不仲となったり、子どもに恵まれなかったりもします。

五鬼《ごき》

過失や災難を呼び込みやすい大凶方位

五鬼とは幽霊のことで、怪しい魔の気が漂うといわれる方位です。判断力が鈍り、思わぬ過失を招きがちになります。不用心からの火災や事故、盗難などの災難、誤解がもとで起こる対人関係のトラブルを招くとされます。過労や眼病の心配も。子ども部屋にあたれば、親を尊重しない作用となるので避けたいところ。**キッチンやバスルームなど水回りにあたれば、凶を流すことができます。**

【 八遊星の象意一覧 】

八遊星	陰陽五行	象意
生気《せいき》	陽木	生命力 活気 発展 積極 活発 前進 創造
天医《てんい》	陽土	健康 無病 学業 仕事 財利
延年《えんねん》	陽金	和合 成婚 協調 中富
伏位《ふくい》	陰木	平和 不動 安定 地道 生育 小富
禍害《かがい》	陰土	病気（胃の疾患など） 収入が減る 訴訟
六殺《ろくさつ》	陽水	口論 水難 賭博 負債 ちゃんとした仕事をしない 多淫
五鬼《ごき》	陰火	火災 事故 ケガ 過失 盗難 親不孝 眼病 過労
絶命《ぜつめい》	陰金	不妊 多病 財産を失う 廃業

4 太《たい》極《きょく》（家の中心）と八方位の出し方

八遊星の各方位が今住んでいる家のどの部屋にあたるか、正確な方位を出さなくては対策も取れません。間取り図には東西南北のマークがついていたり、サイト上の地図でおおよその方位はわかるかもしれませんが、**風水では、まず家の中心点を出し、そこから各方位を導き出します。**

前述の通り、家の中心点は「太極」といい、その取り方には、①家の間取り図上の重心を太極とする。②家の張りを省き、欠けの部分を補い、一度四角形を作ったうえで、中心を太極とする。この2つの考え方があります。私は、①の間取り図上の重心を太極と取る考え方をします。

家の中心を太極と呼ぶのに対して、部屋の中心は「小太極」といいます。小太極は、枕の位置や部屋の中の家具の位置を考慮する場合に重要です。

まずは、家の太極と45度ずつの八方位を次の方法で求めましょう。

①太極を求める　張りや欠けのない家

家の間取り図（可能でしたら建築図面）、方位磁石を用意します。張りや欠けのない家の場合は簡単です。ベランダやテラス、併設のガレージなどは部屋とみなしませんので、それらを除いた住居スペースを対象とします。その結果、凹凸のない正方形や長方形になった家は、シンプルに対角線の交差するところを太極とします。

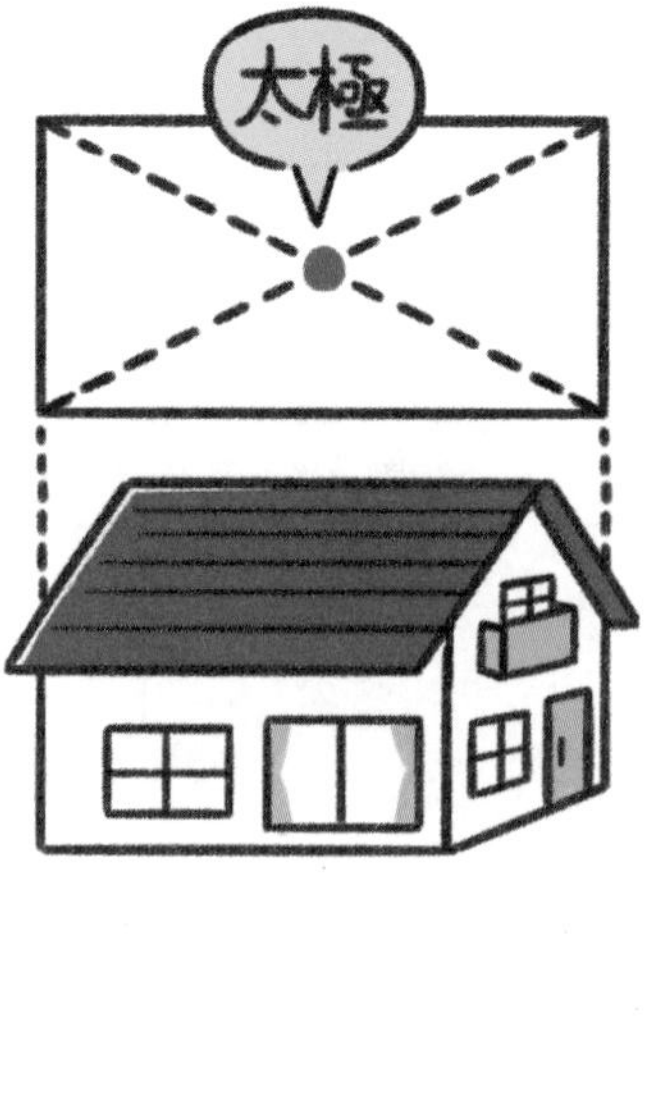

張りや欠けのある家

Ｌ字型や凸凹のある家の場合、太極の求め方は2つあります。1つは、**間取り図をとがったものの上に載せてバランスの取れた点を求める**という方法です。まず、ベランダなどは除いた間取り図を、家の外壁に沿って切り抜きます。重心が取りやすいよう、厚紙などに貼ってから切り抜くといいでしょう。両面テープも全体にできるだけ均一になるようにし、まっすぐに立てたボールペンのペン先を引っ込めて間取り図をのせ、バランスが取れたらそのまま、ペン先を出して印を付けると便利です。

もう1つは、**重りを使う方法**です。間取り図の一角にクリップや安全ピンなどで小さな穴をあけ、そのピンに重りをつけた糸を結びつけ、ピンを持ってぶら下げます。糸は垂直になって静止するはずですから、その糸の軌跡を間取り図に記入します。他の角も同じように行い、直線が交わる点が太極となります。糸は細いもので、重りは形に偏りのないものを使いましょう（サイコロ、ペンダント、四角い消しゴムなど何でもかまいませんが安定するものを）。穴の位置やピンの向きでズレが生じますので何度か試しましょう。

とがったものの上にのせて
バランスの取れた点が太極

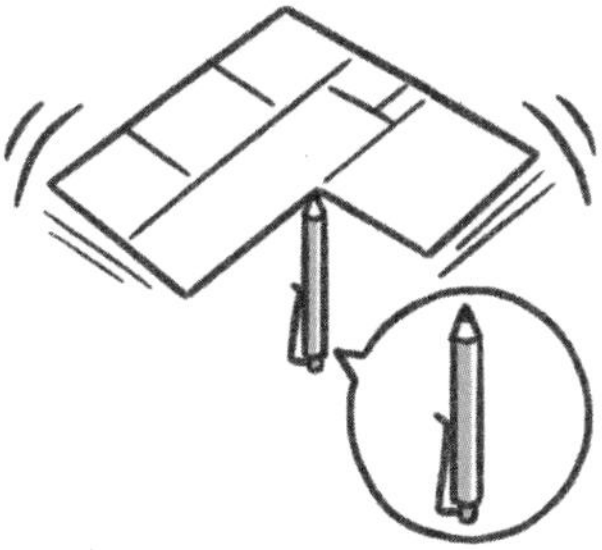

重りをぶら下げ、
垂直線の交わった点が太極

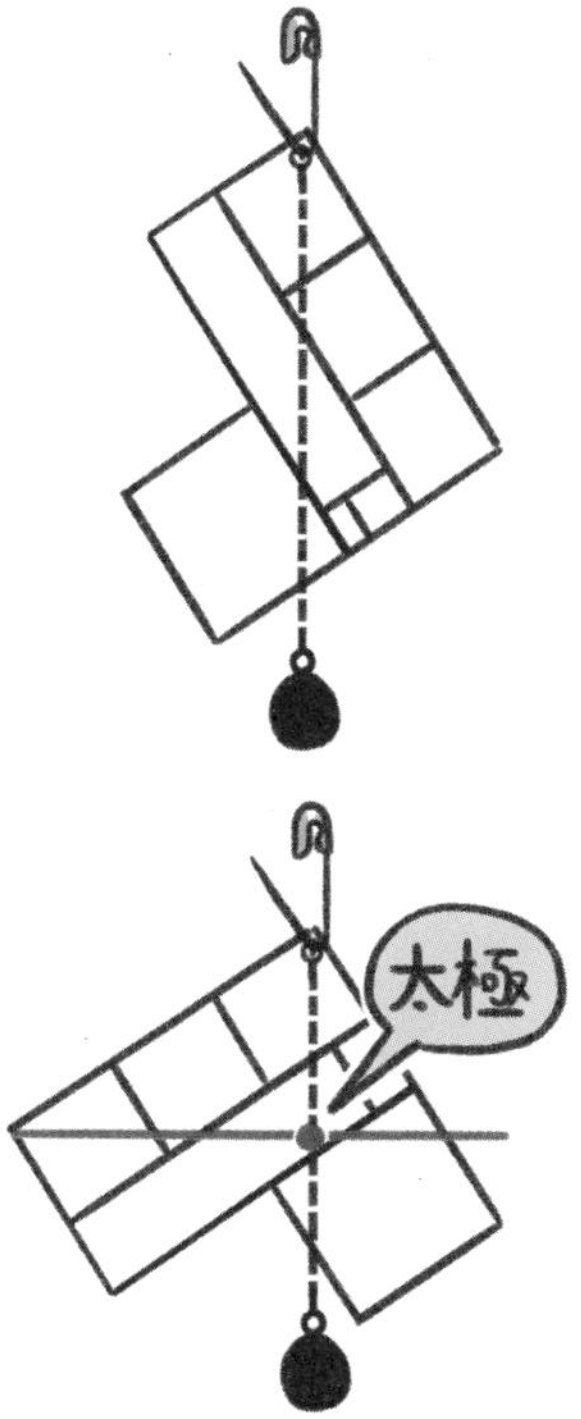

②コンパスで方位を調べる

次に方位磁石を持って、実際に太極、玄関、家の外など3カ所以上に立ち、方位を調べます。外に出るのは、家の中ではコンパスがくるいやすいためです。コンパスは簡易な物ではなく、正確に方位を示す物を使いましょう。

家の中でコンパスを使う場合は、窓やドアの位置を手がかりにすれば、間取り図と実際の方位を照合しやすいと思います。家の外の場合は、コンパスが示す北がわかるように、地面に棒状の物を置いてください。その棒の向きを、間取り図の太極まで平行移動するように位置を決めると、南北の線が引けます。次に、その線と垂直に東西の線を書きます。このとき、**間取り図は南を上にし、北を下にしてください**。

次に45度ずつの放射線状に線を入れ、8分割します。上から時計回りに南、南西、西、北西、北、北東、東、南東の方位を書き入れます。

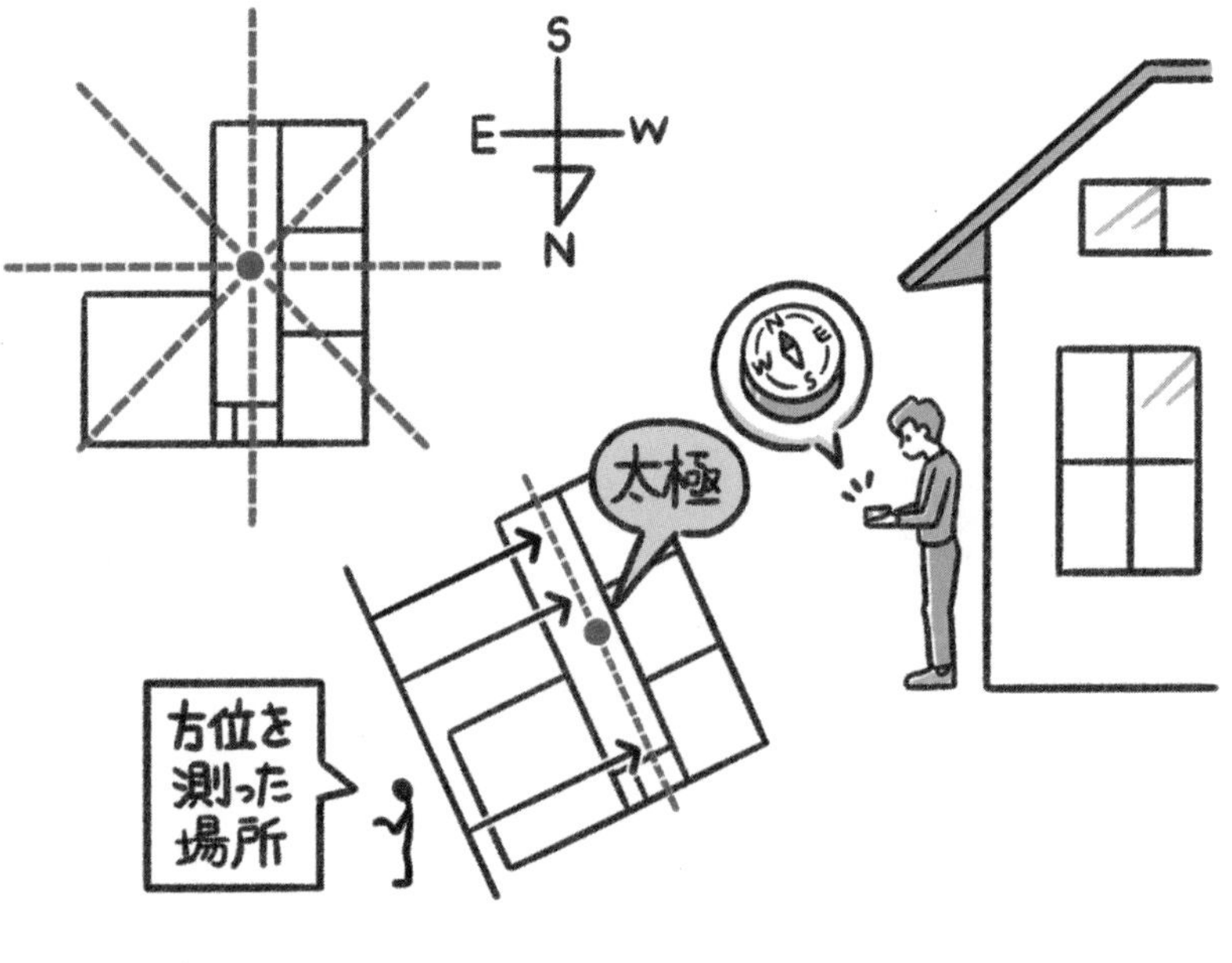

③太極と方位を確認した間取り図と八宅盤を照合する

放射線で分けたスペースをさらに2等分して、各方位の範囲を決めます。北を真下にして、机の上などに置いてみましょう。そして、P.90、91の本命卦別八宅盤と照合してください。

独り暮らしの場合は自分の本命卦を、家族で住んでいる場合は**家庭の中心人物の本命卦の盤を見て、家の各部屋が八遊星の「生気、天医、延年、伏位、禍害、六殺、五鬼、絶命」のどれにあたっているかを確認します**。次ページのチェックポイントも活用してください。

建物の左右が張り出しているコの字型の家や、家の中央部分に中庭のあるロの字型の家もあり、太極が室外となるケースもあります。太極が家の中になくても、そこから八方位を定めれば各部屋の方位はわかりますし、化殺を施すこともできます。2階建て、3階建ての家は、フロアごとに太極を求めます。

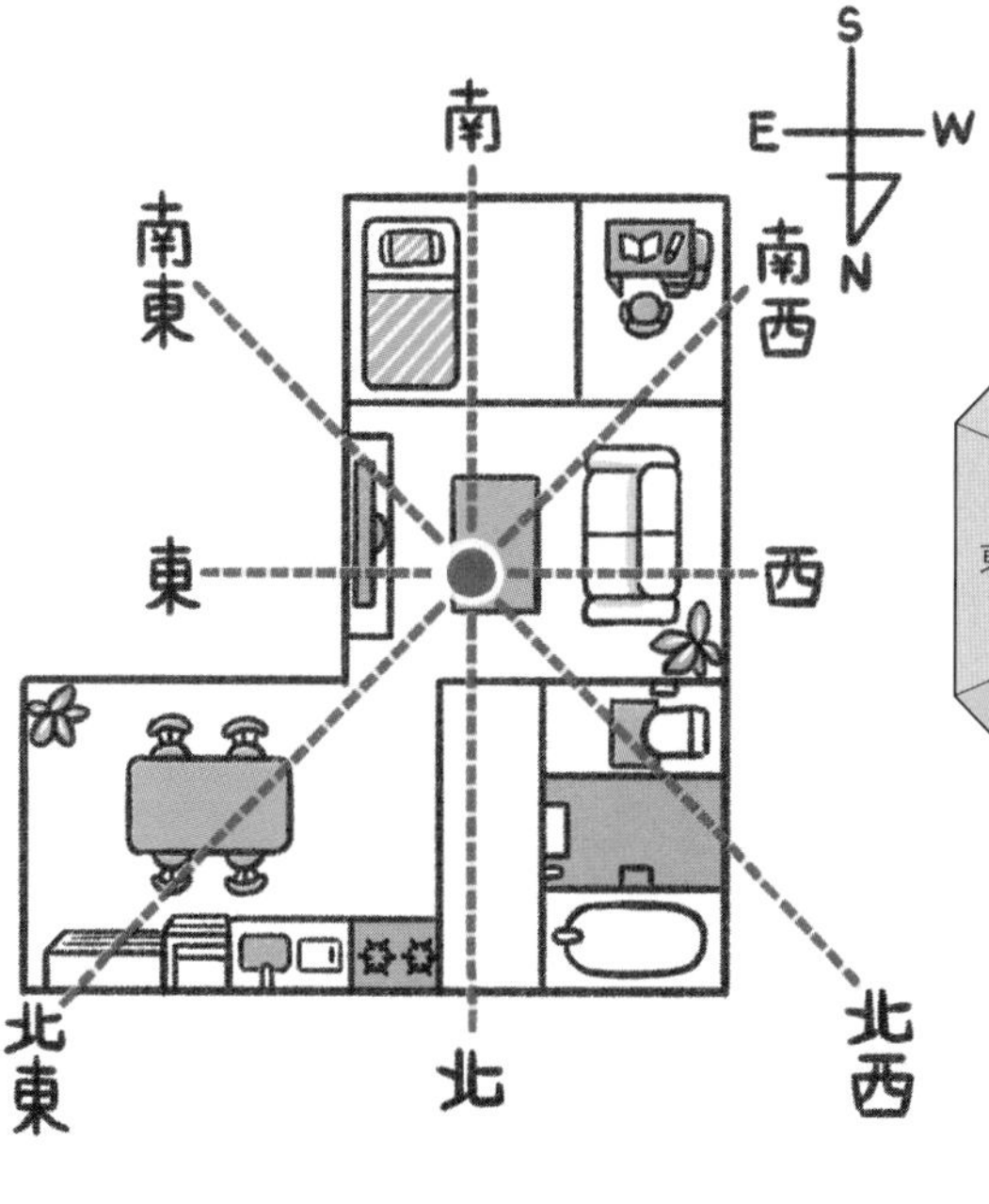

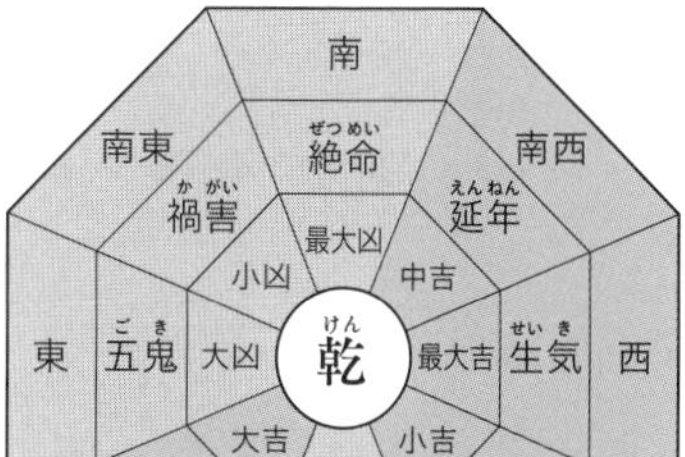

5 基本の診断ポイント

吉方位に玄関、寝室、リビングがあるか

家の間取り図と本命卦の八宅盤を照合して、まず確かめたいのは、玄関、寝室、リビングです。前述のように、玄関は気の入り口で、家の運を決める重要ポイント。ここが吉方位にある、またはドアが吉方位を向いているでしょうか?（ドアの向きについてはP．１５６）生気、天医なら最上。延年、伏位もいいでしょう。

生活の3分の1の時間を過ごす寝室は、延年、天医にあるのが理想的です。団らんの場リビングは太極や吉の四方位なら問題ありません。仕事部屋、勉強部屋も同様です。これらの部屋が凶方位の場合は、化殺を施しましょう。

▼凶方位にあたる場合の対策はP.104〜

凶方位に水回りがあるか

キッチン、バスルーム、トイレなどの水回りは水を流すことから凶作用を流すとされ、凶方位が適しています。逆に吉方位にあると、吉作用を流してしまい、もったいないことになります。キッチンは水と同時に火を使う場所なので、凶作用を燃やすという意味もあります。洗面所や洗濯機を置いたスペースも水回りです。

水回りは禍害、六殺、五鬼、絶命の方位にありますか?　台所と食事スペースが同じダイニングキッチンの場合、ダイニングは吉方位が望ましいので判断に困るでしょうが、これも対策があります（P．２６１参照）。

▼吉方位にあたる場合の対策はP.104〜

仕事スペース、勉強部屋は天医方位にあるか

仕事部屋がある場合、また子どもの勉強スペースは、落ち着いて取り組める天医方位が最適です。努力を続けることを促す伏位方位もいいでしょう。もちろん、生気、延年の吉方位も問題ありません。

禍害、六殺、五鬼、絶命の凶方位にあたっている場合、デスクやパソコンは、その部屋の中心（小太極）から見て吉方位に置くことで、凶作用を減らせます。リビングなどの一部を仕事スペースとしている場合も同様です。

また、椅子に座ったとき、前が壁でなく、空間があったり、ドアが見える位置が望ましいので、そうなるように机の配置を工夫しましょう。

▼子ども部屋、仕事スペースの詳細はP.202〜

収納スペースは禍害方位にあるか

普段、頻繁に出し入れしない衣類や調度品を収納する空間が家には必要です。納戸や物置部屋、ウオークインクローゼットとして独立したスペースがある場合は、禍害方位が理にかないます。六殺、五鬼、絶命の凶方位も適します。

収納部屋はそこで長時間過ごすというわけではないので、人への影響が少ないと考え、凶方位でかまわないということになります。逆に吉方位なら、幸運を活かせず、もったいない家ということになります。

各部屋に収納家具が分散しているという場合は、部屋の中心（小太極）から見て凶方位に収納家具を置くといいでしょう。

6 望ましい間取りではない場合に行う「化殺《かさつ》」

●五行による相生《そうじょう》を用いて場のエネルギーを調整する

すべての部屋が理想的な配置になっている文句なしの家は、めったにありません。そこに、風水を学んでより良い家にする意味があります。家の換気を良くして清潔を保つのは大前提として、**八方位の吉を増やし、凶を減らす対策があります。これを化殺といい、基本は五行の相生を使います。**すなわち五行を象徴する色や物で、その方位の五行と出合わせるわけです。その結果、凶意を減らし、吉意を強めることが可能と考えるのです。次のページに特に化殺が必要な凶方位を取り上げ、本命卦別、宅卦別に表にしました。

具体的には、表中の「木《もく》、火《か》、土《ど》、金《きん》、水《すい》」の性質を持つ色や形、素材の物を置く、目立つようにするということです。龍や三本足のカエルなどの置物などを見たことがあると思いますが、こういった物を使わなくてもかまいません。日用品で化殺はできるのです（各五行の色やアイテムの一覧はP．258）。

【 ①五行による化殺（凶方位を抽出） 】

本命卦、宅卦（五行）	坎《かん》（水）	坤《こん》（土）	震《しん》（木）	巽《そん》（木）	乾《けん》（金）	兌《だ》（金）	艮《ごん》（土）	離《り》（火）
絶命	金	土	水	木	土	金	火	火
五鬼	金	火	水	木	金	土	土	火
六殺	水	土	木	水	土	金	火	木
禍害	水	火	木	水	金	土	土	木

【 ②方位による化殺 】

玄関	絶命	五鬼	六殺
寝室	天医	生気	延年

置物や家具、ファブリック類で化殺するのが現実的ですが、部屋の使い方で化殺する方法もあります。それは、**玄関と寝室の関係**です。玄関が絶命（最大凶）にある場合は、天医方位の部屋を寝室とする。玄関が五鬼（大凶）にある場合は生気方位を、玄関が六殺（中凶）にある場合は延年方位にあたる部屋を寝室とすると凶作用が弱まるという考え方です。小凶の禍害は重視しなくてもいいでしょう。

7

本命卦別基本の化殺

●気を活かせない方位にある部屋は五行の各性質を持つ物や色を使う

ここからは、家の中心人物の本命卦別に、八方位それぞれが八遊星の何にあたるかをみていきます。**凶となる方位、その方位では気を活かせない部屋となる場合の化殺ポイントを解説します。**あなたの家の中心人物（または、人生の大事な時期にある家族）の本命卦のページをご覧ください。北から時計回りに一方位ずつ、ふさわしい部屋と問題のない部屋をあげましょう。

本章では、まず各方位を大まかに押さえてください。玄関、寝室など、部屋別の具体的な吉例と凶例は、第4章（P．175）でお知らせします。金運を強化するなど目的に応じた八方位の使い方も同様です。

本命卦には東四命と西四命の2グループがあると前述しました。東四命は東側に吉方位が、西四命は西側に吉方位が多くなっています。この点だけでも、転居するとき、家を建てるときに大きな手がかりとなると思います。

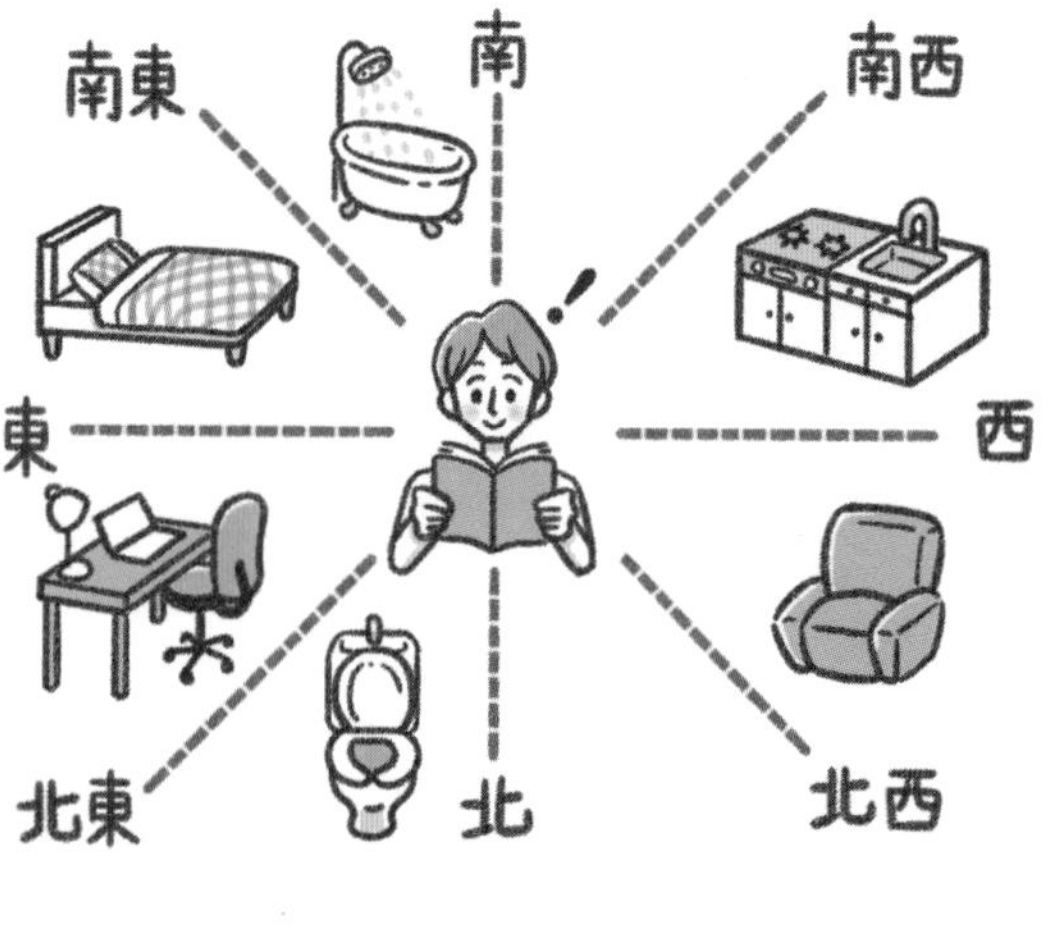

中心人物の本命卦が「乾《けん》」

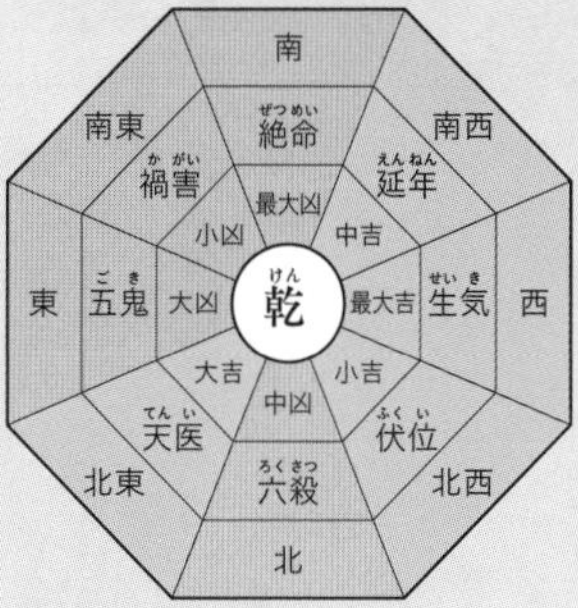

北の部屋

家庭の中心人物の本命卦が「乾」の場合、北は自堕落になりやすい六殺にあたります。水回りや収納スペースなら問題ありませんが、玄関、寝室、リビング、仕事部屋の場合は「土」性で化殺しましょう。

土でできた物、つまり陶磁器を置く、家具やカーテン、ラグなどインテリアのメインカラーを茶、黄、ベージュにするなどということです。

玄関が北に位置するなら、延年となる家の南西方位を寝室にできれば凶の気を抑えられます。

北東の部屋

北東は、癒やしの方位、天医です。玄関はもちろん、寝室、リビング、仕事部屋や勉強部屋があれば吉となります。天医の玄関は健康を保つという吉作用があり、寝室なら十分に身体を休めることができるでしょう。

独立した部屋がなくても、外とのつながりを意味する通信機器、すなわちスマホ、パソコン、固定電話などを置くと玄関の代わりになります。

水回りや収納部分の場合は「土」性で化殺します。ここも茶、黄、ベージュの色を使い、陶磁器の小物を配します。

東の部屋

東は、不注意からのトラブルが増えるという五鬼にあたります。玄関、寝室、リビング、仕事や勉強のスペースには向きません。これらの部屋の場合は、「金」性で化殺します。金属製の物をインテリアのポイントにする、白、金、銀の色が目立つようにするということです。

凶作用を燃やし、流すキッチンなど水回りや、出入りの少ない収納部屋なら、この方位にあってOKです。

玄関がここなら、生気方位の西の部屋を寝室にできれば凶作用を防げます。

南東の部屋

南東は、活力が徐々にそがれてしまう禍害にあたります。キッチン、バスルーム、トイレ、収納スペースなら、その凶作用を流したり、身に受けることが少ないので安心です。

玄関、寝室、リビング、仕事部屋の場合は、「金」性で化殺します。東と同様に、金属製の収納家具や置物を置く、白、金、銀の色をインテリアに多く使います。貴金属を置くのもいいでしょう。

凶作用は大きくありませんが、玄関がここなら、寝室は吉方位にしたいところです。

南の部屋

南は、病気や損失を呼ぶ絶命にあたります。水回りや収納スペースなら良い家です。

玄関、寝室、リビング、仕事部屋、勉強部屋の場合は、必ず化殺を行ってください。使う物は、「土」性のアイテムです。陶磁器や石の置物を飾る、大地が印象的な写真や絵をかけるなどということです。カーテンや敷き物など面積が大きい物の色は黄、茶、ベージュにします。

ここが玄関となるなら、天医の北東を寝室にして「方位による化殺」をするのがおすすめです。

南西の部屋

南西は、人間関係に好影響となる延年にあたります。特に寝室にふさわしいといえます。寝ているうちに家庭運と財運の気を受けることができます。

玄関、リビング、仕事部屋や勉強部屋なら望ましく、恋愛、結婚にも吉となります。

水回りや収納スペースになる場合は、吉作用がもったいないことになりますので、「金」性のアイテムで化殺します。壁やカーテンなど大きい部分を白にし、金属製品（できれば丸い物）をインテリアのポイントにしてください。

西の部屋

西は、最大吉の生気にあたります。良い気に満ちていますから、大いに活用したいところです。玄関ならば最高ですが、リビング、仕事部屋、勉強部屋にもふさわしい方位です。西日が当たり、夏に暑くなる場合は、陽を遮る工夫をしてください。

キッチン、バスルーム、トイレなど水回りにあたる場合は、最大吉運を流すということになりますので、「木」性のアイテムで化殺します。カーテンやマット類を緑や青にする、観葉植物を置くといったことです。

北西の部屋

北西は、安定した日々を呼ぶ伏位にあたります。家族が落ち着いて過ごせる作用を及ぼしますからリビングが最もおすすめです。玄関、寝室、仕事部屋、勉強部屋も悪くありません。この方位を流れる気が地道な努力をあと押しするでしょう。

キッチンやバスルームなど水回りの場合は、ここも「木」性のアイテムで化殺します。マットやタオル類を青、緑系の物にし、家具やインテリア小物類は木製の物にするといいでしょう。

中心人物の本命卦が「兌《だ》」

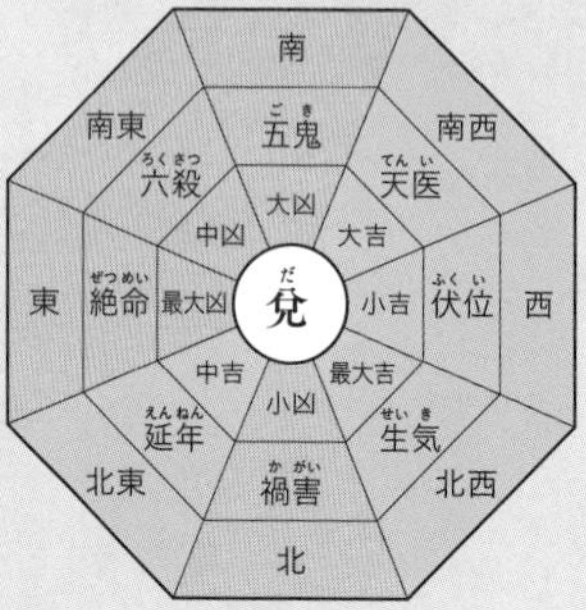

北の部屋

家庭の中心人物の本命卦が「兌」の場合、北は気分が晴れないという禍害にあたります。トイレやバスルーム、キッチンなら、その気を流せますので問題ありません。収納スペースも、長時間過ごす場ではないでしょうから適しています。

一方、玄関や寝室、リビング、仕事部屋という吉運が欲しい部屋の場合は「土」性アイテムで化殺します。茶色、ベージュ、黄色を部屋のベースカラーにし、陶磁器や石の置物を置いてください。

北東の部屋

北東は、家族が仲良くできる延年にあたります。間取り図の北東範囲に玄関が完全に、またはほとんど入るなら、とても良い家です。家の中はもちろん、外からも良い縁を引き入れることができます。リビングや夫婦の寝室の場合も文句なしです。

キッチン、バスルーム、トイレなど水回りなら、「金」性で化殺します。家電やマット、タオル類は白い物にし、インテリアのポイントに金色や銀色を使って、上品な雰囲気の水回りにしてください。

東の部屋

東は、財を失う、病を得るという絶命にあたります。八宅ではどの家にもありますので、きちんと対処をすれば恐れることはありません。水回りならば問題なく、水を流すことで凶作用も流れます。

ここが玄関となるなら、天医の南西を寝室にするのがおすすめです。難しい場合は、玄関を「金」性で化殺します。寝室、リビング、仕事部屋の場合も同様です。スチール製のラックや金属製の置物を置き、インテリアのベースカラーは白にします。

南東の部屋

南東は、だらしなくなりやすい六殺にあたります。水回りなら、その凶作用を流せます。また、長時間過ごす場所ではない収納スペースなどなら問題ありません。

一方、玄関、寝室、リビング、仕事部屋の場合は「金」性で化殺します。金属製の物を置く、インテリアのベースカラーを白とし、金色、銀色をアクセントカラーにするということです。

玄関がここなら、延年の北東を寝室にできれば凶の気を抑えられます。

南の部屋

南は、判断ミスからトラブルを招くという五鬼にあたります。キッチン、バスルーム、トイレ、洗面所、洗濯スペースや収納がメインの部屋なら、強い凶作用を抑えられます。

玄関の場合は、寝室を生気の北西にできると理想的ですが、難しい場合は「土」イメージのインテリアにして化殺しましょう。

寝室、リビング、仕事部屋、勉強部屋が南の場合も、「土」性の色やグッズを用います。茶色、ベージュ、黄色系でまとめてください。

南西の部屋

南西は、心身が安らぐ天医にあたります。玄関、寝室、リビング、仕事部屋や勉強部屋の場合は吉。玄関なら良い気が入りますし、寝室なら健康面に好影響となり、仕事や勉強には落ち着いて取り組めます。

水回りや収納部分の場合は吉運を流してしまったり、活用できなかったりするので、もったいないことになります。その場合は、「土」性アイテムで吉パワーを強めます。四角形の物を多くしたり、陶磁器や石の置物を飾りましょう。

西の部屋

西は、平和な気に満ちる伏位にあたります。西の玄関は、物事を安定させる気を家に招きます。寝室やリビング、仕事部屋の場合も同様に、落ち着いて過ごすことができ、何事も順調に進む力が与えられます。結果、金運も上がっていきます。

キッチン、バスルーム、トイレなど水回りの場合は、「木」性アイテムで化殺します。木製の食器棚にしたりバスグッズを木のものにする、トイレに小さな観葉植物や木でできたオブジェを飾るなどということです。

北西の部屋

北西は、生命力に満ちた最大吉の生気にあたります。玄関がここなら、幸運が入ってきますから文句なしです。

リビングなら家族がエネルギーチャージできる場になりますし、仕事部屋や勉強部屋なら成績アップの運に恵まれます。

一方、水回りや収納スペースになる場合は、最大吉運を活かせず、惜しいことになりますので、「木」性のグッズで化殺します。「木」からイメージできる物をインテリアのテーマにするということです。

中心人物の本命卦が「離《り》」

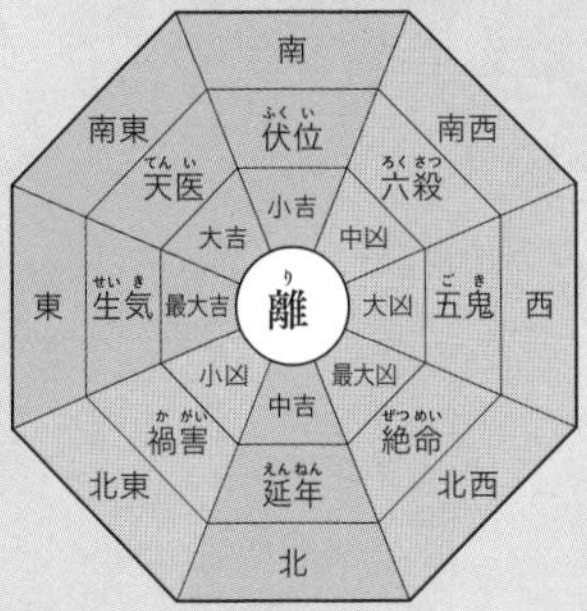

北の部屋

家庭の中心人物の本命卦が「離」の場合、北は家庭円満の延年にあたります。北の玄関なら、家庭内だけでなく、外でも良い人間関係を築けますし、良縁もやってきます。その結果、財運も呼び込めることになります。寝室、リビング、仕事部屋にも適しています。

一方、キッチン、バスルーム、トイレの水回りだと、その吉運を流してしまうので、「金」性で化殺します。インテリアの基本色は白とし、ポイントカラーに金色や銀色を使いましょう。

北東の部屋

北東は、何かと不調が続く禍害にあたります。間取り図の北東範囲に水回りのいずれかが完全に、またはほとんど入るなら、とても良い家です。収納部屋もいいでしょう。

長時間過ごす寝室やリビング、仕事部屋の場合は、「木」性で化殺をしましょう。木製家具を中心にインテリアをまとめ、色合いも植物のイメージの緑、青系の物を多くしてください。木性を持つのは直線状の物なので、木製のブラインドなどもいいでしょう。玄関なら、観葉植物を置くのがおすすめです。

東の部屋

東は、最も運に恵まれる生気にあたります。キッチン、バスルーム、トイレ、収納スペースなら、せっかくの吉作用を流したり、身に受ける機会を減らしたりしてしまいます。その場合は、「木」性で化殺します。マットやタオル、小物類を青や緑系の物でそろえたり、収納家具を木製の物にします。

玄関ならば、幸運を呼び込む最高の玄関です。整理整頓を心がけ、最大吉運を家の中に十分招き入れましょう。リビング、仕事部屋、勉強部屋にも望ましい方位です。

南東の部屋

南東は、集中力が増す天医にあたります。玄関、寝室、リビング、仕事部屋や勉強部屋の場合はとても良いといえます。専用の部屋がない場合も、仕事や勉強の用具を置いて、よく利用したい方位です。

寝室なら健康面で、リビングなら家族団らんに好影響があります。

水回りだと吉運を流し、収納部分の場合は吉パワーを活用できないので、化殺が必要です。この場合は、石やレンガといった「土」性アイテムやアースカラーを用います。

南の部屋

南は、不動、安定という意味のある伏位にあたります。玄関、リビング、寝室のどれかが南なら、とても平和な家庭になります。

水回りと収納部屋の場合は、「木」性で化殺します。緑や青系を多用したインテリアとするのがおすすめです。

本命卦「離」の人は、「木」で化殺する方位が４つありますので、家のあちこちを化殺する必要が生じるのでしたら、木製家具を同じシリーズにしたり、色のトーンをそろえたりすると統一感が出るでしょう。

南西の部屋

南西は、自制心が乏しくなる六殺にあたります。水回りや収納部にあたれば問題ありません。

玄関、寝室、リビング、仕事部屋の場合は、怠け心が出たり、努力の成果を自ら無にしたりといった作用があるので、その心配がある場合は「木」性で化殺します。大きめの観葉植物を置く、存在感のある木製家具にするといったことです。藤製の物もいいでしょう。

玄関がここなら、延年の北を寝室にして凶の気を抑えるのも手です。

西の部屋

西は、ケガや盗難に用心という意味の五鬼にあたります。玄関、寝室、リビング、仕事や勉強の部屋がこの方位にあるのは好ましくありません。西の玄関なら、生気方位の東の部屋を寝室にできれば凶作用を防げます。

玄関や長時間過ごし、くつろぐための部屋の場合は、「火」性で化殺します。火は光に通じますから、照明器具を存在感のある物にするといいでしょう。赤系の色が火性となりますが、もちろん真紅でなくてもかまいません。

水回りなら問題ありません。

北西の部屋

北西は不運の方位、絶命にあたります。とはいえ、八宅でこの方位がない家はありませんから、しかるべき対処をしましょう。

水回りの場合は心配いりません。水を流すことで凶の気も取り除くことができます。

北西が玄関の場合は、寝室を天医の南東にして凶作用を抑えたいところです。難しい場合は、「火」性で化殺します。

リビング、仕事部屋、寝室が北西の場合も同じく、目立つ物を赤系の色にし、三角形の物を置きます。

中心人物の本命卦が「震《しん》」

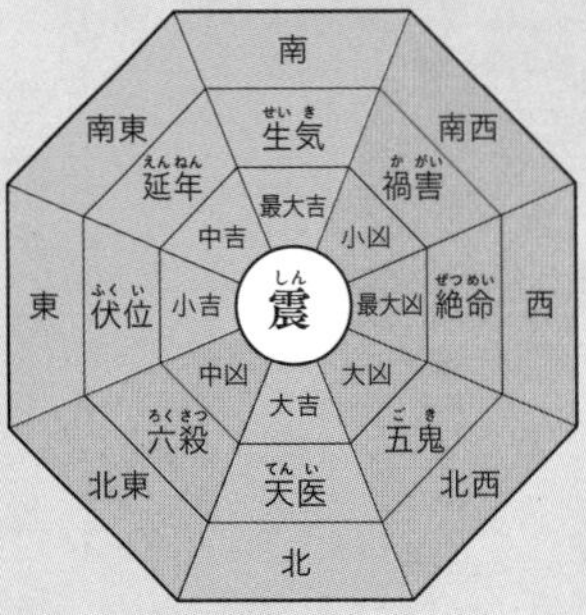

北の部屋

家庭の中心人物の本命卦が「震」の場合、北は天医にあたります。障害を乗り越え、成功をつかめる方位です。

玄関、寝室、リビング、仕事部屋や勉強部屋の場合は吉。玄関なら良い気が入り、寝室なら健康面に好影響、仕事や勉強にはじっくり取り組めます。

水回りは吉運を流してしまい、納戸などの場合は、人や物の出入りが少なく吉作用を活かせません。その場合は「土」性で化殺します。カーテンやマット、タオル類は茶色や黄色にします。

北東の部屋

北東は、浪費や異性問題を起こしやすい六殺にあたります。

水回りや収納部屋の場合はOKです。玄関、寝室、リビング、仕事部屋なら、前述の問題の発生を抑えるため、「木」性で化殺します。木製の家具や観葉植物を置く、インテリアのカラーを緑、青をメインにします。原色である必要はありません。色の濃淡を上手に配して、上品にまとめてください。

玄関がここなら、延年の南東を寝室にできれば凶作用を減らせます。

東の部屋

東は、地道に力を養うという意味の伏位にあたります。東が玄関、リビング、または寝室のいずれかなら、とても穏やかな家庭になります。

水回りと収納部屋の場合は、「木」性で化殺します。好みのトーンでかまいませんが、基本カラーは緑や青系とするのがおすすめです。

本命卦「震」の人は、「木」で化殺する方位が４つと多めです。家のあちこちを化殺する必要が生じるのでしたら、木製家具の色を家全体でそろえると統一感が出るでしょう。

南東の部屋

南東は、協調性が増し、家庭内が平和という意味の延年にあたります。間取り図の南東の範囲に玄関が完全に、またはほぼ入るなら、家庭の中心人物と相性が良く、幸運の気が入る家となります。寝室、リビング、仕事部屋や勉強部屋にも適しています。

一方、キッチン、バスルーム、トイレの水回りなら「金」性で化殺します。白い色の面積を多くし、金属製の部分がある小物を飾ったりスチール製の収納家具を置きましょう。収納部屋の場合も同様です。

南の部屋

南は、活気と発展の気があふれる生気にあたります。玄関がここならば理想的です。多くの幸運を家に引き入れることができます。リビングなら明るい家庭が望め、仕事部屋や勉強部屋なら意欲的に取り組めるでしょう。

キッチン、バスルームなどの水回りや、出入りの頻度が低い収納部屋ならもったいないことになります。その場合は、「木」性で化殺します。カーテンやマット、タオル類を緑や青にする、木製の収納家具や観葉植物を置くといったことです。

南西の部屋

南西は、ちょっとした災難に見舞われがちな禍害にあたります。大型家具の置き場やウオークインクローゼットなど収納が目的の部屋なら申し分ありません。水回りもOKです。

寝室、リビング、仕事部屋の場合は、悩みが尽きないことになりますので、「木」性で化殺します。カーテンやラグ類の色は緑や青、黄緑が目立つようにし、家具は木製の物にします。

玄関の場合も、観葉植物や木製のスツールなどを置くといいでしょう。

西の部屋

西は、損失、失敗を意味する絶命にあたります。凶作用が強い方位ですが、どの家にもありますので必要以上に恐れないでください。水回りや収納部屋なら心配いりません。

ここが玄関なら、天医の北を寝室にすれば凶作用を抑えられます。それが無理な家は、「水」性で化殺します。リビング、仕事部屋、寝室が北西の場合も、目立つ物を黒、グレー、紺色にし、水槽やガラスの花瓶などに水に入れて置きます。魚を飼ったり花を生けたりしなくてもかまいません。

北西の部屋

北西は、災難を呼ぶという五鬼にあたります。キッチン、バスルーム、トイレなどの水回りと収納スペースなら、強い凶作用を燃やしたり流したりすることになり、問題ありません。

玄関の場合は、寝室を生気の南にできると化殺となりますが、難しいなら「水」性の色とアイテムを用います。寝室、リビング、仕事部屋など長時間過ごす部屋の場合も同様です。黒の大型テレビやチョコレート色の家具、グレーのカーテンやラグなどがおすすめです。

中心人物の本命卦が「巽《そん》」

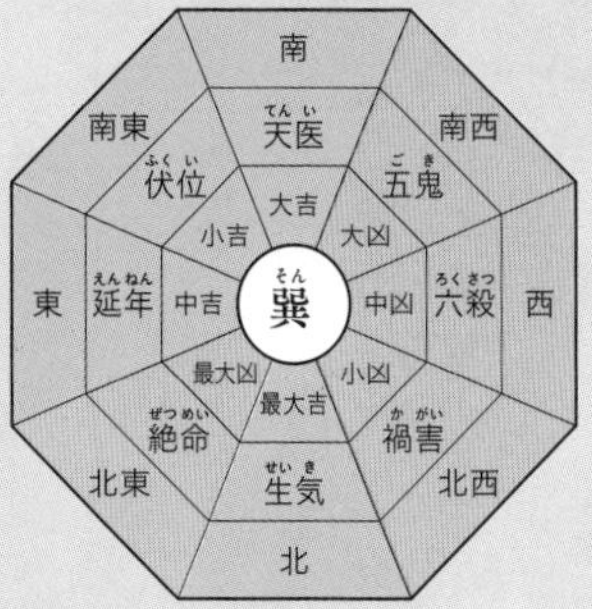

北の部屋

家庭の中心人物の本命卦が「巽」の場合、北は生気にあたります。最大吉の方位なので、きれいに保ち、良い気で満たしたいものです。

玄関なら最高です。ただ、暗くて冷たい風が入るような構造でしたら、照明を明るくしたり、暖簾などで空気の流れを工夫してください。リビング、仕事や勉強のスペースの場合も大吉です。

水回りや収納スペースの場合は「木」性で化殺します。「木」からイメージできる物をインテリアのテーマにしてください。

北東の部屋

北東は、仕事がうまくいかない、財産を失うという絶命にあたります。八宅では必ずある凶方位ですから必要以上に恐れず、しっかりと対処をしましょう。

水回りや、納戸など収納がメインの部屋なら、その凶作用を流したり、身に受けることを少なくできるので安心です。

ここが玄関なら、天医の南を寝室にするのが理想的ですが、間取りから難しい場合は「木」性で化殺します。木製家具を目立つようにし、緑や青をベースカラーにします。

東の部屋

東は、人間関係運と財運を示す延年にあたります。間取り図の東の範囲に玄関が完全に、または半分以上入るなら、吉の気が家に入ってきます。玄関に物を多く置いて、その気を滞らせてはもったいないので、太極へと引き入れるよう、広々と使ったり、ドアを開け放したりしてください。寝室、リビングの場合も吉です。

水回りの場合は、「金」性アイテムで化殺します。白い壁や家電が白ならＯＫ。カラフルな物は、白いカバーをつけましょう。

南東の部屋

南東は、小吉の伏位にあたります。玄関、寝室、リビング、仕事部屋、勉強部屋のいずれかが南東の場合は、物事を落ち着かせるパワーをもたらし、吉です。

キッチン、バスルーム、トイレなど水回りの場合は、「木」性で化殺します。木でできた物を多用したり、樹木の絵や写真を飾ったりします。

本命卦「巽」の人は、木で化殺する方位が４つと多めです。木製家具にも様々な色があるので、家全体でトーンをそろえると統一感が出るでしょう。

南の部屋

南は、健康に恵まれ、活力に満ちる天医にあたります。水回り、納戸などの収納部屋の場合は、吉作用を活かせません。その場合は、「土」性で化殺します。インテリアの色合いを茶やベージュのアースカラーにし、土、石、粘土などで作られた物を置きます。

キッチンなら陶磁器があるので、特別な物を用意する必要はありません。大地の絵画や写真などを飾るのもいいでしょう。

玄関、寝室、リビング、仕事部屋や勉強部屋の場合は吉です。

南西の部屋

南西は、過失によるトラブルが起きやすい五鬼にあたります。玄関、寝室、リビング、仕事や勉強のスペースには不向きです。

玄関がここなら、生気方位の北の部屋を寝室にできれば凶作用を減らせます。難しい場合は、玄関を「木」性で化殺します。

寝室、リビング、仕事部屋の場合も木性で化殺を。フローリングなら言うことはありません。木目が美しい家具や木製のインテリア小物を置きましょう。色は緑や青を多用してください。

西の部屋

西は、生活が乱れがちとなる六殺にあたります。水回りや収納部分なら、常に清潔を保つほかに、特別なことをする必要はありません。

玄関、寝室、リビング、仕事部屋など多くの時間を過ごすスペースの場合は、規則正しい健康的な生活を保てるよう、「水」性で化殺します。テレビなど黒い家電や家具があればＯＫです。他に、水槽や海の絵などを飾ってください。

玄関がここなら、延年の東を寝室にして、方位による化殺をしましょう。

北西の部屋

北西は、大ごとではないものの不和や不調が起きがちな禍害にあたります。トイレやバスルーム、キッチン、洗面所、洗濯ルームなど水回りなら、その凶作用を流せますので言うことはありません。収納部屋にも適しています。

寝室やリビング、仕事部屋、玄関にあたる場合は、「水」性で化殺します。インテリアの色は黒、グレー、紺色を多くします。水槽を置いたり、ガラスの花瓶に植物を挿して並べたりするといいでしょう。

中心人物の本命卦が「坎《かん》」

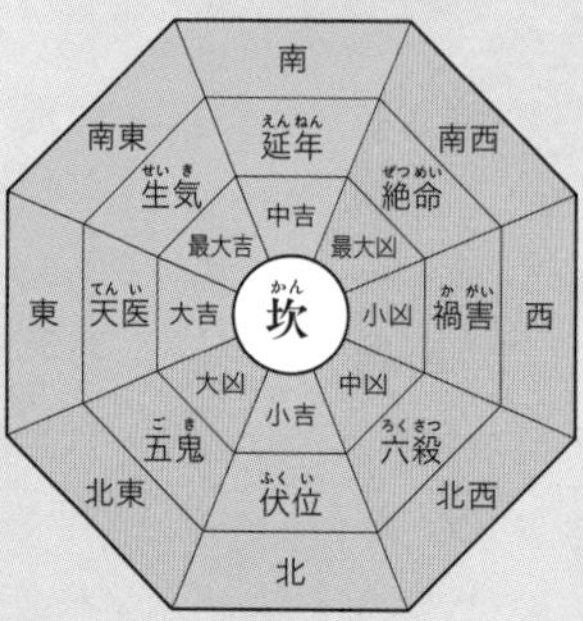

北の部屋

家庭の中心人物の本命卦が「坎」の場合、北は平和と安定をもたらす伏位にあたります。玄関がここなら、穏やかな家庭となるでしょう。暗くて冷たい北風が入るような構造でしたら、照明を明るくしたり、隙間風が入らないよう工夫を。仕事部屋や勉強部屋なら、地道な努力を促し、良い結果を導きます。

キッチン、バスルーム、トイレなど水回りの場合は、「木」性で化殺します。木でできた物を多用したり、樹木の絵や写真を飾ったりします。

北東の部屋

北東は、不注意からの事故などが起こりやすい五鬼にあたります。キッチン、バスルーム、トイレ、収納スペースなら、その凶作用を抑えられるので安心です。

玄関の場合は、寝室を生気の南東にできるといいのですが、難しい場合は金属製の傘立てやオブジェを置くなど「金」性で化殺しましょう。

北東が寝室、リビング、仕事部屋の場合は、白い壁、オフホワイトのカーテンや寝具にし、金色や銀色を使った小物を置きます。

東の部屋

東は、病を遠ざけ、仕事運も上がる天医にあたります。玄関なら良い気を招き入れることができますし、寝室なら健康面に吉作用となります。仕事や勉強のためのスペースの場合は、じっくりと取り組め、成績アップも期待できます。

水回りや収納の部屋の場合は、吉運が活かせませんので、「土」性で化殺します。カーテンやマット、タオル類は茶色や黄色が目立つようにします。キッチンなら陶磁器があるでしょうから、それだけでもＯＫです。

南東の部屋

南東は、前進と発展という意味の生気にあたります。最大吉の気が巡る方位なので、トイレやバスルーム、キッチンの水で運を流してしまったり、出入りが少ない収納の部屋となっているなら、もったいない家となります。その場合は「木」性で化殺し、吉運を家に留めましょう。マットやタオル、小物類を青や緑系の物にしたり、観葉植物や木製家具を置くといったことです。色の濃さは問いません。

玄関、リビング、仕事部屋、勉強部屋の場合は言うことなしです。

南の部屋

南は、人間関係をスムーズにする気に満ちた延年にあたります。間取り図の南の範囲に玄関がすっぽり、またはほとんど入るなら、吉の玄関です。家の外でも家庭内でも思いやり深い人となれ、人間関係の悩みを抱えることも少ないでしょう。寝室、リビングの場合も同様です。

キッチン、バスルーム、トイレなど水回りと収納部屋となる場合は、「金」性で化殺します。家電、食器棚やラック類を白い物か、金属部分の印象が強い物にします。

南西の部屋

南西は、金運が下がり、健康面で問題を抱えるという絶命にあたります。どの家にもあるので、「この方位を使わない」と極端なことはせず、化殺をして有効活用しましょう。

ここが玄関となるなら、天医の東を寝室にすると強い凶作用を抑えられます。もしくは「金」性で化殺します。

南西がリビング、寝室、仕事部屋の場合も同様に、金属製の物が目立つようにします。輝く金色や銀色部分のあるオブジェを飾るのもいいでしょう。

西の部屋

西は、徐々に意欲がそがれるという禍害にあたります。物置部屋や収納が主目的の部屋なら問題ありません。トイレやバスルーム、キッチン、洗面所、洗濯ルームなど水回りなら、不調運を流すことができます。

一方、玄関はもちろん、寝室、リビング、仕事部屋など常に過ごす部屋の場合は、「水」性で化殺します。黒、グレー、紺系のいずれかをインテリアの主役にしてください。これらの色の面積が多ければ、他の色をアクセントに使ってもかまいません。

北西の部屋

北西は、生活に締まりがなくなり、出費が増えるという六殺にあたります。水回りや収納スペースならかまいません。

玄関、寝室、リビング、仕事部屋の場合は、怠け心や出費を抑えるよう「水」性で化殺します。主なアイテムの色を黒、グレー、紺にして、他の色は控えめにするということです。水が流れるように見えるオブジェや水槽などを置くのもおすすめです。

玄関がここなら、延年の南を寝室にできれば凶の気を抑えられます。

中心人物の本命卦が「艮《ごん》」

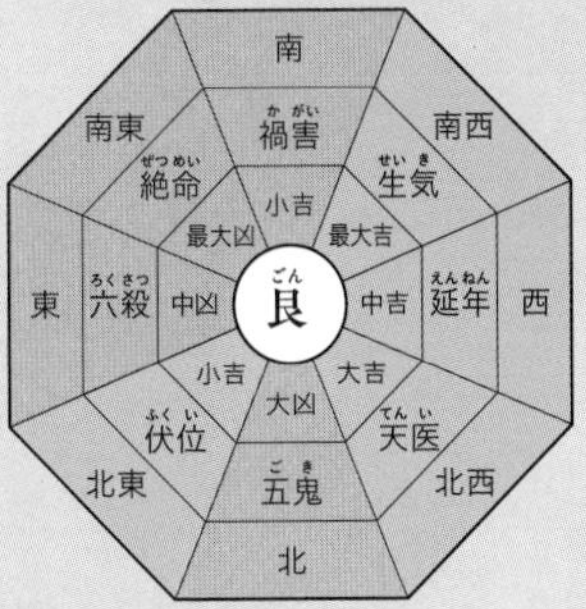

北の部屋

家庭の中心人物の本命卦が「艮」の場合、北は五鬼にあたります。判断力が鈍って問題が起きがちという方位です。

玄関がここなら、生気方位の南西を寝室にできれば凶作用を防げます。南西に寝室用の部屋がない場合と、北が寝室、リビング、仕事部屋、勉強部屋の場合は、「土」性で化殺します。

茶系の家具にし、ベージュや黄色をはじめアースカラーでまとめます。大理石を使った物、四角い物を置くのもおすすめです。

北東の部屋

北東は、平和で安定した家庭運を意味する伏位にあたります。キッチン、バスルーム、トイレの水回りのいずれかが北東の場合、その安定運を流してしまいますので、「木」性で化殺します。収納部屋の場合も同様です。木製のグッズや観葉植物を置く、インテリアのカラーを緑、青系にするということです。

伏位は小吉で、強運に満ちているわけではありませんが、玄関、寝室、リビングがここなら穏やかな家庭になります。仕事部屋の場合も悪くありません。

東の部屋

東は、ずぼらになるという凶作用の六殺にあたります。水回りや収納スペースならOKです。

玄関、寝室、リビング、仕事部屋の場合は、その凶作用を防ぐため、「火」性で化殺します。インテリアのカラーは赤や紫系にします。ローズやラベンダー色など、濃い色でなくてもOKです。他に照明器具を存在感のある物にすることも「火」性を強めます。

玄関がここなら、延年の西を寝室にできれば凶の気を抑えられます。

南東の部屋

南東は健康を損ねたり、家計にダメージがあったりする絶命にあたります。ここを封印するような極端なことはしなくても大丈夫です。水回りなら凶意を流せます。

ここが玄関となるなら、天医の北西を寝室にするのがおすすめです。間取りから難しい場合は、「火」性で化殺します。

リビング、仕事部屋、寝室が南東の場合も同じく、目立つ物を赤や紫系の色にします。ソファやカーテン、ラグなど面積が大きいほど効果が高くなります。

南の部屋

南は、小さなトラブルや体調不良が心配な禍害にあたります。ウオークインクローゼットや物置部屋などにしたい方位で、キッチン、バスルーム、トイレなど水回りも、凶作用を燃やしたり流したりできるので安心です。

寝室やリビング、仕事部屋、そして玄関の場合は、「土」性で化殺をしましょう。最も多い色は壁の白やアイボリーでも、次に大きい面積のカーテンやカーペットを茶色、ベージュ、黄色をベースにアースカラー系でまとめてください。

南西の部屋

南西は、創造力が活性化される生気にあたります。玄関ならば、最大吉の運を家に取り入れることになり、最高の家です。

リビング、仕事部屋、勉強部屋も家庭運、仕事運、勉強運を上げます。

一方、キッチン、バスルーム、トイレ、収納スペースなら、せっかくの吉作用を逃すことになるので、「木」性で化殺します。和風かナチュラル系のインテリアにして、木製の物を置いたり、緑や青系の色でまとめたりといったことです。

西の部屋

西は、恋愛や仕事上の出会い運を強める延年にあたります。ただ、水回りの場合は、その出会い運を結実前に流してしまいます。「金」性アイテムで化殺しましょう。金属製部分が目立つ収納家具、シルバーの冷蔵庫や洗濯機、バスグッズやトイレグッズは白系でそろえます。

間取り図の西の範囲に玄関が完全に、またはほとんど入るなら良い家です。リビング、寝室の場合は家族間のコミュニケーションが良好に。仕事部屋の場合は、新しい人間関係が金運につながります。

北西の部屋

北西は、健康と財運を意味する天医にあたります。寝室なら健康面に良い作用を及ぼし、玄関なら金運アップの良い気が入ります。特に良いのが、仕事部屋や勉強部屋です。集中力が増し、仕事や勉強にしっかりと取り組めます。

一方、水回りや収納スペースの場合は、その吉作用を流してしまったり、身に受けることが少なくなるので、「土」性で化殺します。家具や日用品、置物は四角形や台形の安定した形の物にし、茶系の色を多くします。

中心人物の本命卦が「坤《こん》」

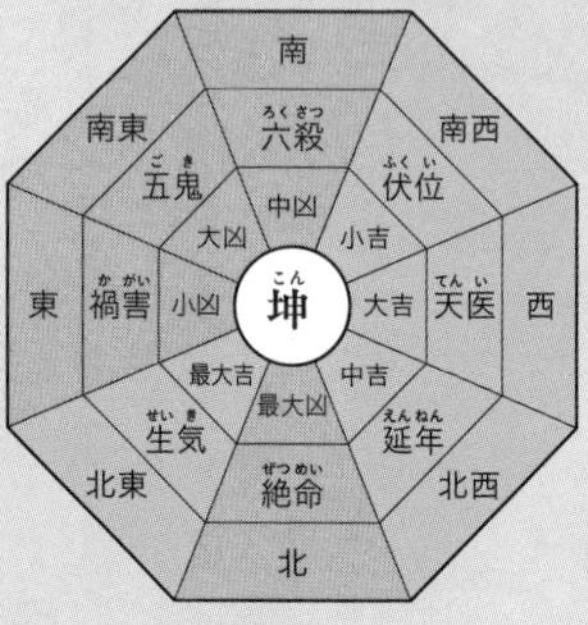

北の部屋

家庭の中心人物の本命卦が「坤」の場合、北は絶命にあたります。しっかりと化殺を行い、強い凶作用を抑えましょう。

ここが玄関となるなら、天医の西を寝室にするか、「土」性のアイテムやカラーを取り入れます。

リビング、仕事部屋、寝室が北の場合も同じく、目立つものの色を茶系にします。ソファやカーテン、ラグ、ベッドカバーなど面積が大きいほど効果が高くなります。陶磁器や石の置き物、レンガを置くこともおすすめします。

北東の部屋

北東は、積極性が増し、家の中で最も吉となる生気にあたります。

玄関がここなら文句がありません。外からの良い気を多く招き入れる最高の玄関となります。リビングならくつろぎながら活力を養えますし、仕事部屋や勉強部屋なら成果が現れやすくなります。

一方、水回りや収納スペースになる場合は、生気の運を存分に使えません。この場合は、「木」性で化殺します。木製の物を多くしてナチュラルスタイルや和風のインテリアにしましょう。

東の部屋

東は、チャンスがあっても十分に活かせないという禍害にあたります。普段長時間いることのない収納がメインの部屋や水回りの場合は何もしなくて結構です。

玄関、寝室、リビング、仕事部屋なら、チャンスを逃さないように「火」性で化殺します。

火性の色は赤、オレンジ、ピンク、紫となりますが、落ち着いた色合いでも効果は変わりませんので原色でなくても大丈夫です。ソファやカーペット、カーテン選びの際は意識してください。

南東の部屋

南東は、トラブルを招く五鬼にあたります。キッチン、バスルーム、トイレなどの水回り、また収納スペースなら、その凶作用を抑えられるので問題ありません。

玄関なら寝室を生気の北東にできると化殺となりますが、難しい場合は「火」性で化殺しましょう。南東が寝室、リビング、仕事部屋の場合も同様です。深い赤系のソファやカーペット、クッションにしたり、フロアスタンドなどで光を効果的に使ってください。光は「火」と同じ意味となります。

南の部屋

南は、ふしだらな傾向を強めるという六殺にあたります。水回りや収納部分なら問題ありません。

寝室、リビング、仕事部屋、勉強部屋の場合は「土」性で化殺します。陶磁器など土でできた物を置く、インテリアのカラーを茶色、黄色、ベージュをメインにして、アースカラーでそろえるということです。

玄関がここなら、延年の北西を寝室にできれば凶の気を抑えられます。難しい場合は、玄関にも土性の物を置きましょう。

南西の部屋

南西は、穏やかな運を受け取れる伏位にあたります。南西の玄関なら、家族が地道にそれぞれの本分に努力する家庭となります。寝室、リビング、仕事部屋なら金銭面で堅実さが増します。

水回りと収納部屋の場合は、その平和な気を活かせませんので、「木」性で化殺します。木製の家具、観葉植物、樹木の写真や絵などを配します。基本カラーは緑と青。原色がパワーが強いというわけではありませんから、好きなトーンの物でそろえましょう。

西の部屋

西は、心身ともに安定する天医にあたります。ここが水回りだと、吉運を燃やしたり流したりして十分に受け取れませんし、納戸など収納部屋の場合は、人や物の出入りが少なく、吉作用を活かせません。その場合は、「土」性で化殺します。ベージュや黄土色など土のイメージの色を多くし、土や石で作られた物を置きます。

寝室の場合は、天医の「健康、長寿」運を得られます。仕事運、学業運に恵まれるので、仕事部屋、勉強部屋、玄関にも適しています。

北西の部屋

北西は、夫婦和合、財運ももたらす延年にあたります。間取り図の北西の範囲に玄関が完全に入っているか、大部分が入るなら、良い気を家に引き入れる家です。

寝室やリビングなら家族の関係を穏やかに保ちます。仕事部屋の場合は、人の縁から経済面に良い作用があるでしょう。勉強部屋にも適します。

水回りの場合は、「金」性で化殺します。家具を金属製部分が目立つタイプにしたり、壁に金属製の飾り物を配置したりしてください。収納部屋の場合も同様です。

3／年の運「流年法《りゅうねんほう》」とは

毎年位置を変える 9の虚星によって 吉凶を診断する方法

ここまでは、家の中心人物の生まれ年による方位の吉凶を紹介しました。これは、時間によって変わることはありません。ここからは、年によって変わる方位の吉凶、「流年法」を紹介しましょう。

これも中国の風水の1つで、飛星派《ひせいは》といわれます。毎年、八方位に異なる星が巡り、その吉凶が家に作用する、すなわち時間と共に吉凶が変化するという考え方です。日本の九星気学で、「自分の本命星は一白水星《いっぱくすいせい》」と生まれ年によって性格や運勢をみることはおなじみでしょうが、中国占術では風水、方位学で九星が多用されます。

9つの星は、夜空に実在しない虚星です。この九星がルールにのっとって時間と共に位置を変え、その配置具合によって吉凶を判断します。中国風水では、一白水星、六白金星《ろっぱくきんせい》、八白土星《はっぱくどせい》が大吉、二黒土星《じこくどせい》と五黄土星《ごおうどせい》は大凶として扱います。三碧木星《さんぺきもくせい》と七赤金星《しちせききんせい》は小凶、四緑《しろく》木星《もくせい》と九紫火星《きゅうしかせい》は小吉となります。

九星の意味の一覧はP．167にありますので参照してください。

本命卦と年運の関係

本命卦八宅盤と、流年法の年盤を組み合わせると、時期に合わせた、より詳細な判断が可能となります。

・本命卦の吉方位に一白、六白、八白の大吉星が巡る年はチャンスが拡大。

・本命卦の吉方位に二黒、五黄の凶星が巡る年は、方位の吉作用が出にくい。

・本命卦の凶方位に二黒、五黄の凶星が巡る年は、凶が重なり、要注意と解釈します。

下の例でいうと、本命卦「乾」の人の家は、2023年の年盤と重ねると、どちらも赤色（吉）となるのが南西と西。この二方位の部屋を積極的に使い、凶が重なる東と南東の部屋は使用を控えたり、化殺処理をしたりして使うという具合です。

次に、2022年～2039年の吉方位と凶方位がすぐわかるように流年盤と本命卦八宅盤を組み合わせた図としましたので、家庭の中心人物の本命卦のページをご覧ください。

例

【 本命卦「乾《けん》」八宅盤 】

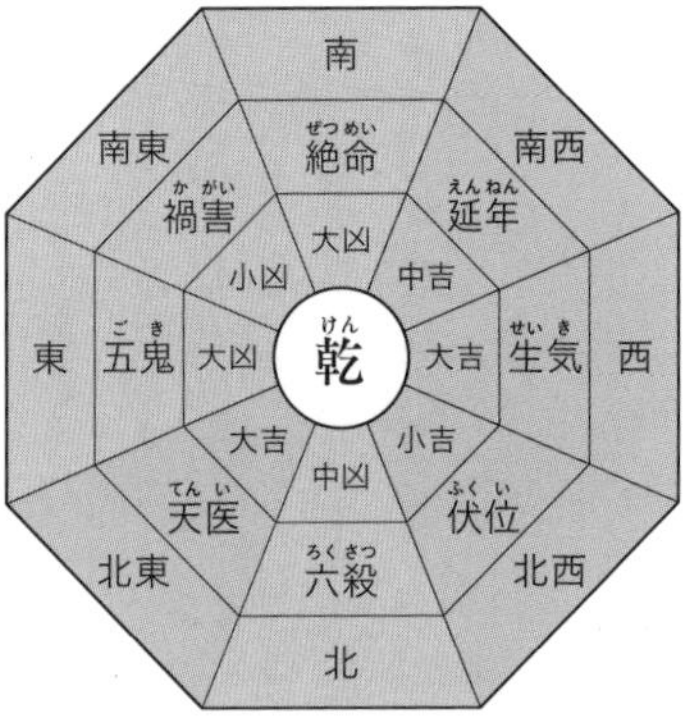

本命卦「乾」の人は
時期を問わず、南西、
西、北西、北東が吉方位。

【 2023年年盤 】

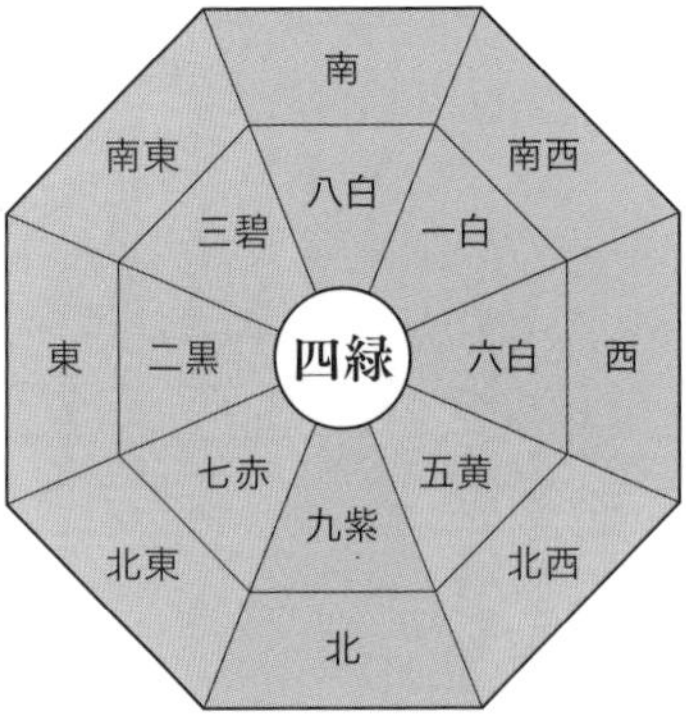

2023年の九星配置は
南、南西、西、北が吉方位。
北西、北東、東、南東が凶方位。

2022〜2039年の 年運と本命卦の組み合わせ

本命卦が「乾《けん》」

2022年／2031年

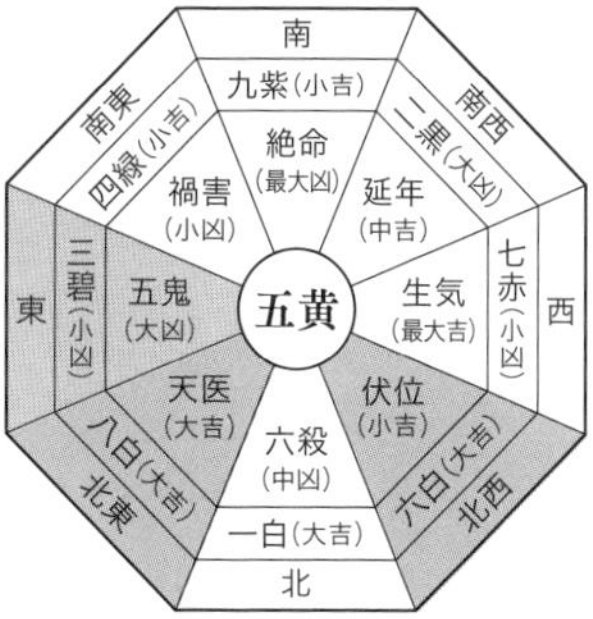

北東と北西の部屋を活用
東は使用頻度を落とす

２０２２年、吉方位の部屋に吉運が巡り、吉が重なるのは次の二方位となります。

・北東／八白土星（大吉）が巡る天医。金運に幸運があります。

・北西／六白金星（大吉）が巡る伏位。仕事運に幸運があります。

２０２２年は、この二方位の部屋で過ごす時間を長くし、積極的に使いましょう。

心配なのは、東です。巡る星は小凶ですが、使用頻度を落とす方が望ましいといえます。

９年後の２０３１年も同様の星の配置となります。

2023年／2032年

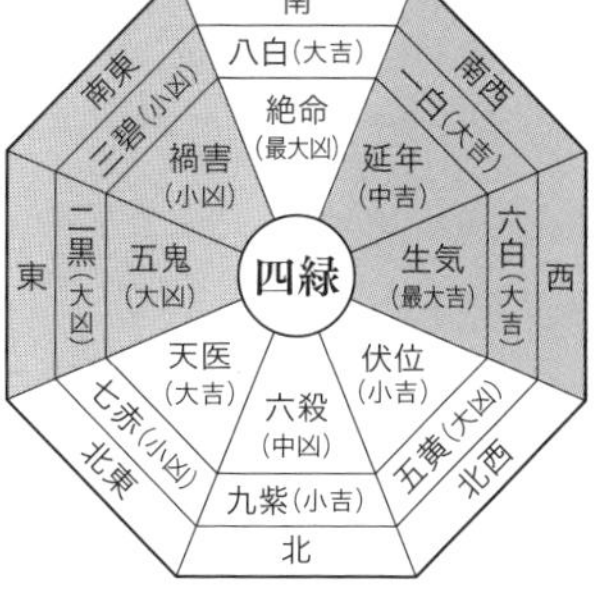

西と南西の部屋で過ごし
東と南東は使用を控えめに

２０２３年、吉運が吉方位の部屋に巡り、強運となるのは次の二方位となります。

・西／六白金星（大吉）が巡る生気。仕事運に良い作用。

・南西／一白水星（大吉）が巡る延年。試験運、恋愛運に良い作用。

この二方位を、食事をしたりテレビを見たりしてくつろぐ場所にすると理想的です。

要注意なのは東と南東です。特に東に回る二黒土星は病気を暗示しますから、よく使う部屋があるなら、例年に増して健康に留意すべきとなります。９年後の２０３２年も同様の星の配置です。

2024年／2033年

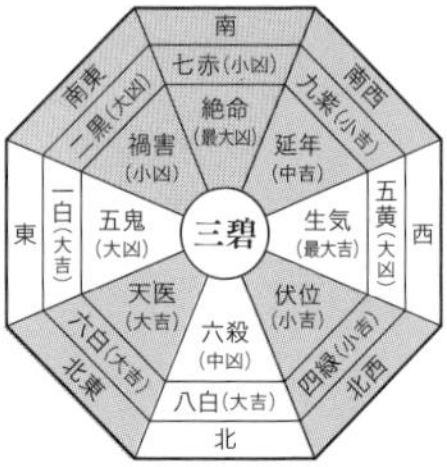

北東と南西、北西は吉。南、南東の部屋は短時間の使用に留めましょう

２０２４年、吉方位の部屋に吉運が巡り、吉が重なるのは次の三方位となります。

・北東／六白金星（大吉）の天医
・南西／九紫火星（小吉）の延年
・北西／四緑木星（小吉）の伏位

２０２４年は、この三方位の部屋で長く過ごしましょう。

この年は、南、南東の凶方位に凶の星が重なります。特に注意したいのは、二黒土星（大凶）が巡る禍害の南東です。二黒土星は病気を意味しますから、南東で過ごすことが多い場合は体調管理を万全にしたいものです。

2025年／2034年

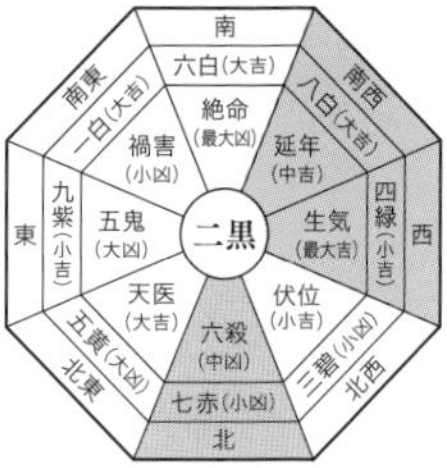

南西、西の部屋を積極活用しましょう 北はなるべく使わないように

２０２５年、吉運が吉方位の部屋に巡り、強運となるのは次の二方位となります。

・南西／八白土星（大吉）の延年
・西／四緑木星（小吉）の生気

２０２５年はこれらの部屋でくつろぎ、エネルギーをチャージしたいものです。これらの方位を物置などにしていたなら模様替えをして、仕事や家事の道具を置き、一定時間を過ごせるようにするといいでしょう。

凶が重なる方位は、この年は北のみです。不注意でのケガなどに気をつけましょう。

2026年／2035年

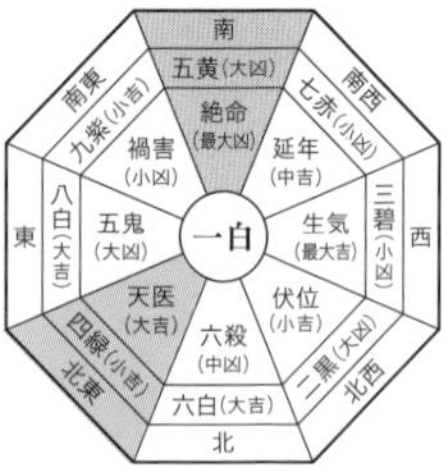

吉方位は北東、凶方位は南の1つずつ 部屋の使い方を工夫しましょう

２０２６年は、吉方位と吉運が重なるのも、凶同士が重なるのも一方位ずつです。

・吉方位は、北東／四緑木星（小吉）が巡る天医
・凶方位は、南／五黄土星（大凶）が巡る絶命

２０２６年は、この二方位の部屋の使い方を工夫しましょう。北東で過ごす時間を長くできるよう、テレビやソファを置いてくつろぎのスペースにするなどということです。この年に限って南は、収納スペースなどにするといいでしょう。

2027年／2036年
南西と北西を積極的に北と東は消極的に使う

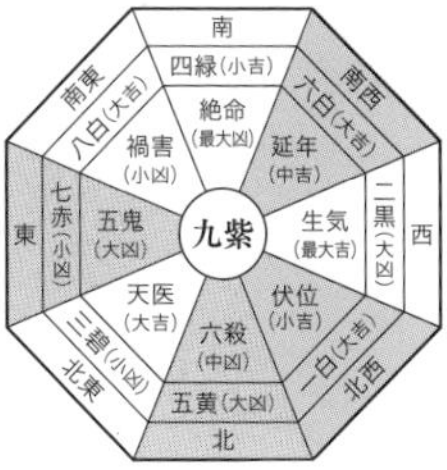

2027年、吉が重なり、長く過ごしたい部屋は、

・南西／六白金星（大吉）が巡る延年。仕事運に幸運。

・北西／一白水星（大吉）が巡る伏位。試験運に幸運。

水回り以外なら使用を控えめにしたいのは、災いを暗示する五黄土星が巡る北と、ケガの象意がある七赤金星が巡る東です。

2028年／2037年
西と北西を活用南と南東は要注意

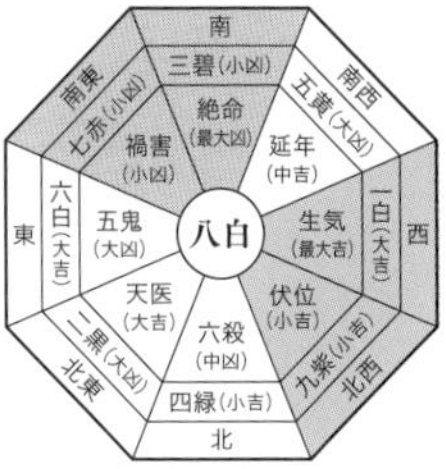

2028年、吉が重なり、長く過ごしたい部屋は、

・西／一白水星（大吉）の生気。試験運、恋愛運に幸運。

・北西／九紫火星（小吉）が巡る伏位。

使用を控えめにしたいのは、争いを意味する三碧木星が巡る南です。次に注意したいのが、ケガを暗示する七赤金星が巡る南東です。

2029年／2038年
吉の部屋には吉星が凶方位には凶の星が

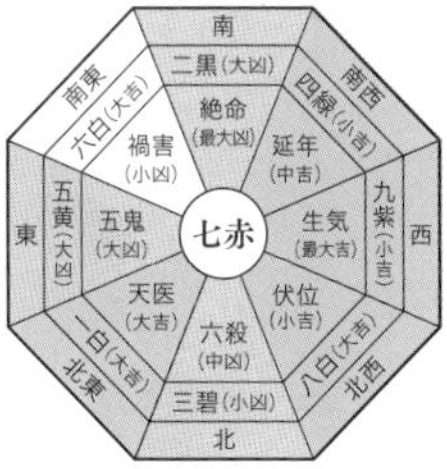

南東を除いて、星と部屋の吉凶が重なる年。吉方位は、

・北東／一白水星の天医

・北西／八白土星の伏位

・南西／四緑木星の延年

・西／九紫火星の生気

一方、凶が重なるのも南、東、北と多くなるので、使用頻度も落としにくいと思います。各部屋の化殺を行ってください。

2030年／2039年
西と北東で過ごし北と南東は控えめに

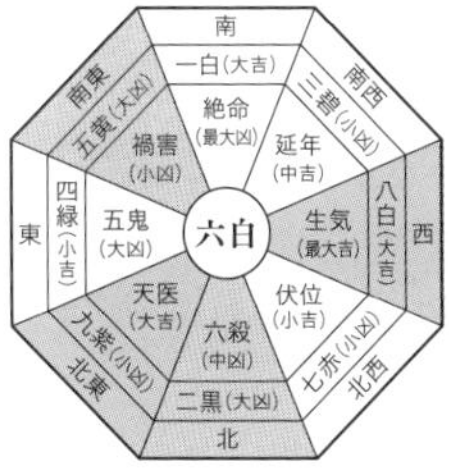

2030年、吉が重なり、長く過ごしたい部屋は、

・西／八白土星の生気

・北東／九紫火星の天医

水回り以外の部屋の場合、北と南東は使用を控えめにしたい年です。北は病気の、南東は災いの星が巡ります。9年後の2039年も同配置で、以降9年ごとに繰り返しとなります。

本命卦が「兌《だ》」

2022年／2031年

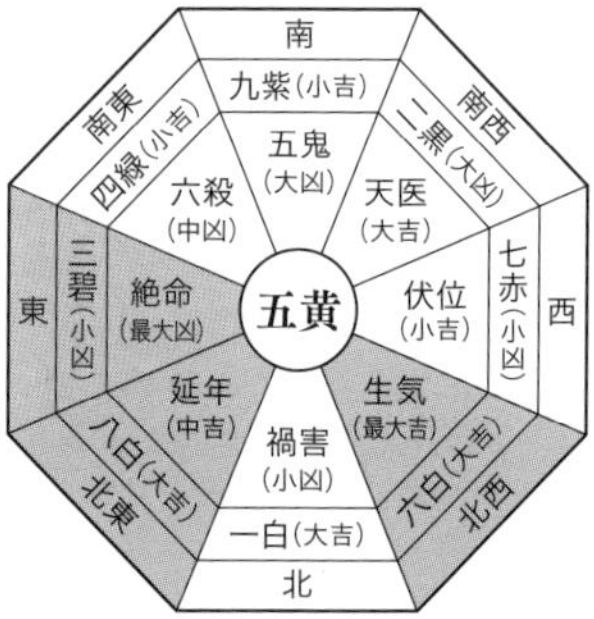

北西と北東の部屋を大いに活用 東の部屋はできるだけ使わない

２０２２年、吉方位の部屋に吉運が巡り、吉が重なるのは次の二方位です。

・北西／六白金星（大吉）が巡る生気。仕事運に幸運あり。

・北東／八白土星（大吉）が巡る延年。金運に幸運あり。

２０２２年は、この二方位の部屋で過ごす時間をできるだけ長くしましょう。

心配なのは、東です。三碧は訴訟を表します。頻繁に使わない方が望ましいといえます。

９年後の２０３１年も同様の星配置となります。

2023年／2032年

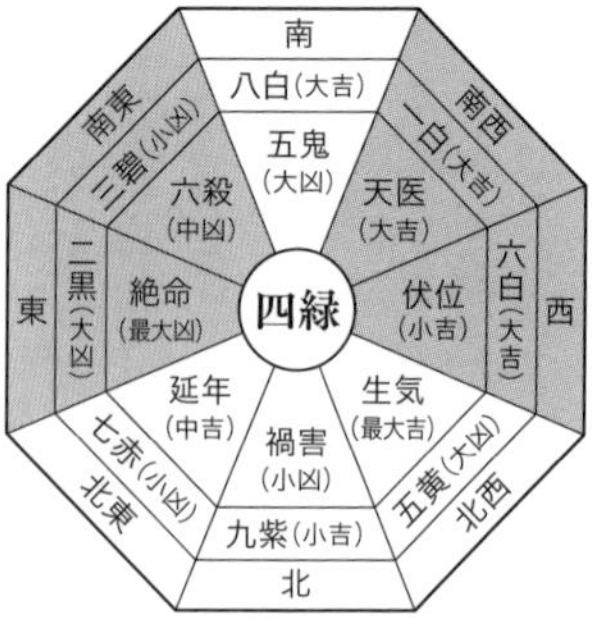

南西と西の部屋で過ごし 東と南東は使用を控えめに

２０２３年、吉運が吉方位の部屋に巡り、強運となるのは次の二方位です。

・南西／一白水星（大吉）が巡る天医。試験運、恋愛運が上昇。

・西／六白金星（大吉）が巡る伏位。仕事運が上昇。

２０２３年は、この二方位の部屋で食事をしたりテレビを見たりしてくつろぐ場所にできると理想的です。

要注意なのは東です。巡る二黒土星は病気を表すので、家族も体調管理に努めましょう。次に南東も控えめに。

９年後の２０３２年も同様です。

2024年／2033年

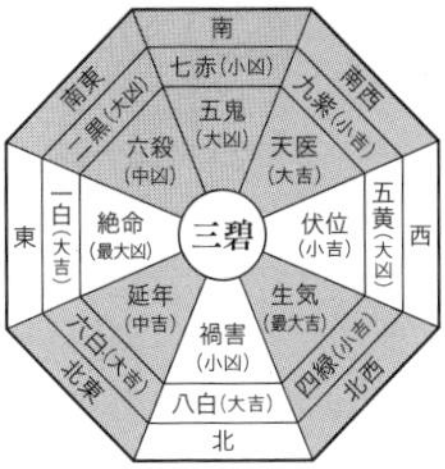

北東と北西、南西は吉運が巡る 南、南東は短時間の使用に

２０２４年、吉方位の部屋に吉運が巡り、吉が重なるのは次の三方位となります。

・北東／六白金星（大吉）の延年
・北西／四緑木星（小吉）の生気
・南西／九紫火星（小吉）の天医

２０２４年は、この三方位の部屋でできるだけ長く過ごすよう心がけましょう。

この年、南と南東は凶方位の部屋に凶の星が重なります。水回りにあたるなら心配ありません。寝室やリビングや仕事部屋の場合は、家具の配置などを替え、過ごす時間を短くするなど工夫を。

2025年／2034年

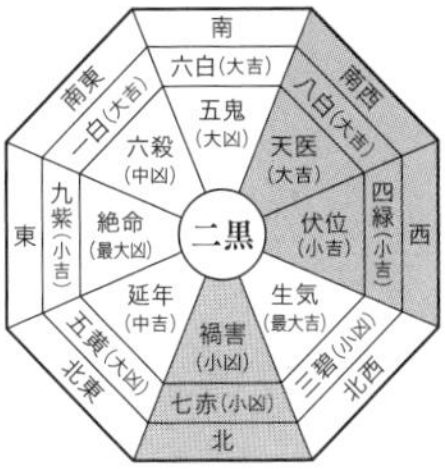

南西、西は吉。積極的に活用したい 北の部屋は使用頻度を落とす

２０２５年、吉運が吉方位の部屋に巡り、強運となるのは次の二方位となります。

・南西／八白土星（大吉）の天医
・西／四緑木星（小吉）の伏位

２０２５年は、これらの部屋でくつろぎ、エネルギーを蓄えたいものです。

凶が重なる方位は、この年は北のみです。七赤金星が巡るので、不注意からのケガに気をつけましょう。水回りなら心配ありません。リビングなどの場合、北の部屋で過ごす時間を控えめにするよう模様替えできれば理想的です。

2026年／2035年

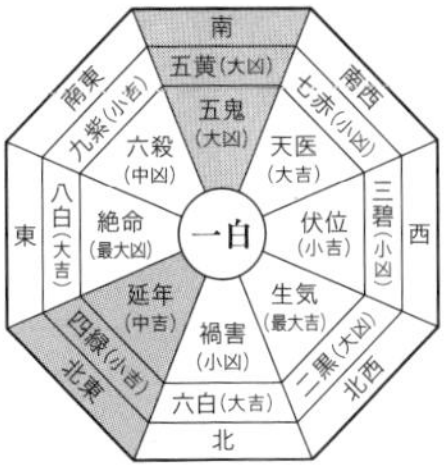

吉が重なる方位は北東 凶が重なる方位は南と一方位ずつ

２０２６年は、吉方位と吉運が重なるのも、凶同士が重なるのも一方位ずつです。

・吉方位は、北東／四緑木星（小吉）が巡る延年。試験運と恋愛運に好影響です。
・凶方位は、南／五黄土星（大凶）が巡る五鬼。災いを意味します。

２０２６年は、この二方位の部屋の使い方を工夫しましょう。北東で過ごす時間を長くするためリビングの機能を持たせるなど模様替えを。この年に限って南は、収納スペースなどにしましょう。

2027年／2036年

北西と南西を積極的に 北と東は消極的に使う

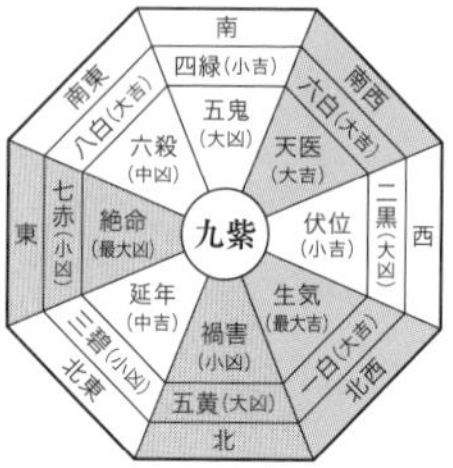

2027年、吉が重なり、長く過ごしたい部屋は、

・北西／一白水星（大吉）が巡る生気。試験運、恋愛運に幸運がもたらされます。

・南西／六白金星（大吉）が巡る天医。仕事運に幸運があります。

水回り以外なら使用を控えたいのは、五黄土星が巡る北と、七赤金星が巡る東です。

2028年／2037年

北西と西を活用 南と南東は要注意

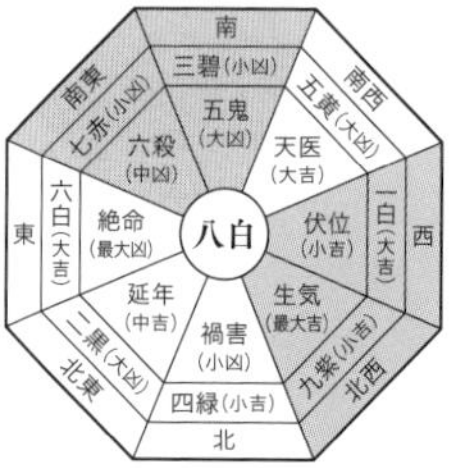

2028年、吉が重なり、長く過ごしたい部屋は、

・北西／九紫火星（小吉）が巡る生気。慶事を表しますが、同時に浪費に注意。

・西／一白水星（大吉）が巡る伏位。試験運、恋愛運に幸運があります。

使用を控えめにしたいのは、訴訟事やケガを暗示する星が巡る南と南東です。

2029年／2038年

吉の部屋には吉運が 凶方位には凶の星が

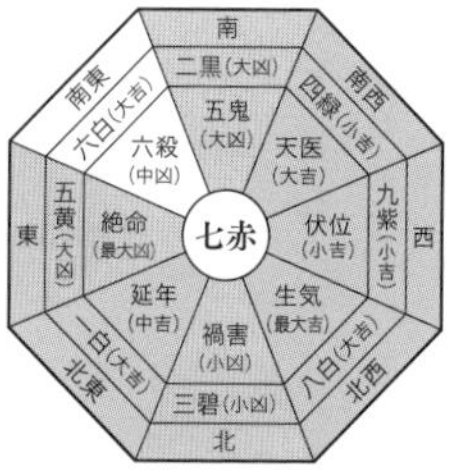

2029年は吉の部屋には吉運が巡り、凶方位には凶の星が巡るという年です。

・北西／八白土星（大吉）が巡る生気

・北東／一白水星（大吉）が巡る延年

・西／九紫火星（小吉）が巡る伏位

・南西／四緑木星（小吉）が巡る天医のいずれも吉です。

2030年／2039年

西と北東で過ごし 南東と北は長居しない

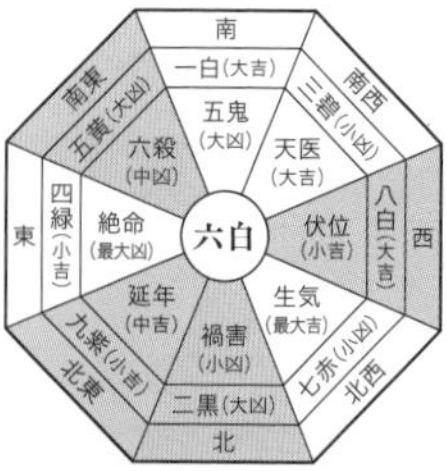

2030年、吉が重なり、長く過ごしたい部屋は、

・西／八白土星（大吉）の伏位。金運が上昇します。

・北東／九紫火星（小吉）の延年。慶事を表します。

注意すべきは、南東と北です。使い方を工夫しましょう。

9年後の2039年も同配置で、以降9年ごとに繰り返しとなります。

本命卦が「離《り》」

2022年／2031年

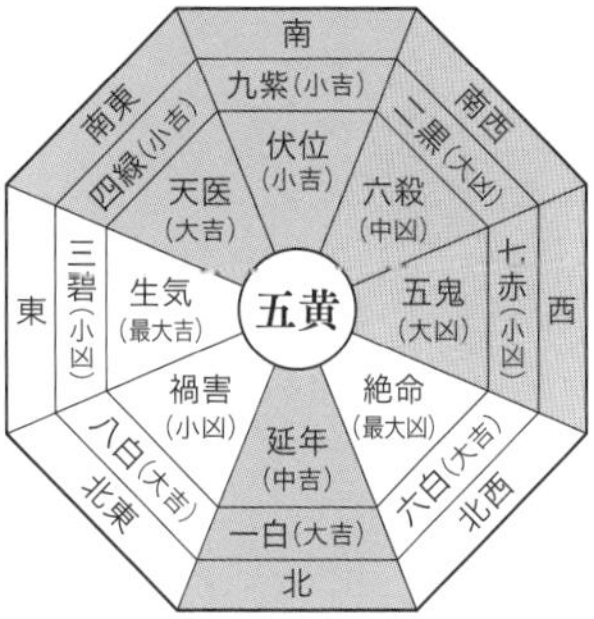

北、南東、南の部屋を活用
南西、西は注意

2022年、吉方位の部屋に吉運が巡り、吉が重なるのは次の三方位です。

・北／一白水星（大吉）が巡る延年
・南東／四緑木星（小吉）が巡る天医
・南／九紫火星（小吉）が巡る伏位

2022年は、三方位も吉が重なるので、吉方位でくつろぎ、その運を存分に活かしましょう。水回りにあたる場合は、吉運を流さないよう化殺を行います。

凶が重なるのは南西、西の部屋。この年は頻繁に使わない方が無難です。9年後の2031年も同様の星配置です。

2023年／2032年

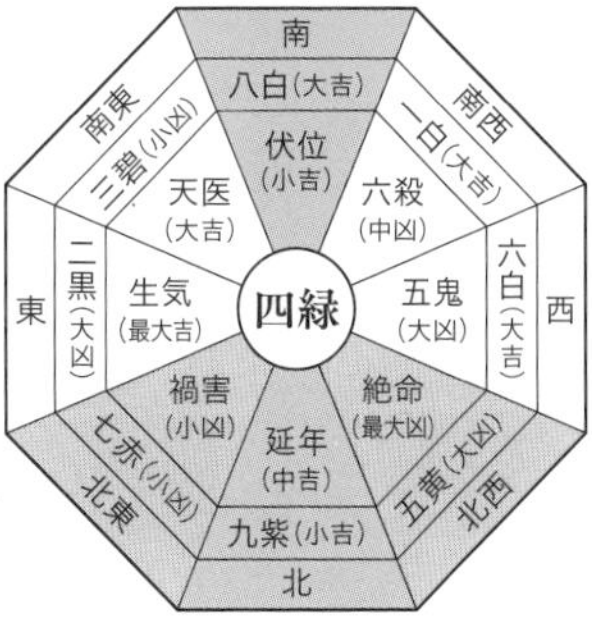

北と南の部屋で過ごし
北西と北東は使用を控えめに

2023年、吉運が吉方位の部屋に巡り、強運となるのは次の二方位です。

・北／九紫火星（小吉）が巡る延年
・南／八白土星（大吉）が巡る伏位

2023年は、この二方位の部屋を積極的に活用するのが理想的です。

要注意なのは、絶命（最大凶）に五黄土星（大凶）が重なる北西です。この年は北西の部屋は収納スペースに。水回りの場合でも、例年よりは用心が肝心です。禍害（小凶）に七赤金星（小凶）が巡る北東も使用は控えめに。

9年後の2032年も同じ星配置です。

2024年／2033年

吉が重なるのは東と北 西の部屋は短時間の使用に

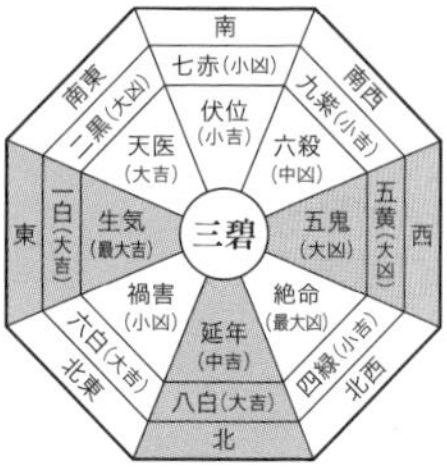

２０２４年、吉方位の部屋に吉運が巡るのは、

・東／一白水星（大吉）が巡る生気。試験運と恋愛運が高まります。

・北／八白土星（大吉）が巡る延年。家計に良い影響があります。

強力なパワーを十分に活かしましょう。東と北でできるだけ長く過ごせるよう工夫してください。

この年に気をつけたいのは西です。水回りにあたるなら、心配ありません。寝室やリビング、仕事部屋の場合は、化殺を行う、これらで過ごす時間を短くするなどしてください。

2025年／2034年

南東、南、東を積極活用し 北西、北東は長居しない

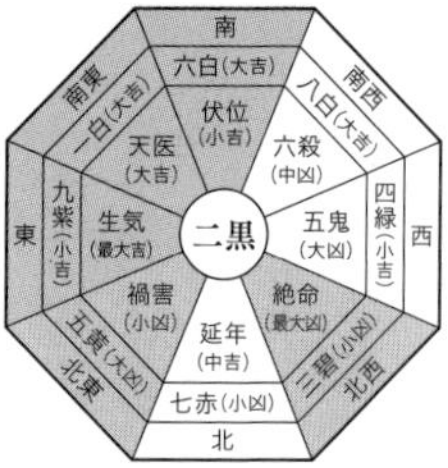

２０２５年、吉運が吉方位の部屋に巡り、強運となるのは次の三方位となります。

・南東／一白水星（大吉）の天医

・南／六白金星（大吉）の伏位

・東／九紫火星（小吉）の生気

２０２５年は、これらの部屋でくつろぎ、エネルギーの補充をしたいものです。

凶が重なる方位は北西、北東です。キッチン、バスルームなど水回りなら心配ありません。リビングなどの場合、これらの部屋で過ごす時間を最小限にするよう、模様替えできれば理想的です。

2026年／2035年

家の東で主に過ごしたい年 西側にいる時間を減らして

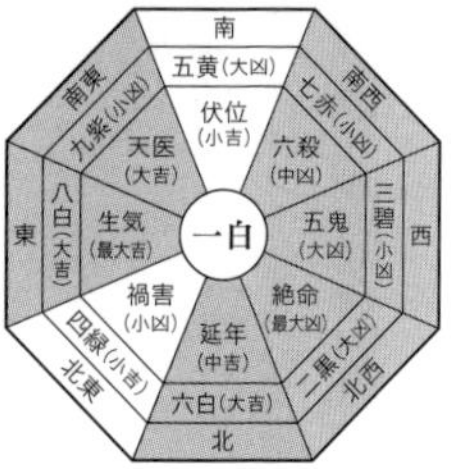

２０２６年は、吉方位と吉運が重なるのも、凶同士が重なるのも三方位ずつです。吉方位は、

・東／八白土星（大吉）が巡る生気。金運に恵まれます。

・北／六白金星（大吉）が巡る延年。仕事運に幸運があります。

・南東／九紫火星（小吉）が巡る天医です。

凶方位の部屋に凶の星が巡るのが、北西、西、南西と西にかたまります。西側が水回りの場合は問題ありません。寝室やリビングの場合、この年に限って模様替えをして東側で過ごすといいでしょう。

２０２７年／２０３６年
南東と南を積極的に 西と北東は控えめに

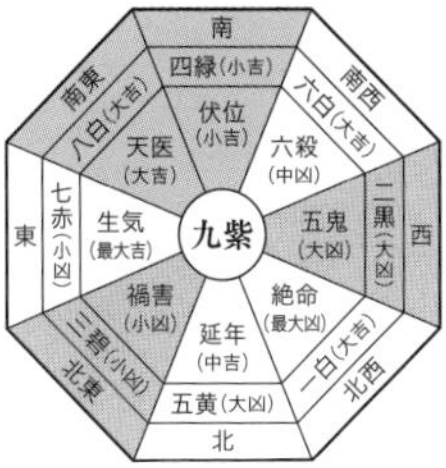

２０２７年、吉が重なり、長く過ごしたい部屋は、

・南東／八白土星（大吉）が巡る天医

・南／四緑木星（小吉）が巡る伏位です。

水回り以外なら使用を控えめにしたいのは、二黒土星が巡る五鬼の西と、三碧木星が巡る禍害の北東です。特に西は滞在時間を短くしましょう。

２０２８年／２０３７年
東と北を活用 南西と北東は要注意

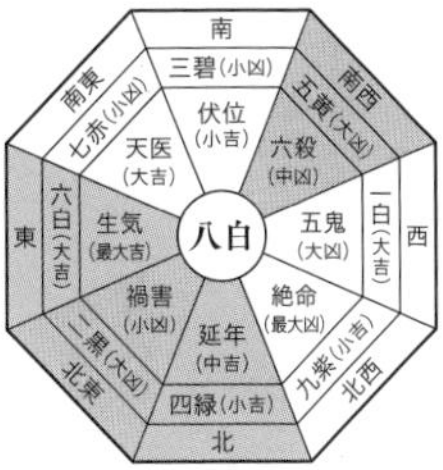

２０２８年、吉が重なり、長く過ごしたい部屋は、

・東／六白金星（大吉）が巡る生気。仕事運に幸運あり。

・北／四緑木星（小吉）が巡る延年。試験と恋愛に吉。

使用を控えめにしたいのは、五黄土星が巡る六殺の南西です。次は、二黒土星が巡る禍害の北東。中心人物の長時間使用を避けてください。

２０２９年／２０３８年
凶方位がなく、平穏な年 南東を活かして

２０２９年、吉の部屋に吉運が巡るのは、南東／六白金星（大吉）が巡る天医（大吉）の一方位です。南東の部屋を居心地よくし、吉運をチャージしたいものです。

そして、凶方位の部屋に凶運が重なるところはありません。南東以外の七方位は、吉同士、凶同士になるところがありません。

２０３０年／２０３９年
南と東で過ごし 北西、南西は短時間に

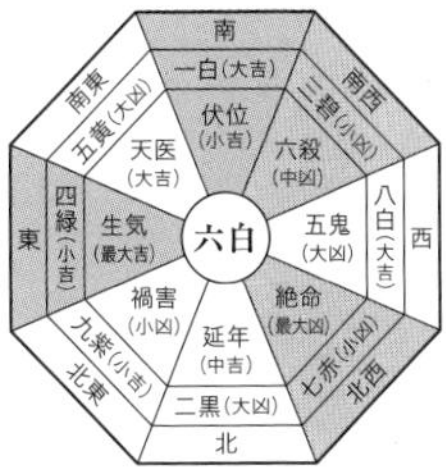

２０３０年、吉が重なり、長く過ごしたい部屋は、

・南／一白水星（大吉）が巡る伏位。試験運が好調に。

・東／四緑木星（小吉）が巡る生気です。

使用を控えめにしたいのは北西と南西です。

９年後の２０３９年も同配置で、以降９年ごとに繰り返しとなります。

本命卦が「震《しん》」

北、南、南東の部屋を活用したい年
南西、西は収納スペースなどに

2022年／2031年

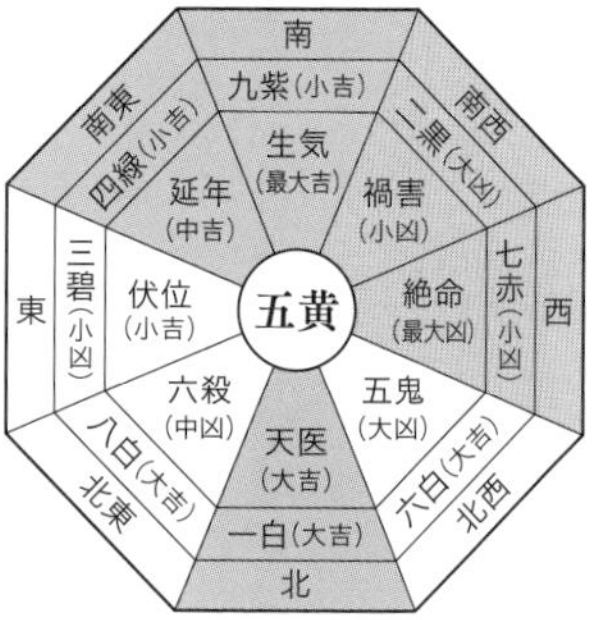

２０２２年、吉方位の部屋に吉運が巡り、吉が重なるのは次の三方位です。

・北／一白水星（大吉）が巡る天医。試験運、恋愛運に幸運があります。

・南／九紫火星（小吉）が巡る生気。慶事もありますが、浪費に注意。

・南東／四緑木星（小吉）が巡る延年。北と同様ですが、幸運は北より弱めです。

三方位も吉が重なるので、吉方位でくつろぎ、運を存分に活かしましょう。

凶が重なるのは南西、西の部屋。収納スペースにするなどしてください。

９年後の２０３１年も同じ星配置です。

南と北の部屋で過ごし
北西と北東は使用を控えめに

2023年／2032年

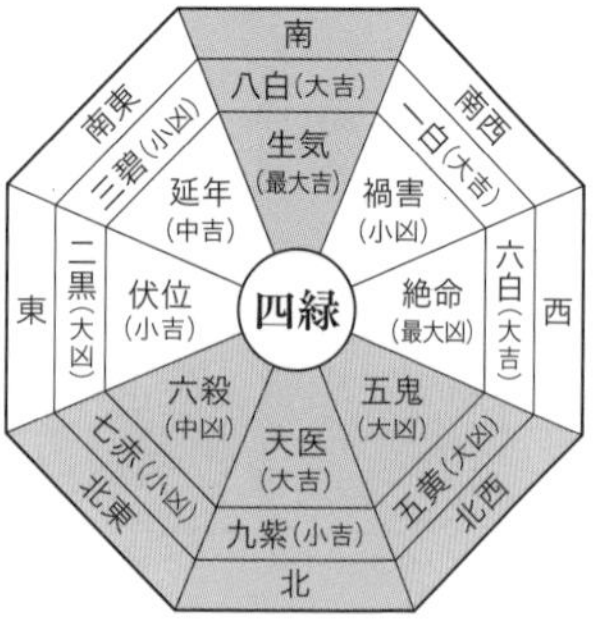

２０２３年、吉運が吉方位の部屋に巡り、強運となるのは次の二方位です。

・南／八白土星（大吉）が巡る生気。金運を得られます。

・北／九紫火星（小吉）が巡る天医。喜び事の運があります。

この二方位の窓を開け、吉の気を入れてください。

一方、災いの暗示となるのは北西です。この年は収納スペースに。水回りの場合でも、例年よりは用心が肝心です。北東も使用は控えめに。

９年後の２０３２年も同じ星配置です。

2024年／2033年

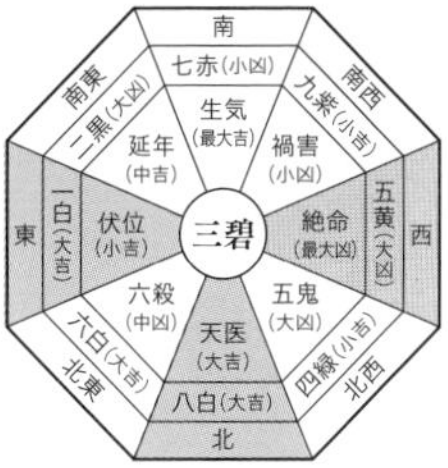

吉が重なるのは東と北 西の部屋は短時間の使用に

２０２４年、吉方位の部屋に吉運が巡るのは、

・東／一白水星（大吉）の伏位。試験運と恋愛運が上昇。

・北／八白土星（大吉）の天医。金運が上昇。

この二方位の窓をよく開け、できるだけ長く過ごしてください。

この年に気をつけたいのは、五黄土星（大凶）が巡る絶命の西です。水回りにあたるなら、心配ありません。寝室やリビングや仕事部屋の場合は、家具の配置などを工夫する、これらで過ごす時間を短くするなど工夫を。

2025年／2034年

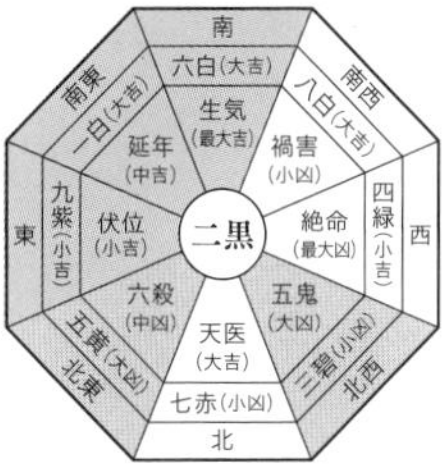

南、南東、東を積極活用し 北東、北西は使わない

２０２５年、吉運が吉方位の部屋に巡り、強運となるのは次の三方位となります。

・南／六白金星（大吉）の生気

・南東／一白水星（大吉）の延年

・東／九紫火星（小吉）の伏位

これらの部屋でくつろぎ、エネルギーをチャージしたい年です。

凶が重なる方位は北東、北西です。キッチン、バスルーム、トイレなど水回りなら心配ありません。リビングや仕事部屋の場合、これらの部屋で過ごす時間を最小限にするよう、模様替えできれば理想的です。

2026年／2035年

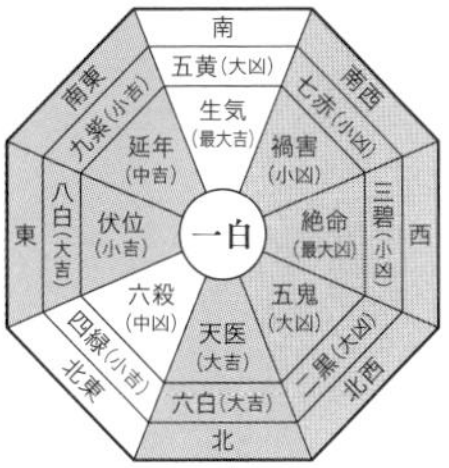

家の東を中心として過ごしたい年 西側の部屋は使用頻度を落として

２０２６年は、吉方位と吉運が重なるのも、凶同士が重なるのも三方位ずつです。吉方位は、

・北／六白金星（大吉）の天医

・東／八白土星（大吉）の伏位

・南東／九紫火星（小吉）の延年

凶方位の部屋に凶の星が巡るのが、北西、西、南西と西にかたまります。２０２６年は、西側の部屋の使い方を工夫しましょう。西側が水回りの場合は問題ありませんが、寝室やリビングの場合、化殺を行うか、模様替えをして東側で過ごす時間を増やすといいでしょう。

2027年／2036年
南東と南を積極的に 西と北東は消極的に使う

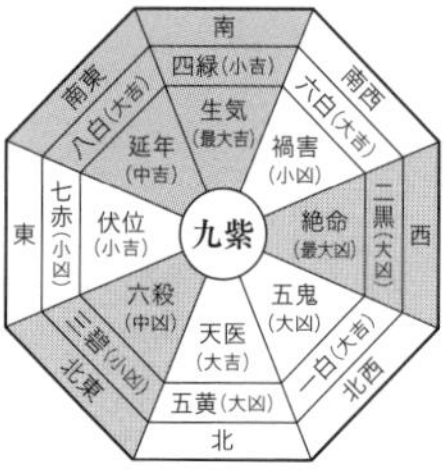

2027年、吉が重なり、長く過ごしたい部屋は、
・南東／八白土星（大吉）が巡る延年（中吉）方位
・南／四緑木星（小吉）が巡る生気（最大吉）方位です。

水回り以外なら使用を控えめにしたいのは、病気の暗示がある二黒土星が巡る絶命の西、次に争いを意味する北東です。

2028年／2037年
東と北の部屋を活用 北東と南西は要注意

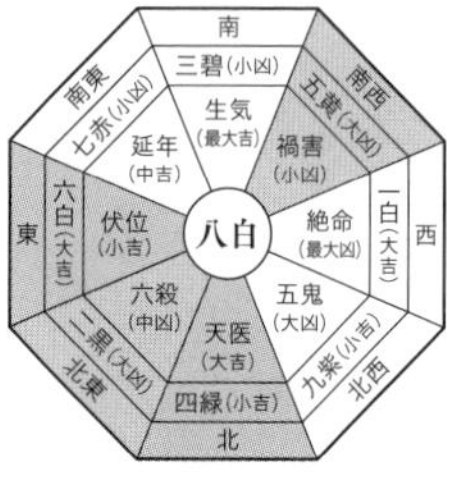

2028年、吉が重なり、長く過ごしたい部屋は、
・東／六白金星（大吉）の伏位。仕事運に良い作用が。
・北／四緑木星（小吉）の天医。試験運がまずまずです。

使用を控えめにしたいのは、二黒土星が巡る北東と、五黄土星が巡る南西です。五黄は災いの意味があるので、南西は化殺を行ってください。

2029年／2038年
凶方位がなく平穏な年 南東でくつろいで

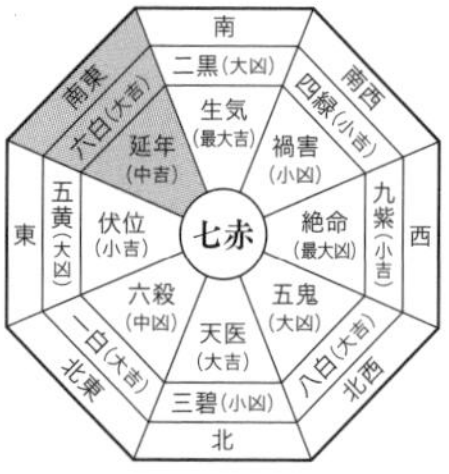

2029年、吉の部屋に吉運が巡るのは、南東／六白金星（大吉）が巡る延年（中吉）の一方位です。南東の部屋を居心地よくし、窓を明け放して換気をよくし、吉運をためたいものです。

そして、凶方位の部屋に凶運が重なるところはありません。大きな動きはないでしょう。

2030年／2039年
南と東で過ごし 北西、南西は短時間使用を

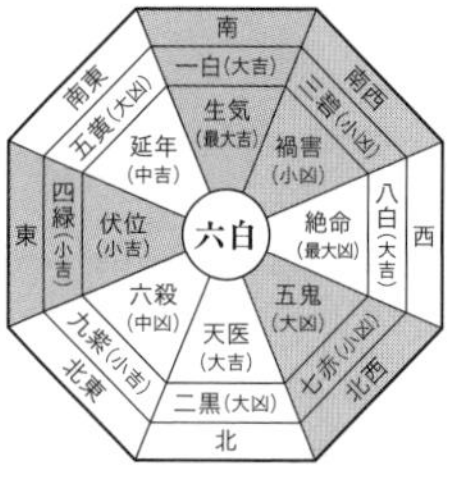

2030年、吉が重なり、長く過ごしたい部屋は、
・南／一白水星（大吉）が巡る生気
・東／四緑木星（小吉）が巡る伏位

水回り以外なら使用を控えめにしたいのは、北西と南西です。9年後の2039年も同配置で、以降9年ごとに繰り返しとなります。

本命卦が「巽《そん》」

2022年／2031年

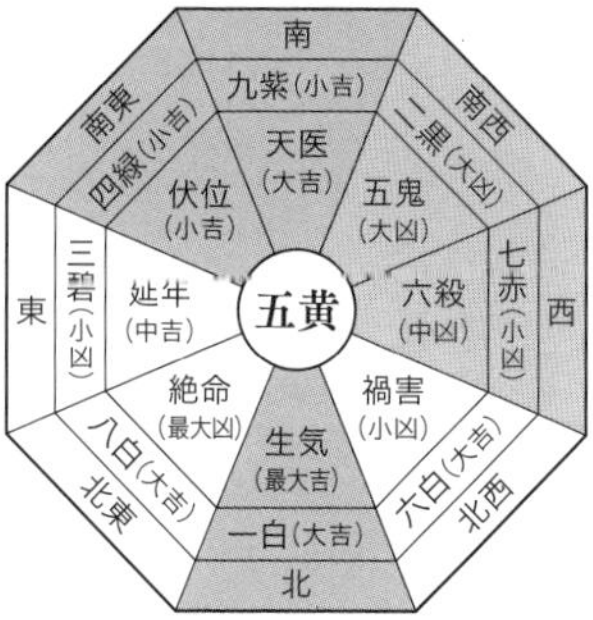

北、南、南東の部屋を活用 南西、西は注意

２０２２年、吉方位の部屋に吉運が巡り、吉が重なるのは次の三方位です。

・北／一白水星（大吉）が巡る生気
・南／九紫火星（小吉）が巡る天医
・南東／四緑木星（小吉）が巡る伏位

三方位も吉が重なるので、吉方位でくつろぎ、その運を存分に身に受けましょう。水回りにあたる場合は、吉運を流さないよう化殺を行います。

凶が重なるのは南西、西の部屋。特に南西は模様替えをして収納スペースにするなど長時間いない部屋にできると無難です。

９年後の２０３１年も同じ星配置です。

2023年／2032年

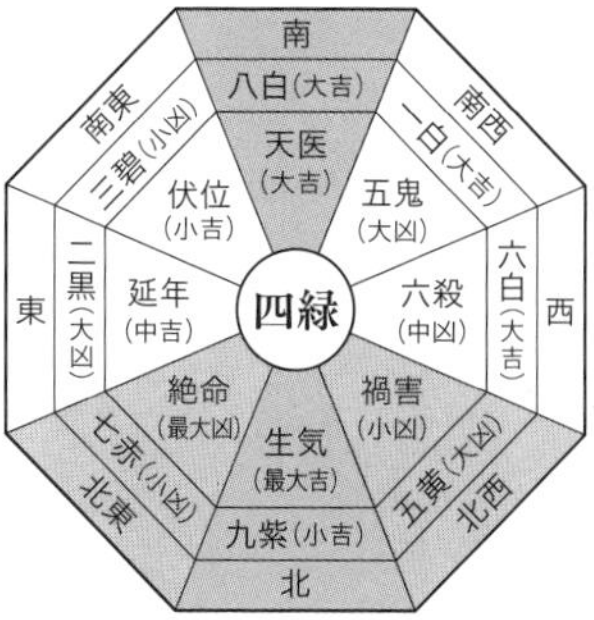

南と北の部屋で過ごし 北西と北東は使用を控えめに

２０２３年、吉運が吉方位の部屋に巡り、強運となるのは次の二方位です。

・南／八白土星（大吉）が巡る天医
・北／九紫火星（小吉）が巡る生気

２０２３年は、この二方位の部屋の換気をよくし、積極的に活用すると吉運を家に取り入れられます。

要注意なのは、北西と北東です。北西は災いの星が、北東はケガの星が回りますので、使用は控えめにしましょう。水回りの場合でも、例年よりは用心が肝心です。

９年後の２０３２年も同じ星配置です。

2024年／2033年

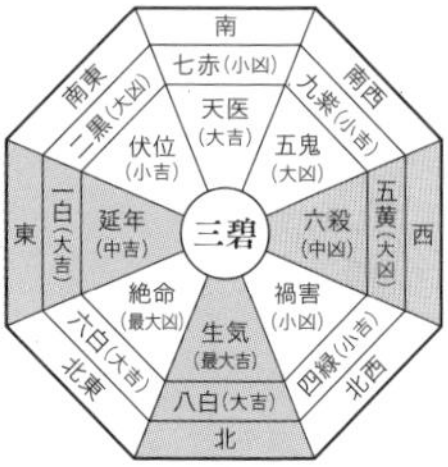

吉が重なるのは東と北 西の部屋は短時間の使用に

２０２４年、吉方位の部屋に吉運が巡るのは、

・東／一白水星（大吉）の延年
・北／八白土星（大吉）の生気

この二方位でできるだけ長く過ごすよう心がけてください。

この年に気をつけたいのは、五黄土星（大凶で災いを暗示）が巡る六殺の西です。水回りにあたるなら、心配ありません。幸い、一方位なので、工夫のしやすさがあるでしょう。寝室やリビングや仕事部屋の場合は、家具の配置などを替え、過ごす時間を短くしてください。

2025年／2034年

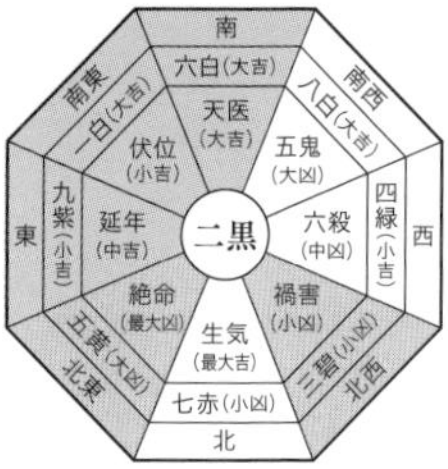

南、南東、東を積極活用し 北東、北西は長居しない

２０２５年、吉運が吉方位の部屋に巡り、強運となるのは次の三方位となります。

・南／六白金星（大吉）の天医
・南東／一白水星（大吉）の伏位
・東／九紫火星（小吉）の延年

２０２５年は、これらの部屋でくつろぎ、エネルギーの補充をしたいものです。

凶が重なる方位は北東、北西です。キッチン、バスルームなど水回りなら心配ありません。リビングなどの場合、これらの部屋で過ごす時間を最小限にするよう、模様替えできれば理想的です。

2026年／2035年

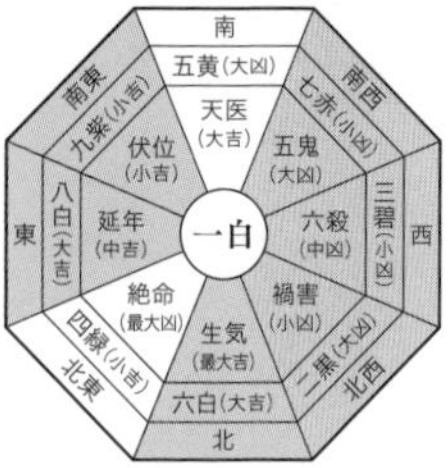

家の東を中心として過ごしたい年 北西、西、南西は水回りならOK

２０２６年は、吉方位と吉運が重なるのも、凶同士が重なるのも三方位ずつです。吉方位は、

・北／六白金星（大吉）の生気。仕事運に恵まれます。
・東／八白土星（大吉）の延年。金運が強化されます。
・南東／九紫火星（小吉）の伏位。おめでたいことがあります。

凶方位の部屋に凶の星が巡るのが、北西、西、南西と西にかたまります。２０２６年は、西側の部屋の使い方を工夫しましょう。西側が水回りの場合は問題ありません。

２０２７年／２０３６年
南東と南を積極的に 西と北東は消極的に使う

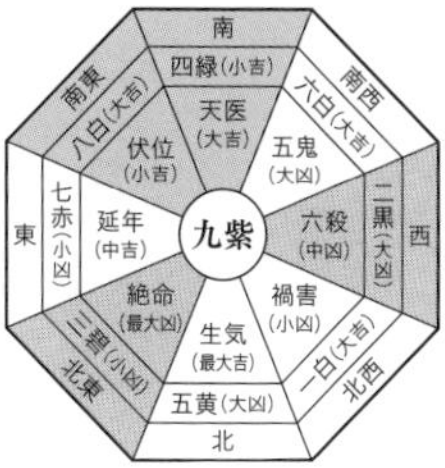

２０２７年、吉が重なり、長く過ごしたい部屋は、
・南東／八白土星（大吉）の伏位。金運が上昇。
・南／四緑木星（小吉）の天医。試験や恋愛が順調。

水回り以外なら使用を控えめにしたいのは、西と北東。特に西は病気を意味する二黒土星が回りますから、化殺のポイントとしてください。

２０２８年／２０３７年
東と北を活用 北東と南西は要注意

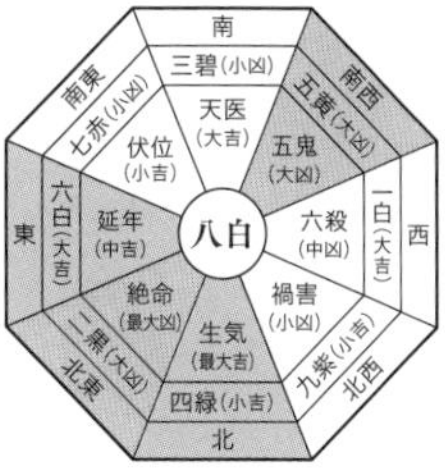

２０２８年、吉が重なり、長く過ごしたい部屋は、次の二方位です。
・東／六白金星（大吉）の延年。仕事運が好調に。
・北／四緑木星（小吉）の生気。試験や恋愛にツキあり。

使用を控えめにしたいのは、二黒土星が巡る絶命の北東です。次に注意したいのが、五黄土星が巡る南西です。

２０２９年／２０３８年
凶方位がなく平穏な年 南東に吉運が

２０２９年、吉の部屋に吉運が巡るのは、南東／六白金星（大吉）の伏位の部屋です。窓があれば頻繁に開け、居心地よくし、吉運を体に受けたいものです。

そして、凶方位の部屋に凶運が重なるところはありません。南東以外の七方位は、部屋の運と年の運が吉凶の組み合わせとなり、安泰です。

２０３０年／２０３９年
南と東で過ごし 南西、北西は控えめに

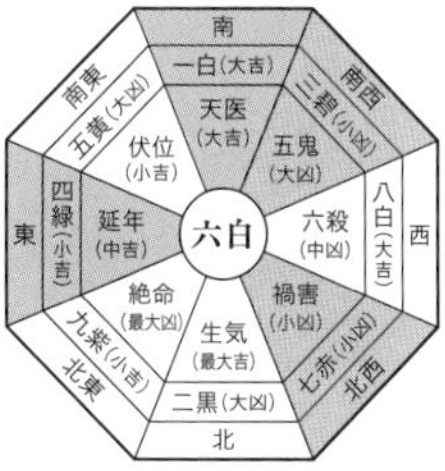

２０３０年、吉が重なり、長く過ごしたい部屋は、
・南／一白水星（大吉）の天医。試験運、恋愛運が吉。
・東／四緑木星（小吉）が巡る延年。

使用を控えめにしたいのは、南西と北西です。

２０３９年も同配置で、以降９年ごとに繰り返しとなります。

本命卦が「坎《かん》」

北、南東、南の部屋を活用 南西、西は注意

2022年／2031年

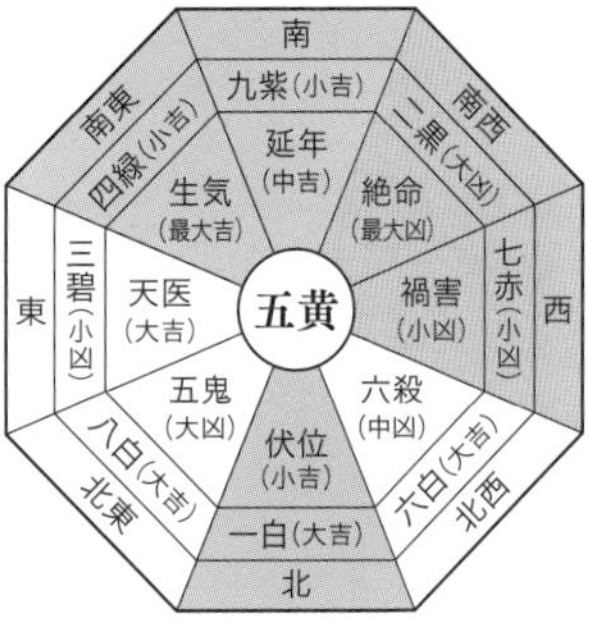

2022年、吉方位の部屋に吉運が巡り、吉が重なるのは次の三方位です。

・北／一白水星（大吉）が巡る伏位
・南東／四緑木星（小吉）が巡る生気
・南／九紫火星（小吉）が巡る延年

三方位も吉が重なる年です。その運を存分に活かしましょう。窓は頻繁に開けて、空気を入れ替えるようにし、そこで過ごす時間を増やします。水回りにあたる場合は、吉運を流さないよう化殺を行います。

凶が重なるのは南西、西の部屋。この年は模様替えをして収納スペースなどに。

9年後の2031年も同じ星配置です。

南と北の部屋で過ごし 北西と北東は使用を控えめに

2023年／2032年

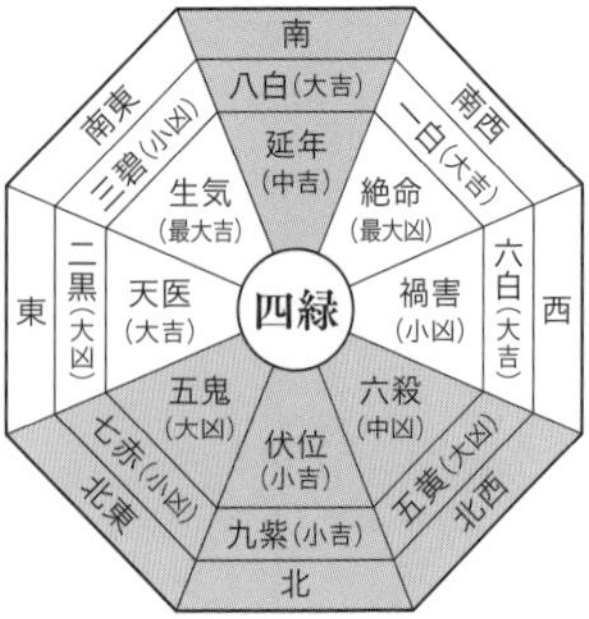

2023年、吉運が吉方位の部屋に巡り、強運となるのは次の二方位です。

・南／八白土星（大吉）が巡る延年
・北／九紫火星（小吉）が巡る伏位

この二方位の部屋の窓を開け放ち、部屋を積極的に活用するのが理想的です。

要注意なのは、六殺（中凶）に五黄土星（災いを意味する大凶星）が重なる北西です。北西の部屋は収納スペースに。水回りの場合でも、例年よりは用心が肝心です。五鬼（大凶）にケガの暗示のある七赤金星（小凶）が巡る北東も使用は控えめに。

9年後の2032年も同じ星配置です。

2024年／2033年

吉が重なるのは東と北 西の部屋は短時間の使用に

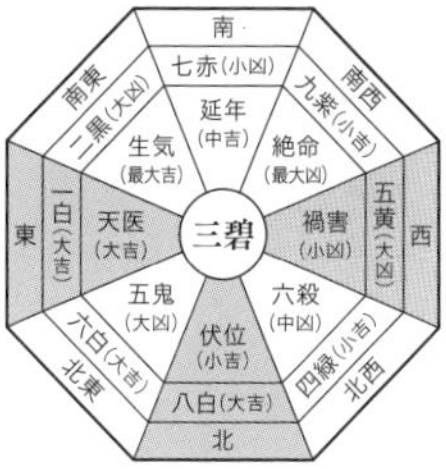

２０２４年、吉方位の部屋に吉運が巡るのは、

・東／一白水星（大吉）の天医。試験と恋愛に吉の作用が。

・北／八白土星（大吉）の伏位。金運が上昇します。

どちらも強力なパワーです。十分に活かしましょう。東や北でできるだけ長く過ごせるよう模様替えを試みてください。

この年に気をつけたいのは、五黄土星が巡る西です。水回りにあたるなら心配ありません。寝室やリビングや仕事部屋の場合は、過ごす時間を短くするなど工夫を。

2025年／2034年

南東、南、東を積極活用し 北東、北西は長居しない

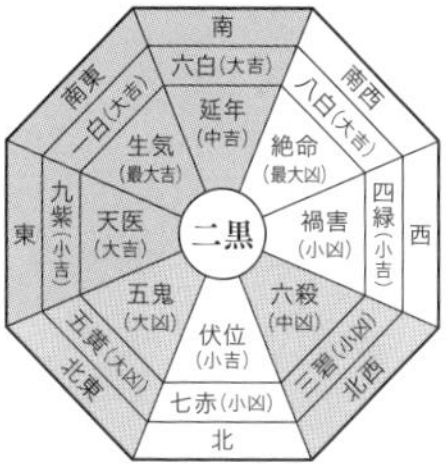

２０２５年、吉運が吉方位の部屋に巡り、強運となるのは次の三方位となります。

・南東／一白水星（大吉）の生気

・南／六白金星（大吉）の延年

・東／九紫火星（小吉）の天医

これらの部屋でくつろぎ、エネルギーの補充を心がけたいもの。

凶が重なる方位は北東、北西です。キッチン、バスルーム、トイレなど水回りなら心配ありません。リビングや寝室などの場合、これらの部屋で過ごす時間を例年より少なくするよう、模様替えできれば理想的です。

2026年／2035年

家の東を中心として過ごしたい年 西側は化殺を行って使用を

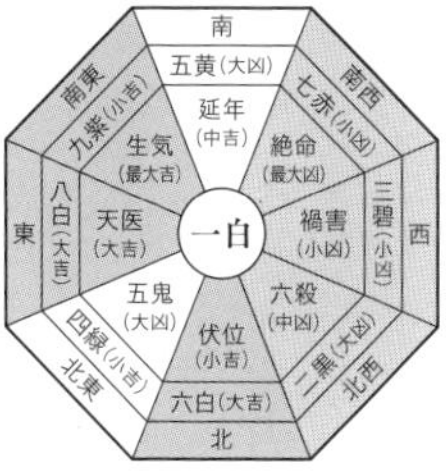

２０２６年は、吉方位と吉運が重なるのも、凶同士が重なるのも三方位ずつです。吉方位は、

・北／六白金星（大吉）の伏位

・東／八白土星（大吉）の天医

・南東／九紫火星（小吉）の生気

凶方位の部屋に凶の星が巡るのが、北西、西、南西と西側に集中します。この年は東側の部屋を生活の中心にしたいところ。西側が水回りの場合は問題ありません。部屋の場合、範囲が広いので使わないわけにはいかないでしょう。各部屋の化殺を行うようにしましょう。

2027年／2036年

南東と南を積極的に 西と北東は消極的に使う

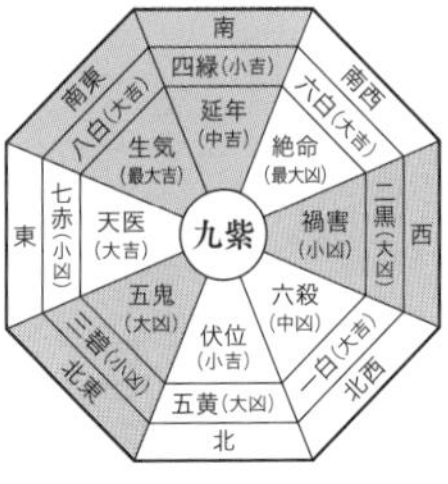

2027年、吉が重なり、長く過ごしたい部屋は、

・南東／八白土星（大吉）が巡る生気

・南／四緑木星（小吉）が巡る延年です。この二方位の窓は頻繁に開けましょう。

使用を控えめにしたいのは、二黒土星が巡る西と、三碧木星が巡る北東です。水回りなら心配はいりません。

2028年／2037年

東と北を活用 南西と北東は要注意

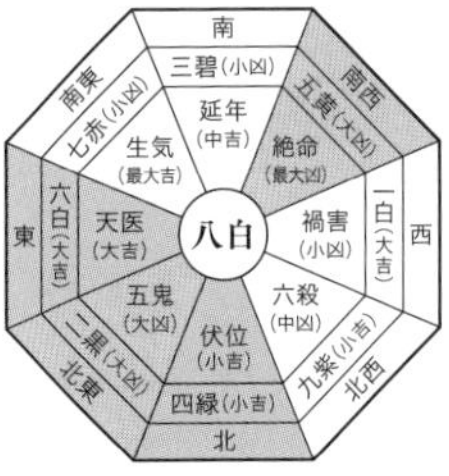

2028年、吉が重なり、長く過ごしたい部屋は、

・東／六白金星（大吉）が巡る天医。仕事運に幸運あり。

・北／四緑木星（小吉）の伏位。試験運、恋愛運が吉。

使用を控えめにしたいのは、災いの五黄土星が巡る南西と、病気の二黒土星が巡る北東です。滞在時間を減らすよう心がけてください。

2029年／2038年

凶が重なる方位がなく平穏 南東をよく使いましょう

2029年、吉の部屋に吉運が巡るのは、南東／六白金星（大吉）が巡る生気（最大吉）の一方位です。南東の部屋の居心地をよくし、換気も心がけましょう。仕事運が上昇します。

凶方位の部屋に凶運が重なるところはありません。部屋の運と年の運が吉凶の組み合わせとなるためです。

2030年／2039年

南と東で過ごし 南西、北西は短時間使用を

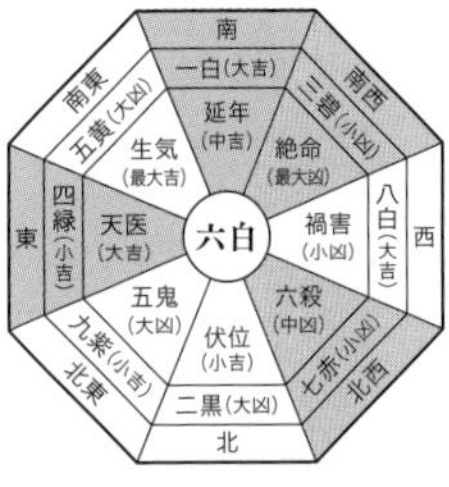

2030年、吉が重なり、長く過ごしたい部屋は、

・南／一白水星（大吉）が巡る延年

・東／四緑木星（小吉）が巡る天医

弱い凶運が巡るのが南西と北西です。

9年後の2039年も同配置で、以降9年ごとに繰り返しとなります。

本命卦が「艮《ごん》」

2022年／2031年

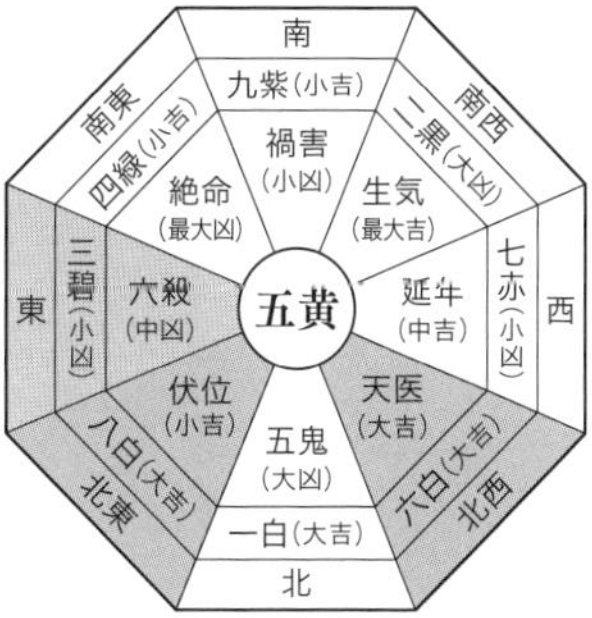

北西と北東の部屋を活用
東の部屋は使わない

２０２２年、吉方位の部屋に吉運が巡り、吉が重なるのは次の二方位です。

・北西／六白金星（大吉）が巡る天医
・北東／八白土星（大吉）が巡る伏位

２０２２年は、この二方位で過ごす時間を長くし、積極的に使いましょう。

心配なのは、東の六殺に三碧木星が重なることです。この方位が水回りでないなら、この年は模様替えをし、収納スペースにするなどして頻繁に使わない方が望ましいといえます。

９年後の２０３１年も同じ星配置です。

2023年／2032年

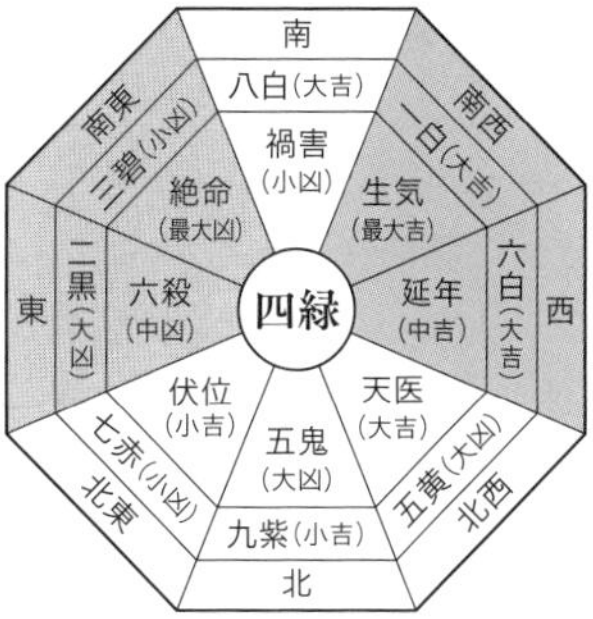

南西と西の部屋で過ごし
東と南東は使用を控えめに

２０２３年、吉運が吉方位の部屋に巡り、強運となるのは次の二方位です。

・南西／一白水星（大吉）が巡る生気。試験運、恋愛運に幸運があります。
・西／六白金星（大吉）が巡る延年。仕事運にあと押しがあります。

２０２３年は、この二方位の部屋で食事をしたりテレビを見たりしてくつろぐ場所にできると理想的です。

要注意なのは、二黒土星が回る東です。この年も東の部屋を収納スペースにしておくといいでしょう。南東も使用を控えて。

９年後の２０３２年も同じ星配置です。

2024年／2033年

北東、南西、北西の部屋は吉
南、南東の部屋は短時間の使用に

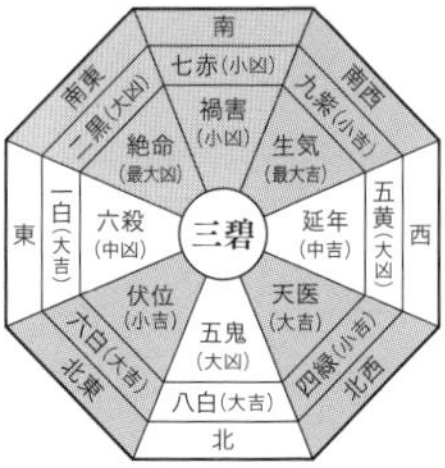

２０２４年、吉方位の部屋に吉運が巡り、吉が重なるのは次の三方位となります。

・北東／六白金星（大吉）の伏位
・南西／九紫火星（小吉）の生気
・北西／四緑木星（小吉）の天医

この三方位の部屋でできるだけ長く過ごすよう心がけましょう。

凶が重なる方位は南と南東です。水回りなら心配ありません。リビングや仕事部屋など、家族が、特に家の中心人物がいることの多い部屋なら、家具の配置などを工夫して、過ごす時間を短くしたり化殺を行いましょう。

2025年／2034年

南西、西を積極活用し
北の部屋は長居しない

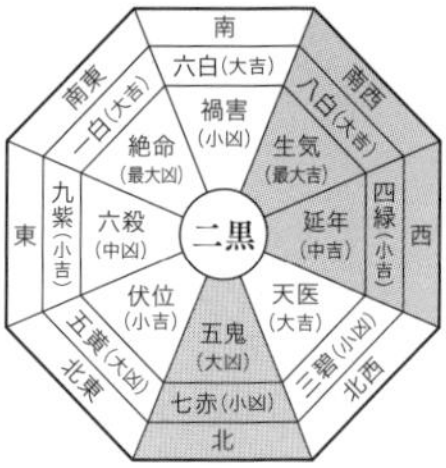

２０２５年、吉運が吉方位の部屋に巡り、強運となるのは次の二方位となります。

・南西／八白土星（大吉）の生気。金運に恵みがあります。
・西／四緑木星（小吉）の延年。試験運と恋愛運に好影響です。

これらの部屋でくつろぎ、エネルギーをチャージしてください。

凶が重なる方位は、この年は北のみです。キッチン、バスルームなど水回りなら心配ありません。リビングなどの場合、北の部屋で過ごす時間を最小限にするよう、模様替えできれば理想的です。

2026年／2035年

吉方位は北東、凶方位は南の一方位ずつ
北東の部屋の窓やドアは開けましょう

２０２６年は、吉方位と吉運が重なるのも、凶同士が重なるのも一方位ずつです。

・吉方位は、北東／四緑木星（小吉）が巡る伏位
・凶方位は、南／五黄土星（大凶）が巡る禍害

この二方位の部屋の使い方を工夫しましょう。北東で過ごす時間を長くできるよう、リビングの機能を持たせるなど模様替えをしてもいいでしょう。この年に限っては、南は、収納スペースにしたいところです。南が水回りの場合は問題ありません。

2027年／2036年

南西と北西を積極的に北と東は消極的に使う

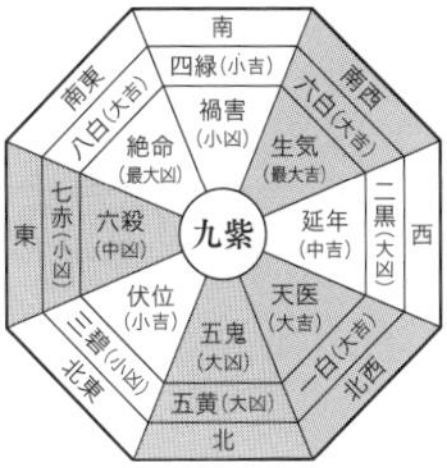

２０２７年、吉が重なり、長く過ごしたい部屋は、

・南西／六白金星（大吉）の生気。仕事運に良い作用があります。

・北西／一白水星（大吉）の天医。試験運、恋愛運に良い作用があります。

水回り以外なら使用を控えるよう心がけたいのは、北と東となります。

2028年／2037年

西と北西を活用 南と南東は要注意

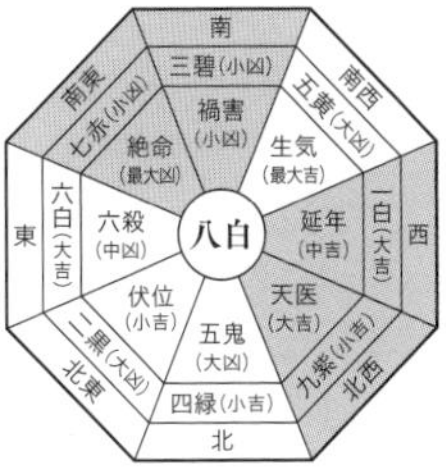

２０２８年、吉が重なり、長く過ごしたい部屋は、

・西／一白水星（大吉）が巡る延年

・北西／九紫火星（小吉）が巡る天医

使用を控えめにしたいのは、ケガの意味がある七赤金星の南東です。次に注意したいのが、争いを表す三碧木星が巡る南です。

2029年／2038年

吉の部屋には吉運が凶方位には凶の星が巡る年

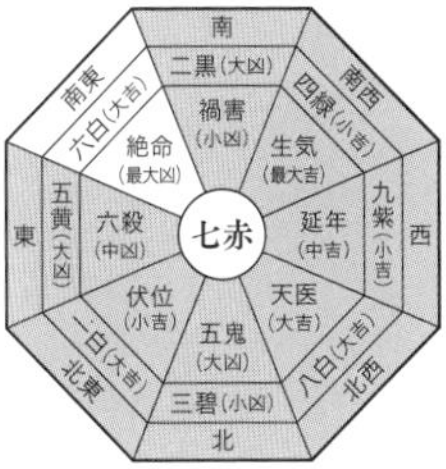

２０２９年は吉の部屋には吉運が巡り、凶方位には凶の星が巡るという年です。

・北東／一白水星の伏位

・北西／八白土星の天医

・南西／四緑木星の生気

・西／九紫火星の延年

いずれも吉で、心配事が少なく過ごせるでしょう。

使用を控えめにしたいのは、南、東、北です。

2030年／2039年

西と北東で過ごし 南東と北は短時間使用を

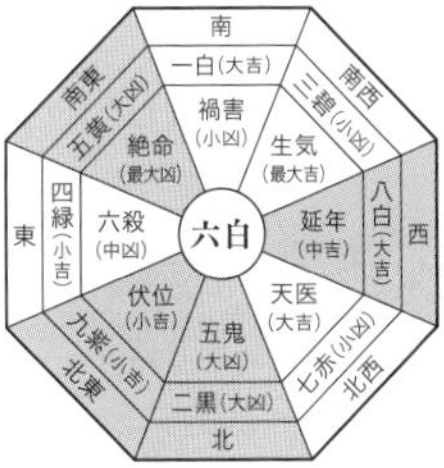

２０３０年、吉が重なり、長く過ごしたい部屋は、

・西／八白土星（大吉）が巡る延年

・北東／九紫火星（小吉）が巡る伏位です。

凶が重なるのは南東と北。水回りなら心配無用です。

９年後の２０３９年も同配置で、以降９年ごとに繰り返しとなります。

本命卦が「坤《こん》」

2022年／2031年

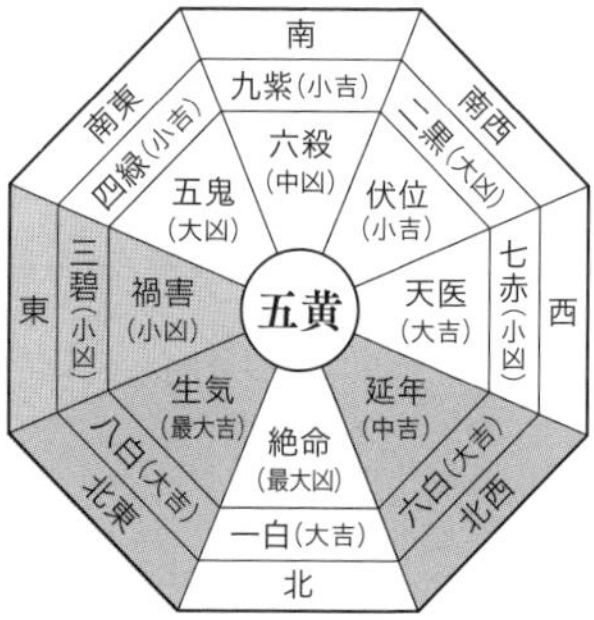

北東と北西の部屋を活用　東の部屋はできるだけ使わない

2022年、吉方位の部屋に吉運が巡り、吉が重なるのは次の二方位です。

・北東／八白土星（大吉）が巡る生気
・北西／六白金星（大吉）が巡る延年

この二方位の部屋の換気をよくし、過ごす時間を長くして積極的に使いましょう。

少し用心したいのは、東の禍害（小凶）に三碧木星（小凶）が重なることです。水回りの場合は心配いりませんが、寝室やリビングの場合は、凶作用を抑える物を置きましょう。

9年後の2031年も同様の星配置となります。

2023年／2032年

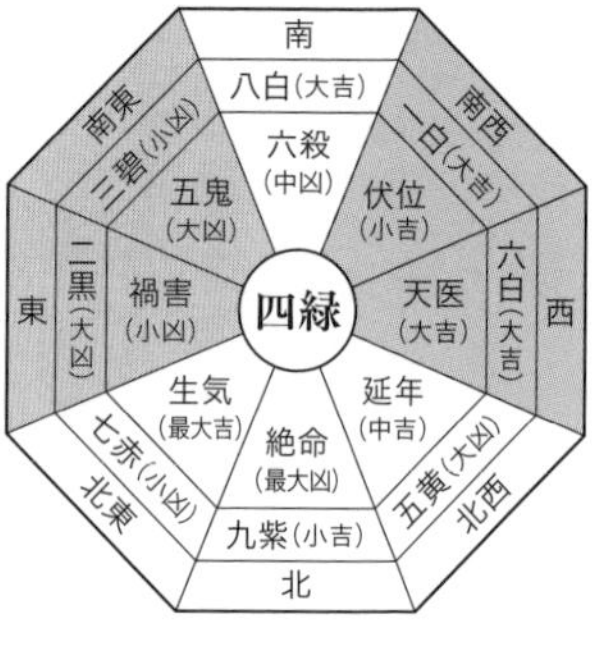

西と南西の部屋で過ごし　東と南東は使用を控えめに

2023年、吉運が吉方位の部屋に巡り、強運となるのは次の二方位です。

・西／六白金星（大吉）が巡る天医
・南西／一白水星（大吉）が巡る伏位

2023年は、この二方位の部屋で食事をしたりテレビを見たりしてくつろぐ場所にできるといいでしょう。

要注意なのは、五鬼（大凶）に三碧木星（小凶）が巡る南東です。水回り以外なら、この年は南東を収納スペースにしておくといいでしょう。禍害（小凶）に二黒土星（大凶）が重なる東も使用は控えめに。

9年後の2032年も同じ星配置です。

2024年／2033年

北東と南西、北西は吉 南、南東の部屋は短時間の使用に

２０２４年、吉方位の部屋に吉運が巡り、吉が重なるのは次の三方位となります。

・北東／六白金星（大吉）の生気
・北西／四緑木星（小吉）の延年
・南西／九紫火星（小吉）の伏位

　この三方位の部屋でできるだけ長く過ごすよう心がけましょう。

　この年は、南、南東の部屋の使い方に工夫が必要です。水回りなら問題ありませんが、リビングなどの場合は模様替えをして、これらで過ごす時間を短くしましょう。寝室の場合は、時間を短くしにくいので、化殺を行います。

2025年／2034年

南西、西を積極活用し 北の部屋は長居しない

２０２５年、吉運が吉方位の部屋に巡り、強運となるのは次の二方位となります。

・南西／八白土星（大吉）の伏位
・西／四緑木星（小吉）の天医

　これらの部屋で十分くつろげるようにしたいものです。窓を開けて、新鮮な空気を入れることも大事です。

　絶命に七赤金星（小凶）が重なる北は、少々注意が必要です。北の部屋で過ごす時間を最小限にするよう、模様替えできれば理想的です。水回りで方位的に良い場合も金運の低下に気をつけましょう。

2026年／2035年

吉方位は北東 凶方位は南の一方位ずつ

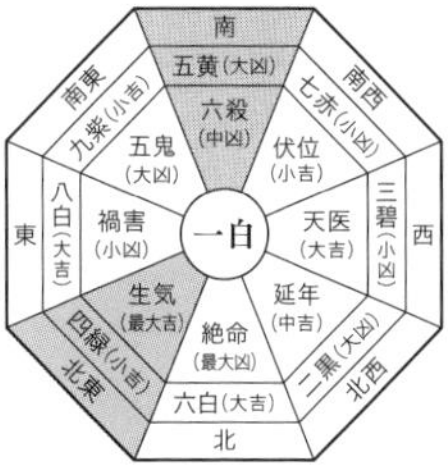

２０２６年は、吉方位と吉運が重なるのも、凶同士が重なるのも一方位ずつです。気をつける要素が少ないので、過ごしやすいでしょう。

・吉方位は、北東／四緑木星（小吉）が巡る生気
・凶方位は、南／五黄土星（大凶）が巡る六殺

　北東で過ごす時間を長くできるよう、テレビやソファを置いてくつろぎのスペースに。そして、この年に限って南は、収納スペースなどにするといいですね。南が水回りの場合は心配無用です。

2027年／2036年 南西と北西を積極的に北と東は消極的に使う

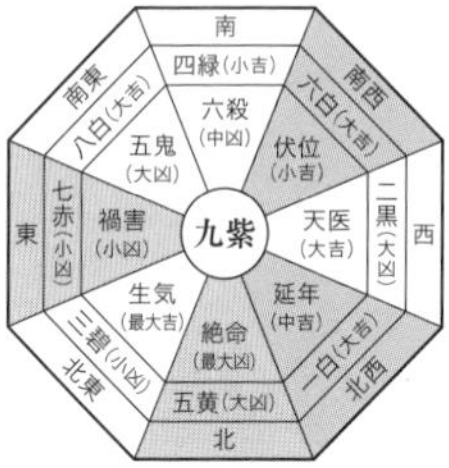

２０２７年、吉が重なり、長く過ごしたい部屋は、

・北西／一白水星（大吉）が巡る延年

・南西／六白金星（大吉）が巡る伏位

五黄土星が巡る北と、七赤金星が巡る東が、水回り以外のリビングや寝室なら、化殺のうえ、使用を控えめにするといいでしょう。

2028年／2037年 西と北西を活用南と南東は要注意

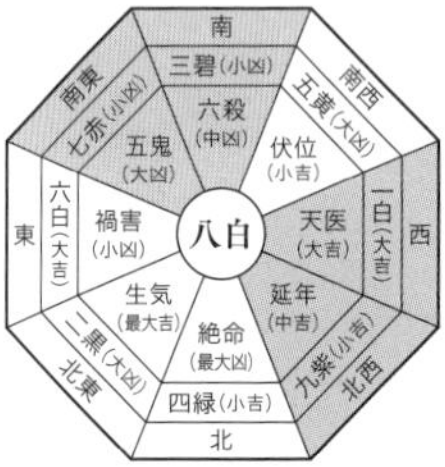

２０２８年、吉が重なり、長く過ごしたい部屋は、

・西／一白水星（大吉）が巡る天医

・北西／九紫火星（小吉）が巡る延年

使用を控えめにしたいのは、ケガの暗示がある七赤金星が巡る南東です。次に注意したいのが、ケンカの意味を持つ三碧木星が巡る南です。

2029年／2038年 吉の部屋には吉運が凶の部屋には凶運が

２０２９年は吉の部屋には吉運が、凶方位には凶の星が巡るという年。吉方位は、

・北東／一白水星（大吉）が巡る生気

・北西／八白土星（大吉）が巡る延年

・西／九紫火星の天医

・南西／四緑木星の伏位

注意を要するのは南、東、北です。

2030年／2039年 西と北東で過ごし北と南東は短時間に

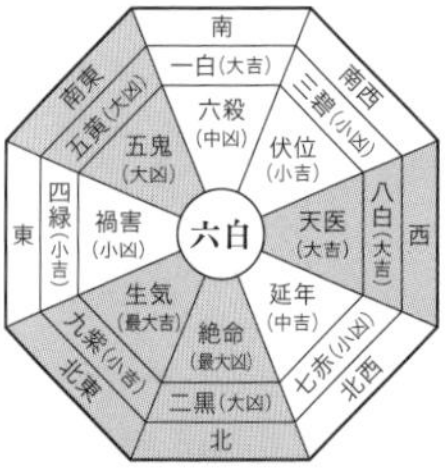

２０３０年、吉が重なり、長く過ごしたい部屋は、

・西／八白土星（大吉）が巡る天医

・北東／九紫火星（小吉）が巡る生気

水回り以外の場合、使用を控えたいのは北と南東です。

９年後の２０３９年も同配置で、以降９年ごとに繰り返しとなります。

4／家の運「紫《し》白《はく》九《きゅう》星《せい》」とは

玄関扉の向きを重視
5種の吉凶で
家の運を診断する

前ページまでは、中心人物の生まれ年と時間を組み合わせ、本命卦と各年の九星で吉凶をみました。この項の紫白九星は同じく九星を用いますが、玄関を重要視し、家が持っている運、宅卦《たくけ》をもとにします。今度は玄関の向きによって盤を作成するもので、その家の中心人物の生まれ年は要素に入りません。

玄関扉が南東向きならば、その家は「乾宅《けんたく》」となります。本命卦と同じ「乾」～「坤」の名称のうえ、P.35の八卦の象意表で、乾は「北西」とあるので混乱するかもしれません。「玄関扉が南東向きの家は乾宅」となるわけは、次ページで説明します。

さらに、紫白九星には、「生気《せいき》、旺気《おうき》、死気《しき》、洩気《えいき》、殺気《さっき》」という語が使われ、八遊星の「生気～絶命」とも紛らわしい点があります。こちらは5種の吉凶です。生気方位と旺気方位を吉とし、洩気方位と殺気方位は凶です。死気も気を損なうのですが、ここに水を置くことで財運が高まるという方位です。

●玄関の扉の向きで決まる「宅卦《たくけ》」

家自体の持つ運や各方位の意味は、玄関の扉の向きによって決まるというのが、この診断法です。家の中には、玄関を通じて「気」が入ってくるとされるからです。玄関が八方位のどの方位を向いているかを確認しましょう。

気をつけたいのは、**玄関が太極から見てどの方位にあるかではなく、扉の向きで家の運が決まる**ことです。扉を開けたとき、どの方位の気が入ってくるかという見方をすれば、わかりやすいでしょう。下の例のように、玄関自体は東にあっても、扉を開けると南からの気が入ってくるなら、この家は、「気口（気が入る入り口）」が南で、反対側の北でその気を迎える」座北の家となります。北は坎ですから、坎宅となります。

- **玄関扉が南東向きの家→「乾《けん》」宅**
- **玄関扉が東向きの家→「兌《だ》」宅**
- **玄関扉が北向きの家→「離《り》」宅**
- **玄関扉が西向きの家→「震《しん》」宅**
- **玄関扉が北西向きの家→「巽《そん》」宅**
- **玄関扉が南向きの家→「坎《かん》」宅**
- **玄関扉が南西向きの家→「艮《ごん》」宅**
- **玄関扉が北東向きの家→「坤《こん》」宅**

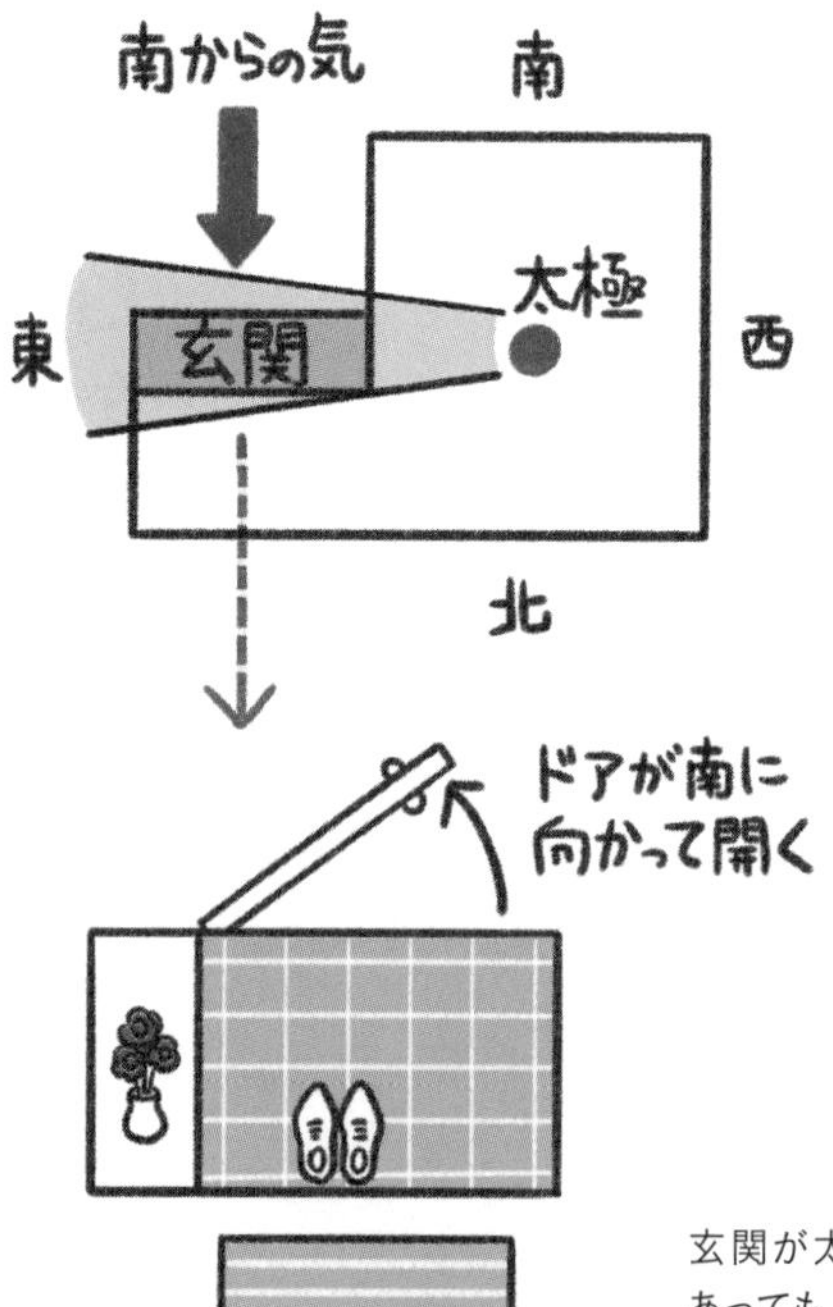

玄関が太極（家の中心）から見て東にあっても、玄関の扉が南からの気を取りこんでいるので、「坎《かん》」宅となります。

1

紫《し》白《はく》九《きゅう》星《せい》の方法

例

後天定《こうてんじょう》位盤《いばん》

南

	四緑	九紫	二黒	
東	三碧	五黄	七赤	西
	八白	一白	六白	

北

↓

南

	九紫	五黄	七赤	
東	八白	一白	三碧	西
	四緑	六白	二黒	

北

例：玄関が南の場合、座は反対の北となり、定位盤の一白を中央に置く。

配盤は次となります。
玄関が南向きの場合→一白を中央に（２０２６年年盤と同配置）
玄関が北東向きの場合→二黒を中央に（２０２５年年盤と同配置）
玄関が西向きの場合→三碧を中央に（２０２４年年盤と同配置）
玄関が北西向きの場合→四緑を中央に（２０２３年年盤と同配置）
玄関が南東の場合→六白を中央に（２０３０年年盤と同配置）
玄関が東向きの場合→七赤を中央に（２０２９年年盤と同配置）
玄関が南西向きの場合→八白を中央に（２０２８年年盤と同配置）
玄関が北向きの場合→九紫を中央に（２０２７年年盤と同配置）
※年盤はＰ．１３１からの図を参照。
どの本命卦でも、年盤部分は変わりません。

①九星の後天定位盤

上の「後天定位盤」を見てください。後天定位盤とは、９つの星の定位置、基本の方位盤です。五黄土星が中央（中宮）となります。

流年法のところで「年によって九星の位置は変わる」ことを説明しました。これを飛泊《ひはく》といいますが、紫白九星もこの仕組みを使います。

②玄関の反対側（座）に当たる星を中央に置く

玄関が南で座が北の「坎」宅の場合、後天定位盤の北にあたる一白水星を、９マスの中央に置きます。そして、周囲の８マスには、中央に一白水星が入った年の年盤と同じように九星が並び変わって入ることになります。

Ｐ．１５９から各宅卦別に九星を配盤した図がありますから、自分で並び変える作業は必要ありませんが、年盤と同じ配置ということを覚えておきましょう。

③中宮（中央の星）と八方位の相生相剋関係をみる

中央に玄関方位の九星が入り、8つの星の配盤が終わったら、中央の星と周囲の星との相生、相剋関係をみます。

左の例では、一白水星が中宮に入る＝玄関が南で座が北の家は、中央が**水**ですから、北の六白**金**星、南西の七赤**金**星、西の三碧**木**星、北東の四緑**木**星とは相生です。北西の二黒**土**星、東の八白**土**星、南の五黄**土**星、南東の九紫**火**星とは相剋になります。

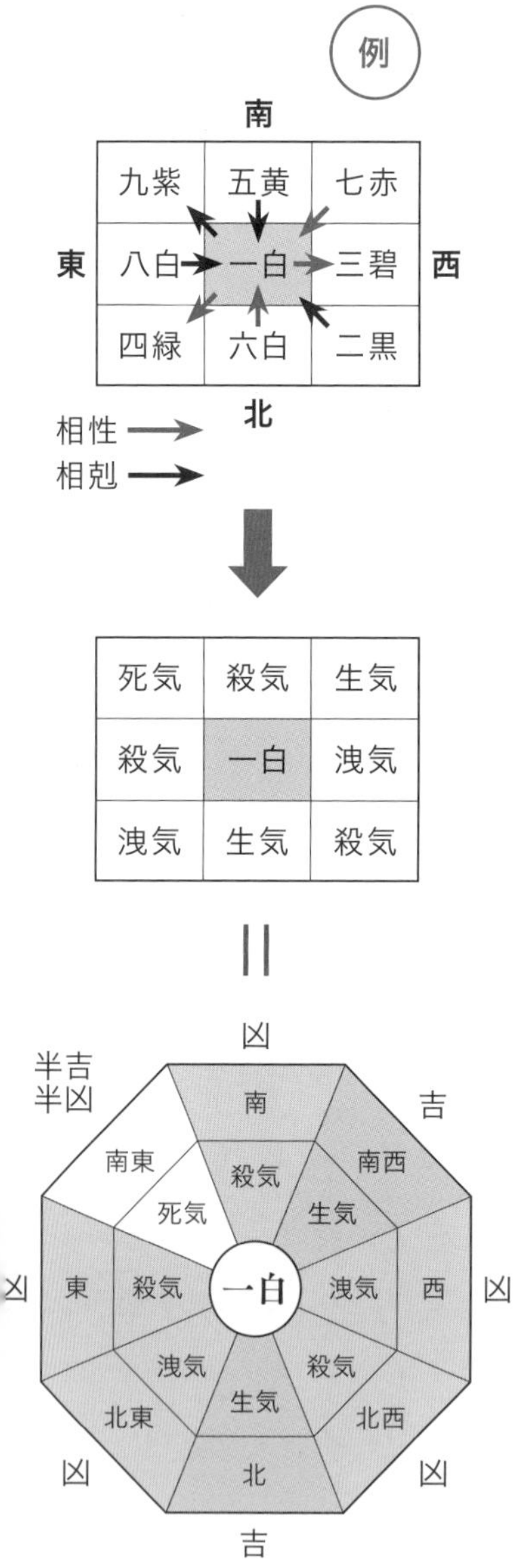

④関係は5種の気に分けられる

P.25からの「五行の関係性」を確認しながら自分の家の配盤に相生、相剋関係を赤と黒のペンで記入するとわかりやすいでしょう。この相生、相剋関係により、次の気の状態が決まります。相生が2種、相剋が2種、比和《ひわ》が1種なので5種類の気となるわけです。

- **中宮の九星と、方位の九星が比和→「旺気《おうき》」**
- **中宮の九星が、方位の九星を生ずる→「洩気《えいき》」**
- **中宮の九星が、方位の九星を剋する→「死気《しき》」**
- **中宮の九星が、方位の九星より剋される→「殺気《さっき》」**
- **中宮の九星が、方位の九星より生じられる→「生気《せいき》」**

2 玄関の八方位別九星宅盤

●玄関扉が南東向きの乾宅《けん》

玄関扉が南東を向いている場合、南東の気を北西で迎えますから、この家は北西が座の「乾宅」といいます。乾宅は陰陽では「陽」となり、性質としては明るい家です。西四宅なので、本命卦が西四命の人と相性がいい家です。

紫白九星では、南東、北、西が「活発で健康」という意味の「生気」、北西が財に恵まれる「旺気」で吉方位です。半吉半凶の「死気」にあたるのが南西と東。凶方位は、気が洩れる「洩気」の南。災いや事故に注意したい「殺気」の北東となります。

後天定位盤で座の北西を示す六白金星が中宮に入り、玄関方位の五黄土星とは金と土で相生。吉の玄関ですから、吉をより多く呼び込むように換気をよくし、きれいに保ちたいものです。

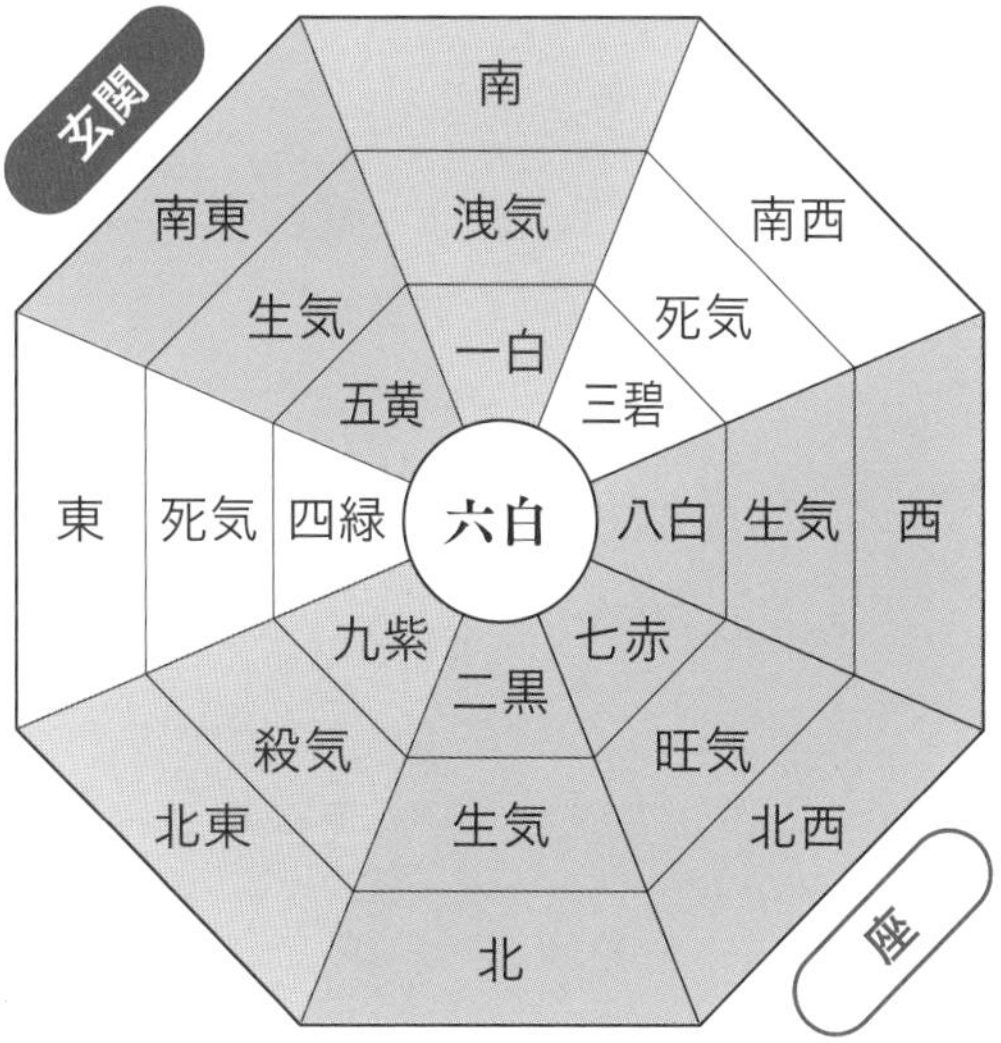

●玄関扉が東向きの兌《だ》宅

玄関扉から入る東の気を反対側の西で迎えますから、この家は西が座の「兌宅」です。兌宅は採光や照明で適度な明るさを保ちたい家です。西四宅なので、本命卦が西四命の人と相性が良い家です。

紫白九星では、南、北西、東が活発で健康になれる「生気」となり、南東が財に恵まれる「旺気」で吉方位です。半吉半凶の「死気」にあたるのが南西と北。気が洩れてしまう「洩気」が北東。災難や事故に用心したい「殺気」の西が凶方位です。

後天定位盤で座の西にあたる七赤金星が中宮に入り、玄関方位の五黄土星とは金と土で相生です。吉の玄関ですから、さらに吉を招き入れるように換気をよくし、よく掃除をしましょう。

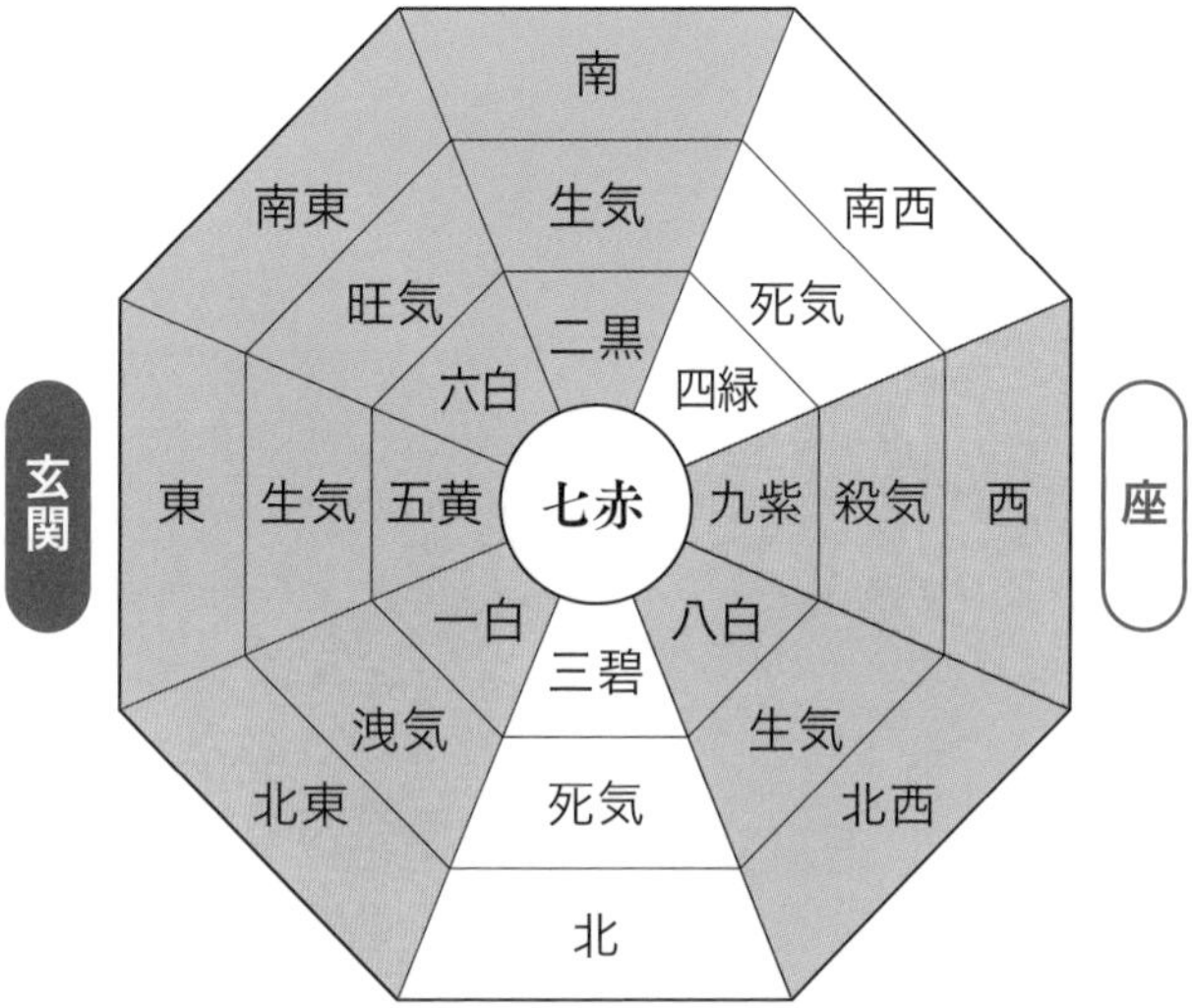

●玄関扉が北向きの離《り》宅

玄関扉から入る北の気を反対側の南で迎えますから、この家は南が座の「離宅」です。離宅は陰陽では「陽」となり、基本的に明るい性質の家です。東四宅なので、本命卦が東四命の人と相性が良い家です。

紫白九星では、南、北東が「活発で健康」という意味の「生気」で吉方位。半吉半凶の「死気」にあたるのが東と南西。凶方位は、気が洩れる「洩気」の西と南東。災いや事故に注意したい「殺気」が北と北西です。財に恵まれる「旺気」は、中宮に入る九紫火星（五行の火）と比和の星は他にないので、この家にはありません。

後天定位盤で座の南にあたる九紫火星が中宮に入り、玄関方位の五黄土星とは火と土で相生です。吉の玄関です。

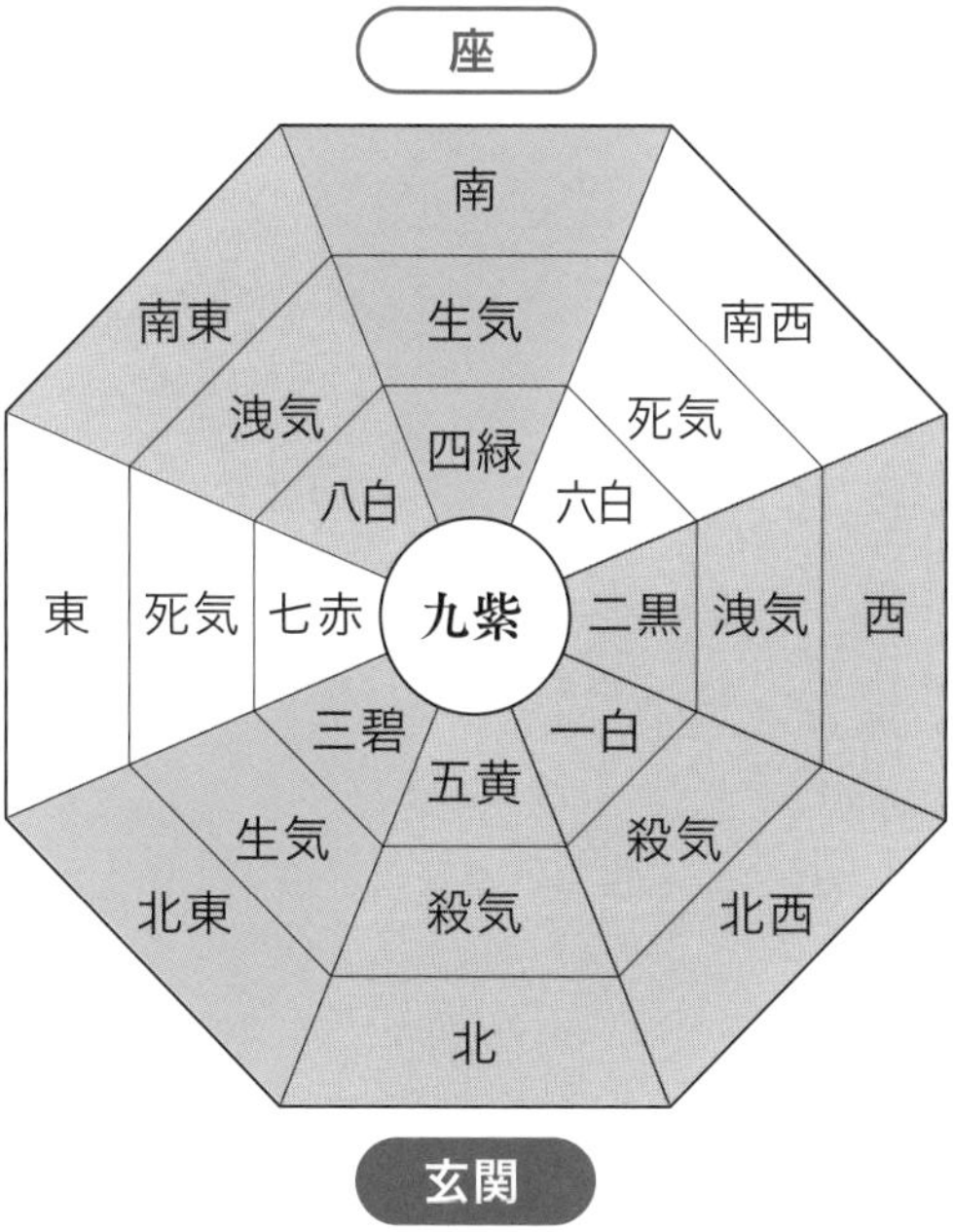

●玄関扉が西向きの震《しん》宅

玄関扉から入る西の気を反対側の東で迎えますから、この家は東が座の「震宅」です。震宅は陰陽では「陽」となり、明るい性質を持つ家です。東四宅なので、本命卦が東四命の人と相性が良い家です。

紫白九星では、東が「活発で健康」という意味の「生気」、北西が財に恵まれる「旺気」で吉方位です。半吉半凶の「死気」にあたるのが西と北と南東。凶方位は、気が洩れる「洩気」の南西。災いや事故に注意したい「殺気」の北東と南です。

後天定位盤で座の東にあたる三碧木星が中宮に入り、玄関方位の五黄土星とは木と土で相剋です。きれいに保ち、換気をよくし、化殺を施したい玄関です。

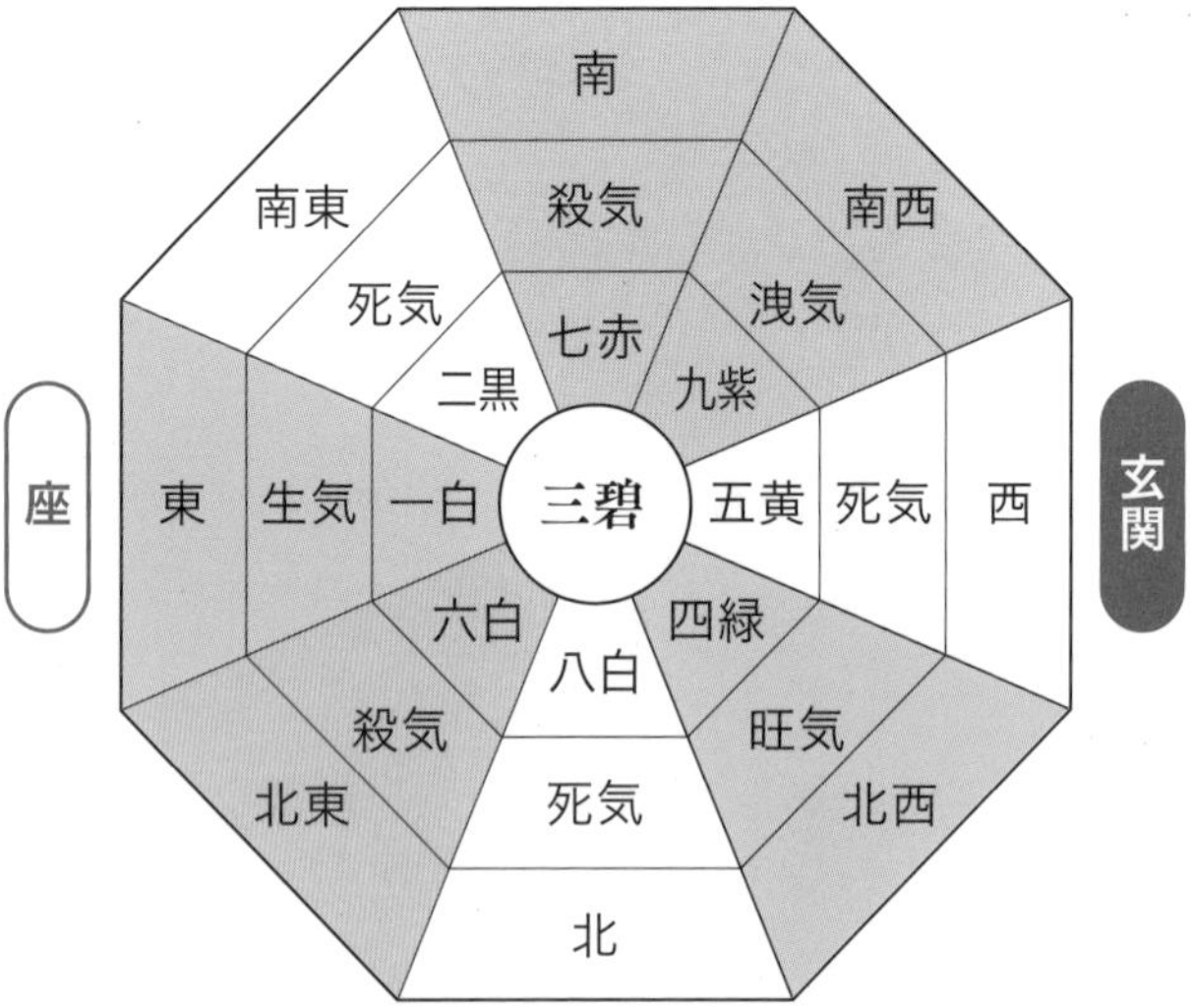

●玄関扉が北西向きの巽《そん》宅

玄関扉から入る北西の気を反対側の南東で迎えますから、この家は南東が座の「巽宅」です。巽宅は採光や照明で適度な明るさを保ちたい家です。東四宅なので、本命卦が東四命の人と相性が良い家です。

紫白九星では、南西が活発で健康になれる「生気」となり、南東が財に恵まれる「旺気」で吉方位です。半吉半凶の「死気」にあたるのが北西と南と東。気が洩れてしまう「洩気」が北。災難や事故に用心したい「殺気」の西と北東が凶方位です。

後天定位盤で座の南東にあたる四緑木星が中宮に入り、玄関方位の五黄土星とは木と土で相剋です。清潔を保ち、化殺を施したい玄関です。

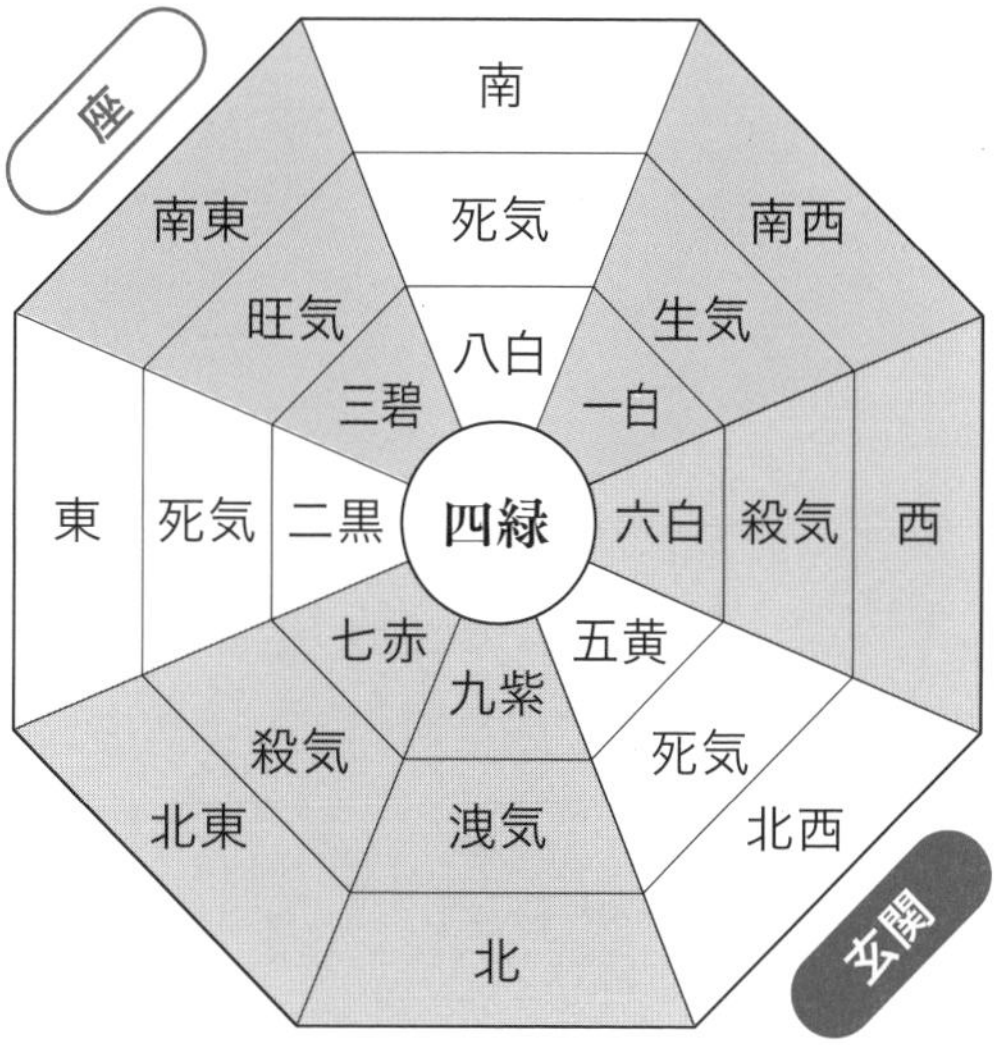

●玄関扉が南向きの坎《かん》宅

玄関扉から入る南の気を反対側の北で迎えますから、北が座の「坎宅」です。東四宅なので、本命卦が東四命の人と相性が良い家です。

紫白九星では、南西と北が「活発で健康」という意味の「生気」で吉方位。半吉半凶の「死気」にあたるのが南東。凶方位は、気が洩れる「洩気」の西と北東。災いや事故に注意したい「殺気」の南と東、北西です。財に恵まれる「旺気」は、中宮に入る一白水星（五行の水）と比和の星はないので、この家にはありません。

後天定位盤で座の北にあたる一白水星が中宮に入り、玄関方位の五黄土星とは水と土で相剋です。常にきれいにしましょう。

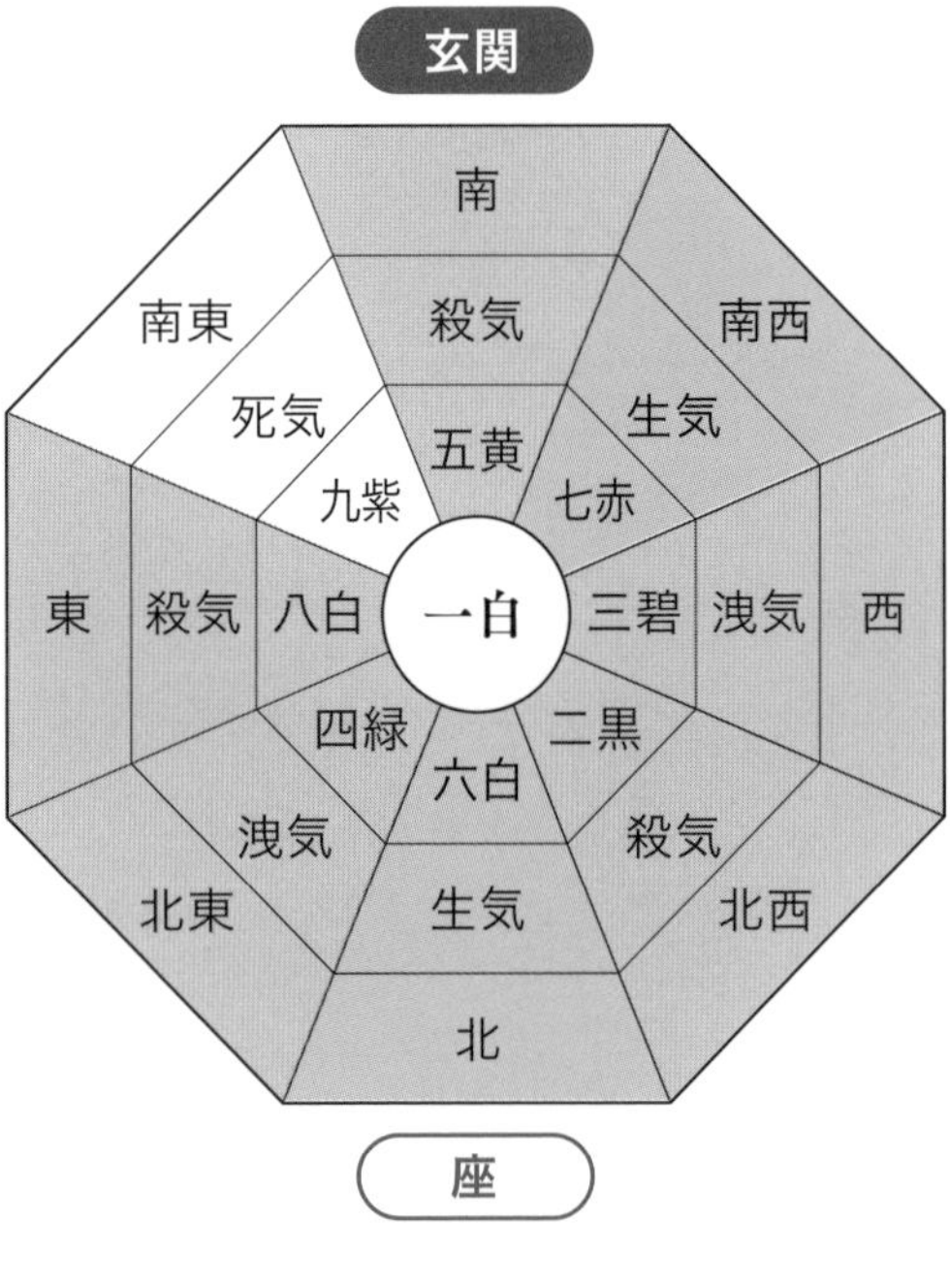

●玄関扉が南西向きの艮宅《ごん》

玄関扉から入る南西の気を反対側の北東で迎えますから、北東が座の「艮宅」です。艮宅は採光や照明で適度な明るさを保ちたい家です。西四宅なので、本命卦が西四命の人と相性が良い家です。

紫白九星では、北西が活発で健康になれる「生気」となり、南西と北東が財に恵まれる「旺気」で吉方位です。半吉半凶の「死気」にあたるのが西。気が洩れてしまう「洩気」が東と南東。災難や事故に用心したい「殺気」の北と南が凶方位です。

後天定位盤で座の北東にあたる八白土星が中宮に入り、玄関方位の五黄土星とは土と土で比和です。小吉の玄関ですから、吉をより多く呼び込むようきれいに使いましょう。

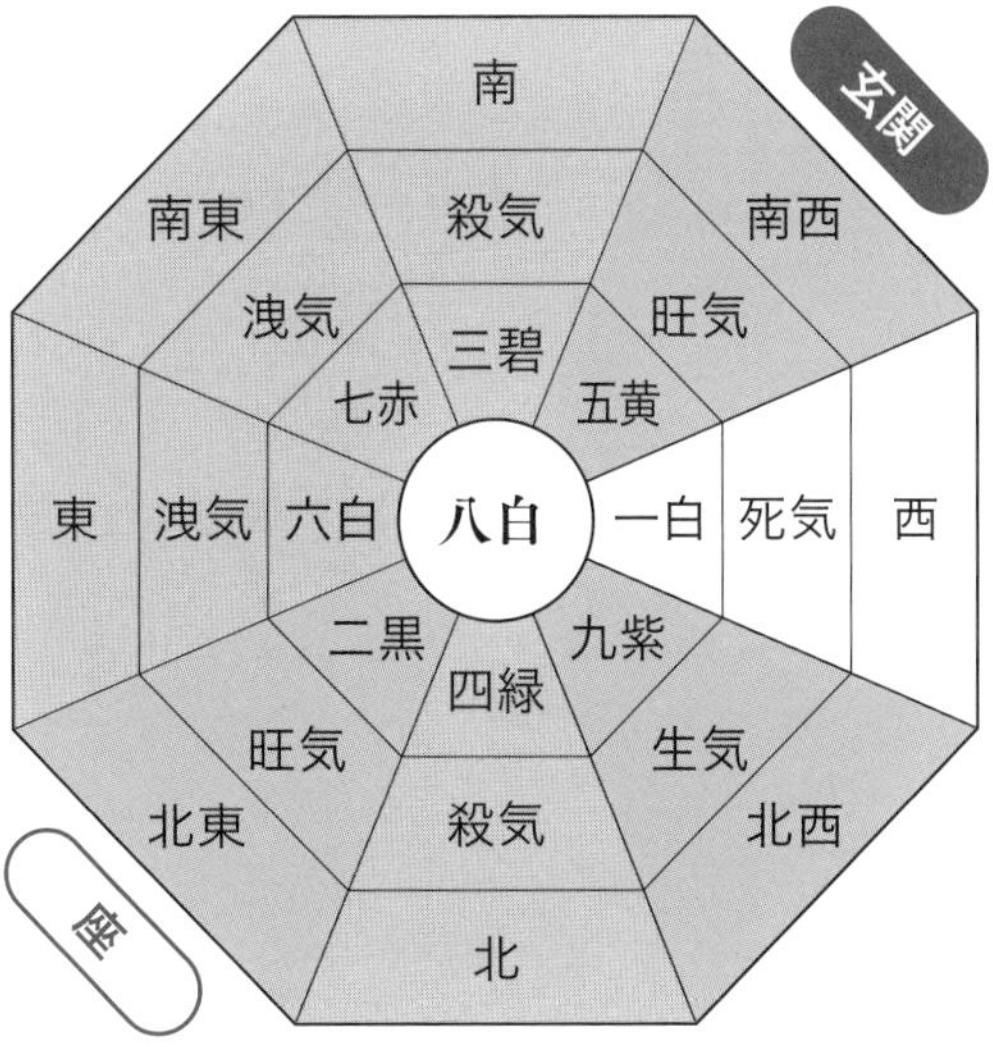

●玄関扉が北東向きの坤《こん》宅

玄関扉から入る北東の気を反対側の南西で迎えますから、この家は南西が座の「坤宅」です。坤宅は採光や照明で適度な明るさを保ちたい家です。西四宅なので、本命卦が西四命の人と相性が良い家です。

紫白九星では、東が「活発で健康」という意味の「生気」、北東と南西が財に恵まれる「旺気」で吉方位です。半吉半凶の「死気」にあたるのが南東。凶方位は、気が洩れる「洩気」の北と南。災いや事故に注意したい「殺気」の西と北西です。

後天定位盤で座の南西にあたる二黒土星が中宮に入り、玄関方位の五黄土星とは土と土で比和です。小吉の玄関ですから、吉をより多く呼び込むよう換気をよくし、こまめに掃除を。

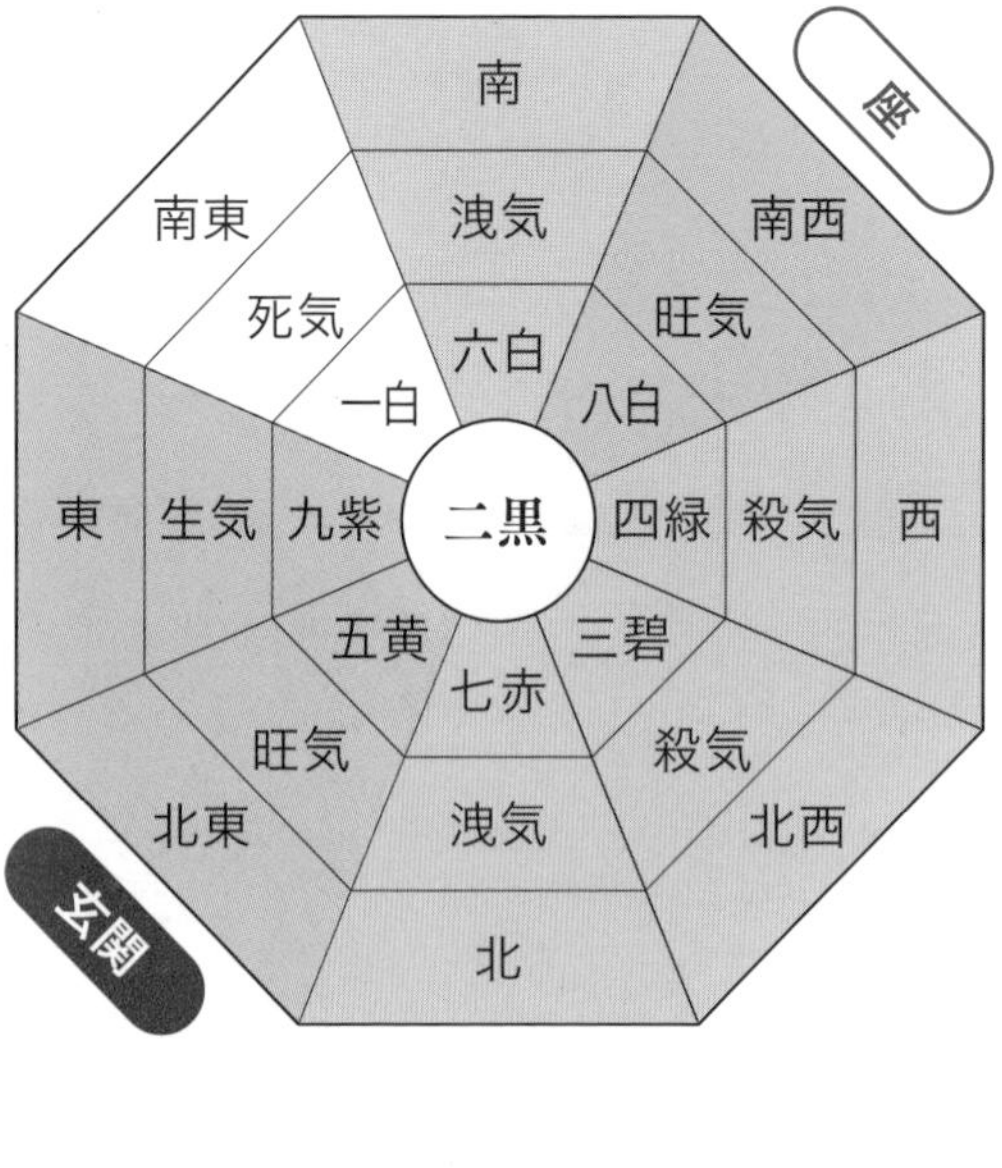

【五種の気一覧】

五種の気	吉凶	意味
旺気《おうき》	吉	旺盛な気が流れる方位、財に恵まれ、発展する
生気《せいき》	吉	活発な気が流れる方位、健康に恵まれ、地位が向上
死気《しき》	半吉半凶	吉凶両方の質があるため、他の方法との組み合わせ次第となる方位
洩気《えいき》	凶	気が洩れる方位、水回りは○
殺気《さっき》	凶	気を損なう方位、災いや事故に注意。水回りは○

【九星の意味一覧】

九星	吉凶	五行	八卦	意味
一白水星《いっぱくすいせい》	大吉	水	坎《かん》	勉強 試験 地位 復活 結ぶ 健康 性 愛情 秘密
二黒土星《じこくどせい》	大凶	土	坤《こん》	病気 衰弱 災い 油断 損害 頑固 労働 疲労 辛抱
三碧木星《さんぺきもくせい》	小凶	木	震《しん》	ケンカ 敵 爆発 大声 争い 詐欺 ケガ 刑罰
四緑木星《しろくもくせい》	小吉	木	巽《そん》	文筆 文才 試験 勉強 信用 地位 整理 結婚 愛情
五黄土星《ごおうどせい》	大凶	土	なし※	災い 破産 難病 死傷 受難 爛熟 暴走 極端 失業
六白金星《ろっぱくきんせい》	大吉	金	乾《けん》	仕事 実績 コンピューター 出世 財利 権威 高級
七赤金星《しちせききんせい》	小凶	金	兌《だ》	口 ケンカ 不注意 ケガ 流血 浪費 盗難 損失
八白土星《はっぱくどせい》	大吉	土	艮《ごん》	金銭 財産 不動産 相続 貯蓄 健康 復活 開始
九紫火星《きゅうしかせい》	小吉	火	離《り》	慶事 出産 新築 結婚 能力 精神 火災 派手 贅沢

※五黄土星は特殊な星で、対応する八卦はありません。

3 年運と宅盤の組み合わせ「九星同宮《きゅうせいどうきゅう》」

●宅盤に年盤など時間軸を重ね、九星の組み合わせで吉凶を読み取る

家の運も時間によって変化するというのが、次の方法です。第二章の刑殺の例のように、周囲の環境が非常に悪く、時間がたってもなかなか好転しないという家ならともかく、たいていの家は年月の運が影響し、吉凶が巡るという考え方です。

紫白九星派の重要文献である『紫白訣《しはくけつ》』にあるもので、その原文は「四一同宮　準発科名之顕」「三七同宮　被刧盗更見官災」などと書かれています。意訳すると、「四緑と一白が同宮すると、発展し名声を得る」「三碧と七赤が同宮すると、盗難に遭ったり争いが起きる」となります。一白は出世、発展を司る吉星で、四緑は学術、研究を司る吉星ですから、双方が同じところに入れば、吉の相乗効果となるわけです。これを「四緑が一白に会う」といい、その方位を仕事部屋や勉強部屋にすると成果が高まるとみます。また、凶も同様で、三碧が七赤に会うと、三碧の争いと七赤の盗難が重なり、その方位の凶作用が高まると解釈します。

●あなたの宅盤と２０２２年年盤を重ねてみましょう

中国占術での運の周期には、60年や１８０年を一単位とし、さらにそれを細かく区切る方法があります。第五章の「玄空飛星派風水」で改めて説明しましょう。その時間の運と宅卦を重ねて、「○年から○年は運が宅卦を生じるので、健康に恵まれる」「運と宅卦が比和となるので財に恵まれる」といったみかたをします。

この項では、スピードの速い現代社会に合うよう一年単位の年盤と重ねましょう。左の例は「艮宅」の宅盤を置きました。２０２２年はＰ．１５７の五黄土星が中宮となる盤、後天定位盤と同じ配置です。それぞれの九星を重ねてみてください。北は四緑が一白と会う「四一同宮」、南西は五黄が二黒と会う「二五同宮」となります。この九星の組み合わせによる特殊関係には45種もありますが、主なものを抽出して、次ページに表にしました。吉の場合はその方位で良い気を受けます。凶の場合は、化殺を行いましょう。

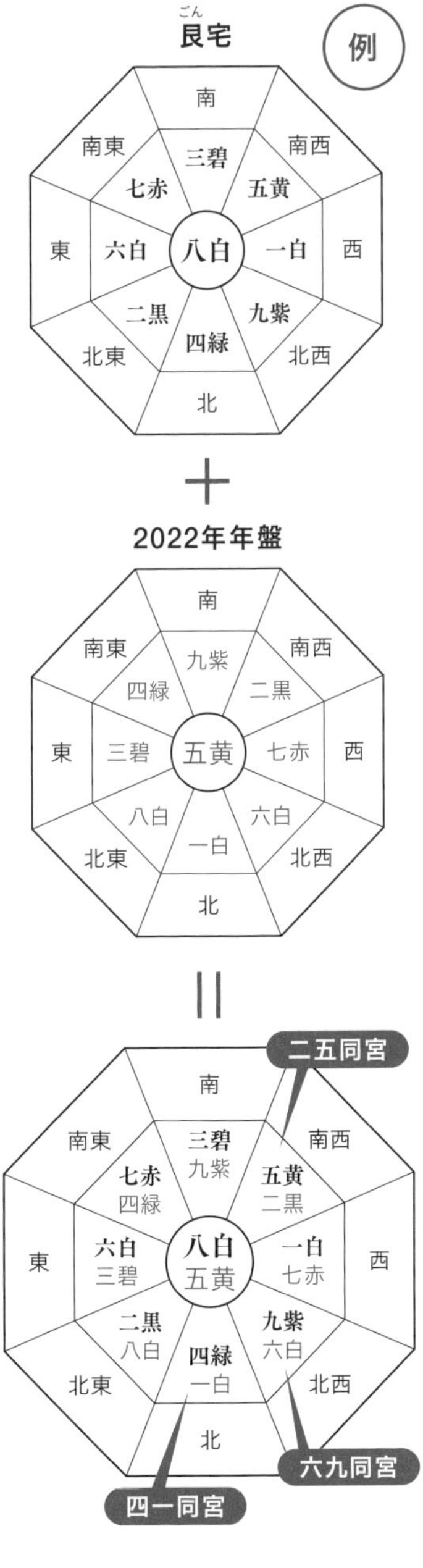

【同宮の意味】

九星の順は問いません。
「一白と四緑」は「四緑と一白」の場合と同様です。

一白と一白＝一一同宮	吉	各種試験に合格。仕事で成果。地位が向上。男女の愛情深まる。
一白と四緑＝一四同宮	吉	文書に関しての成功、名声。有力者の知己や援助を得て、数倍の利。
二黒と三碧＝二三同宮	凶	ケンカや揉め事、訴訟、いじめに注意。
二黒と五黄＝二五同宮	大凶	病気、破財の恐れ、家族を失う恐れ。「金」性アイテムで凶を減らす。
二黒と九紫＝二九同宮	凶	病気、破財の恐れ、さらに戌年か巳の年が回れば火災の恐れ。
三碧と七赤＝三七同宮	凶	争い、不本意な事件、会社内でのトラブル。訴訟、財を失う恐れ。
三碧と八白＝三八同宮	凶	ケンカや揉め事、訴訟、失言に注意。場で最も若い人の受難。
四緑と四緑＝四四同宮	吉	勉学、試験、研究、仕事について喜び事。地位向上。男女の仲が進展。
五黄と九紫＝五九同宮	凶	火災の恐れ。
六白と七赤＝六七同宮	凶	肉体的、精神的なダメージ。ケンカ、盗難に注意。
六白と八白＝六八同宮	大吉	勉学、仕事の発展、出世や栄達。不動産など大きな財産に縁。
六白と九紫＝六九同宮	凶	病気に注意。
七赤と九紫＝七九同宮	凶	思わぬ災い、財を失う恐れ。火災の恐れ。
八白と九紫＝八九同宮	吉	恋愛、結婚の喜びがたびたび訪れる。

5／総合判断の例

本命卦八宅盤 流年法、紫白九星を 使って実例診断

この章の最後に、これまで紹介した方法を使って、総合的に判断する手順をお知らせしましょう。

1982（昭和57）年4月生まれの男性、Aさんを例とします。

Aさんは自宅でリモート業務についていて、副業が許されているので、自分の得意なことに関する動画を制作、配信し、広告などによる副収入を得ようと計画しています。2022年に本格的に始動の予定。動画撮影は自宅の南東に位置する自室です。

昭和57年生まれの男性ですから本命卦は「離」。妻と2人暮らしで、妻の本命卦は「艮」。P．174の表から、相性は「×」の組み合わせです。

Aさん宅の玄関は家の北西にありますが、西方向に扉が開く「震」宅です。家は長方形で、ベランダを除いた対角線を結び、太極はリビングにあります。

この家で始めようとしていることへの運、年運との関連はどうか、どういう化殺を実行したらいいかをみていきます。

①人の運・本命卦八宅盤を出す Aさんの本命卦は離となる

本命卦八宅盤で南東の仕事部屋は天医で大吉ですが、ビジネスに良い生気方位は東。東は「音での伝達」の象意があり、動画配信は東の「気にかなう」活動です。東の寝室と南東の仕事部屋を取り替えると吉。寝室が絶命の玄関の化殺にもなり、好都合です。

Aさんの本命卦八宅盤「離」

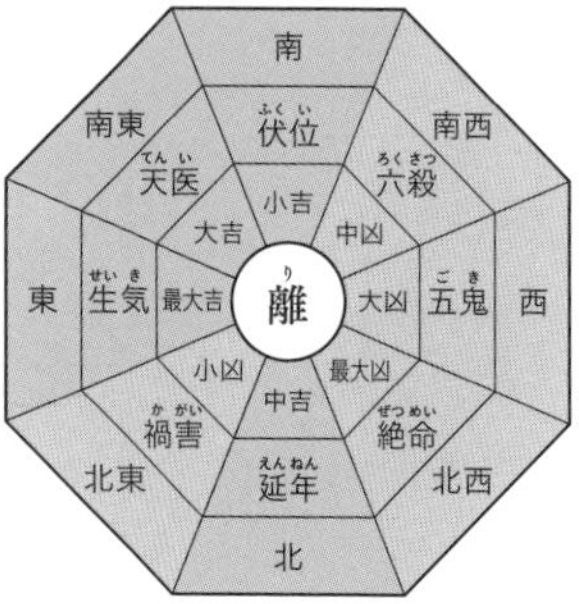

②人の運・本命卦八宅盤と年の運・2022年盤をみる

本命卦八宅盤と2022年の年盤を重ねると、東は三碧で「ケンカ」の象意が。視聴者の反応に感情的になることに注意が必要。吉は南東と南と北。南東にした寝室、南のベランダでくつろぐ時間を持ちます。寝室はAさん、妻とも延年にはしにくいので、妻の枕の近くに化殺のアイテムを置きます。

Aさんの本命卦八宅盤「離」と
2022年盤の組み合わせ

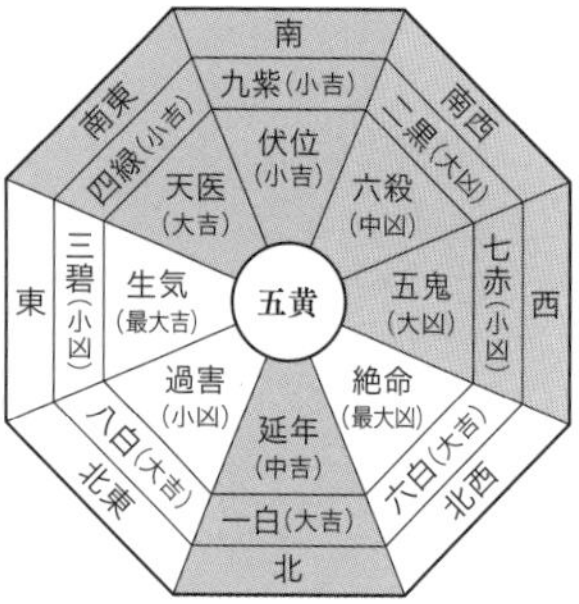

③紫白九星で家の運をみる

Aさんの本命卦の「離」は東四命、「震宅」は東四宅なので相性の良い家です。宅盤を見ると、東は活発になる「生気」です。一白の象意に「地位」「結ぶ」がありますから、人との縁が結ばれ、動画配信で存在感を示せるでしょう。東を仕事部屋にすれば、本人の運も時期も家の運もまず、文句なしとなります。

紫白九星によるAさんの家の
九星宅盤

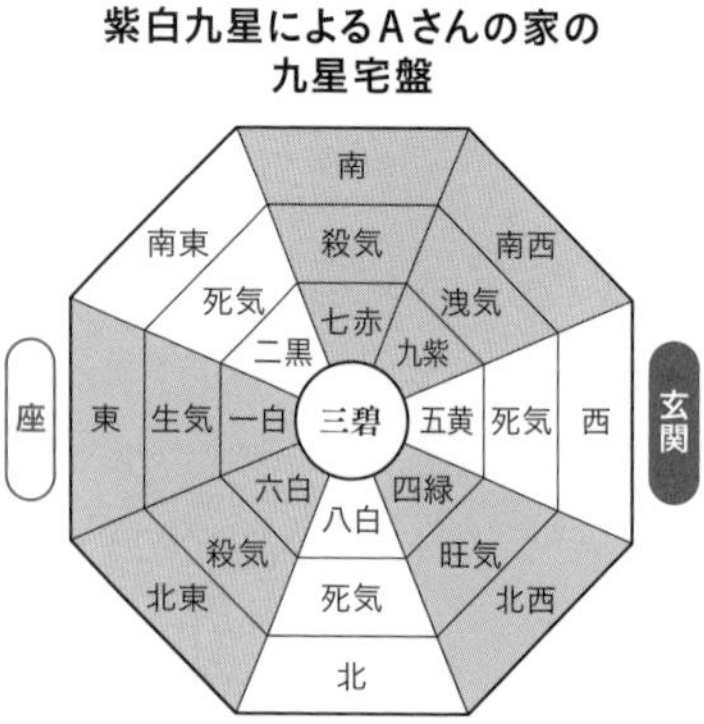

④九星同宮を調べる

北東に「六八同宮」となり、「仕事の発展、出世や栄達」を意味します。六白も八白も大吉星で、この2つが出会うのは浴室。撮影をする前は入浴し、吉運を存分に受け取るといいでしょう。

一方、南西が「二九同宮」で「病気、破財の恐れ」、南は「七九同宮」で「思わぬ災い、火災の恐れ」という象意です。現代と昔では火災の原因や頻度も異なるでしょうが、念のため、２０２２年は火の始末と体調管理に気をつけたいところです。

宅盤+2022年盤

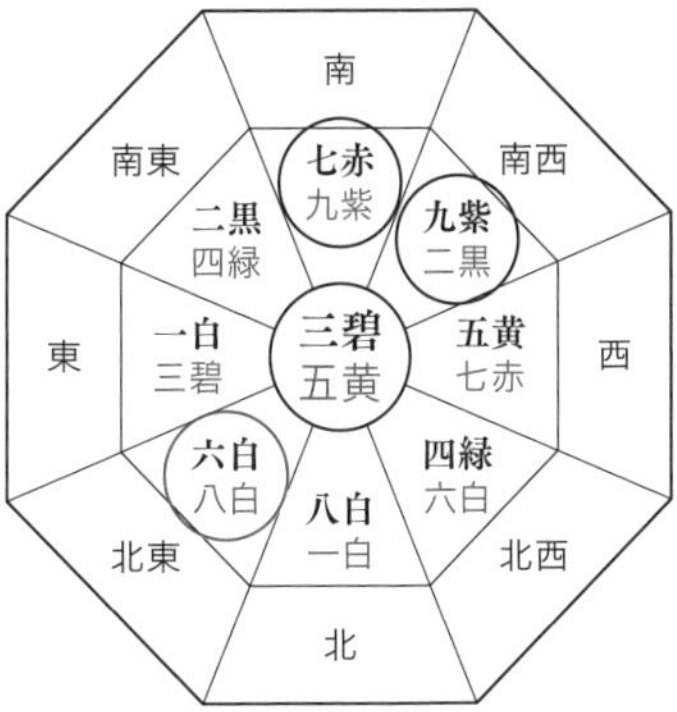

大凶の二五同宮はないものの、二九同宮の南西、七九同宮の南は凶に。キッチンの火の始末をきちんと。食生活改善で健康を支えたい。※右ページの②と③の盤を組み合わせます。

⑤間取り図と合わせて化殺、催吉をする

最後に、各部屋でできることをあげていきます。北西の玄関は南東の寝室で化殺になっているものの、きれいに保ち、照明は明るめに。西のリビングは火性の色を増やします。赤系のマットや三角形の置物を置きます。本命卦八宅盤で浴室の北東は禍害ですが、年運では大吉。年運が優先なので問題ありません。南西は自制心に欠ける六殺ですが、幸いキッチンです。仕事部屋の東の窓に向かって道具を置けば、計画は進展すること間違いありません。

Aさんの家の間取り

2022年、東の部屋での動画配信は吉が重なり、大成功。玄関、リビングは暖色系のインテリアでそろえるといいでしょう。

コラム 3

2人の相性で寝室を工夫する

夫婦で、またはパートナーと1つの寝室を使っていて、2人の本命卦が異なる場合は、どちらに吉となるようにすればいいのか、そうすると相手には良くない作用とならないかなど、迷うでしょう。

下表が本命卦で見る相性です。吉相性ならば、寝室自体の吉運を高めるようにすれば、それでかまいません。東西の四命が異なる×の相性で、2人の仲をさらに良くしたい、改善したいと望んでいるなら、次の方法を試してください。男性の延年方位を寝室にし、女性の延年方位に頭を向けて寝ます。これが難しい場合は逆でもかまいません。女性の延年方位を寝室とし、男性の延年方位に頭を向けて寝る、ということです。例えば、本命卦が震の夫と坤の妻なら、震の延年方位である南東を寝室にして、妻の延年方位の北西向きに枕を置く。または、家の北西を寝室にして、寝室内の南東に枕を置きます。

女性＼男性		東四命				西四命			
		震	巽	離	坎	坤	兌	乾	艮
東四命	震	小吉	中吉	最大吉	大吉	×	×	×	×
	巽	中吉	小吉	大吉	最大吉	×	×	×	×
	離	最大吉	大吉	伏位	中吉	×	×	×	×
	坎	大吉	最大吉	中吉	小吉	×	×	×	×
西四命	坤	×	×	×	×	小吉	大吉	中吉	最大吉
	兌	×	×	×	×	大吉	小吉	最大吉	中吉
	乾	×	×	×	×	中吉	最大吉	小吉	大吉
	艮	×	×	×	×	最大吉	中吉	大吉	小吉

第四章

黒門風水　実践編

1／部屋別開運テクニック

今の間取りを活かし できるところから 取り入れて開運しよう

ここまで複数の基本的な方法を紹介してきました。けれど、「こちらのみかたでは吉方位になるが、別の方法では凶方位になる。どうしたらいいか」「方法を組み合わせれば、どんどん吉方位が少なくなる」「結局どれを優先すべきか」などと迷うかもしれません。実のところ、唯一の決定的な方法がないのが風水なのです。

地勢、その土地の様子、建物の形、各部屋の使い方、住まう人々、時期による変化、さらに社会の変化も関連しますから、非常に複雑なものになります。実際、現代でも、香港の風水師は5つ以上の方法を組み合わせて診断するといいます。私も風水診断をするときは、相談内容によって、適した方法を複数組み合わせます。

この章では、むしろ反対のアプローチを試みました。複雑に組み合わせるのではなく、シンプルに**部屋別に押さえるべき吉凶のポイント**をおさらいします。さらに、**金運、健康運、愛情・人間関係運と欲しい運別の八方位の使い方**を復習しましょう。

●まず見直すべきは、玄関と寝室

中国伝統風水について理解が深まるのにつれて、「土地や建物、間取りがあまり良くない」と不安に思えてくる人がいるかもしれません。賃貸なら引っ越しできますが、費用や時間などの事情もあり、現実的には難しいものです。持ち家なら、なおさらです。

もし、今後引っ越しや新築、増改築などの予定があれば、P.52～を参考に**「悪い土地・建物だけは最低限避ける」**ことを鉄則とするといいでしょう。

しばらく住み替えの予定がないなら、この章で紹介する方法を試すだけでも十分です。

なかでも、玄関と寝室を風水の考えに基づいて整えるだけで、開運効果が期待できます。**ベッドの位置や向きを変える、玄関の靴箱のレイアウトを変える**など、ちょっとのアクションでいいのです。できることから取り組んでみましょう。

●「鬼門・裏鬼門＝不吉」ではない

日本の家相では、「北東は鬼門、南西は裏鬼門なのでトイレなどの水回りにあたらないように」などと考えます。ところが、インドのヴァスツという風水では、北東を神聖な方位とし、北東の玄関が奨励されます。南西は寝室に最も適した方位と考えます。

昔、**北東は方位のなかでも最も日当たりの悪い場所であり、そんな場所にトイレがあるのは不浄である**と考えられていました。

日本は、世界でもトップクラスにトイレが清潔とされています。水洗化が進んだため排泄物がその場所にずっと留まることはありません。こうした事情から、中国伝統風水を日本の住宅に適応する場合、**鬼門や裏鬼門をタブー視する必要はありません**。それよりも、P.104～、P.212～のように本命卦に沿った吉凶の考え方に基づいて家を考える方がいいでしょう。

玄関

新鮮な空気や食べものを取り入れる
その家の「口」のような場所です

●「天医《てんい》」「延年《えんねん》」「伏位《ふくい》」も◎

玄関が「天医」にあれば、健康運に恵まれます。結果、仕事や勉強に打ち込めるなどの効果が。「延年」の玄関は、人間関係が良くなります。仕事や恋愛などで良い縁ができ、家族の仲が良好に。

玄関が「伏位」だと劇的な開運効果はありませんが、平和で穏やかな暮らしができるでしょう。

●ラッキーカラーで飾る

玄関が、「生気」「天医」「延年」「伏位」の吉方位にあって、さらに幸運を招き入れたい場合は、各方位の象意にある基本的なラッキーカラーのアイテムを置きましょう。

吉

●本命卦でみて「生気《せいき》」の方位

その人の本命卦からみて、八方位のうち「生気」方位に玄関があるのが最高です。

実際の風水鑑定においても、玄関と寝室は最重要視します。寝室だと部屋を変える、寝場所を変えるといったことができますが、玄関は動かせません。もし、これから住居を選ぶ場合は、玄関の方位を最優先にして選びましょう。

東と南東なら木性の色、南なら火性の色、北東と南西なら土性の色、北西と西なら金性の色、北なら水性の色です。五行の各性の色はP．24を参照ください。

●玄関の左側に靴箱がある

四神相応《しじんそうおう》（P．44）と同様、室内から見て、玄関の左に青龍、右に白虎を模した形が吉です（実際の方位とは別です）。青龍が陽、白虎が陰なので、青龍の左に靴箱がある、置物を置けるスペースがあるなどボリュームがあり、右はシンプルなのが理想的です。逆に右に作り付けの靴箱があるなら、左に山の写真や絵、鏡などを置きましょう。

●明るい印象でいつも清潔

玄関は、人体の口にあたる場所。中国伝統風水では、玄関を「気口《きこう》」という言葉で表します。汚れていると逆効果。汚れやほこりがたまったらすぐに掃除をし、清潔に保つよう心がけましょう。また、自然光が差し込む明るい玄関が吉です。暗い玄関は電灯で明るくしましょう。

●ものを出しっぱなしにしない

レジャーグッズなど、余計なものを置かないようにする、使わない靴は靴箱に収納します。傘も専用の傘立てに入れ、置き場所は室内から見て玄関の左側です。

凶

●本命卦でみて「絶命《ぜつめい》」の方位

本命卦からみて、玄関が「絶命」の方位になると、さまざまなトラブルに巻き込まれやすくなります。

これから引っ越しや新築など、住み替えの予定があるなら、次は「絶命」方位の玄関だけは避けるようにしましょう。

●本命卦でみて「五鬼《ごき》」の方位

住む人の本命卦からみて、玄関が「五鬼」の方

位になる場合も凶作用が出やすくなります。

良くない方位でも、Ｐ．１０５～で紹介した化殺の色やアイテムを取り入れると、悪い作用を抑えられます。

●汚れやほこり、湿気が多い

掃除や整理整頓が苦手で、汚れやほこり、湿気が多い玄関は、いくら吉方位でも良い運を取り込めません。いつも清潔で整理整頓された玄関を心がけましょう。掃除用具は使ったらすぐに収納します。

●光が届かず、いつも暗い

太陽光や電気などの光が届かず、終日薄暗いのもよくありません。明るい光を放つ照明器具や蛍光灯に付け替えましょう。１日中つけっぱなしにしたりセンサーライトにするのも良い方法です。

湿気がこもるようなら、除湿剤や竹炭などもいいでしょう。ただし、一度置いてそれっきりでなく、こまめに交換しましょう。

●よその家の玄関と向き合う

玄関のドアがよその家の玄関と向き合うのは、「鬥門殺《とうもんさつ》」（Ｐ．54）という凶相。どちらの家にも良くありませんが、屋根の低い方が先に負けるとされます。よその家の玄関が見えないよう、暖簾やカーテン、パーテーションなどで目隠ししましょう。

一戸建てだけでなく、マンションやアパートでも要注意です。同じ階にある別の住宅と玄関同士が向き合っている場合はよくありません。ただし、間に門や生垣などがあると、凶作用が和らぎます。

●玄関ドアを開けると窓

玄関ドアを開け室内に入って、真正面に窓がある住居は財運に恵まれにくくなります。これを、「漏財宅《ろうざいたく》」（Ｐ．72）といいます。

窓にしっかりとした生地のカーテンを取りつける、衝立を置くなどの対策が有効です。

寝室

最も多くの時間を過ごす大事な場所
運気を左右し、健康運に大きく影響します

吉

●寝室が「天医」の方位にある

八方位のうち、寝室が「天医」の方位にあるのが最高です。心身ともに充実し、活力が湧いてきます。

住居全体から見て寝室が「天医」にあるのが理想ですが、それができない場合は、寝室の中心から「天医」の方位にベッドや布団を置いて寝るのも良い方法です。

●寝室が「生気」の方位にある

八方位のうち、寝室が「生気」の方位にあると、活力が満ちてきます。子どもを望む夫婦には良いでしょう。ただし、しっかり睡眠を取ることを優先するなら、この方位はおすすめしません。

●寝室が「延年」「伏位」

「延年」方位の寝室で寝ると、コミュニケーション力がアップし、人間関係に広がりが出てきます。

一緒に寝る寝室が夫婦どちらかの「延年」方位だと、仲が良くなります。P．174も参照ください。「伏位」方位も良く、忍耐力が増してきます。その結果、仕事への意欲が高まるでしょう。

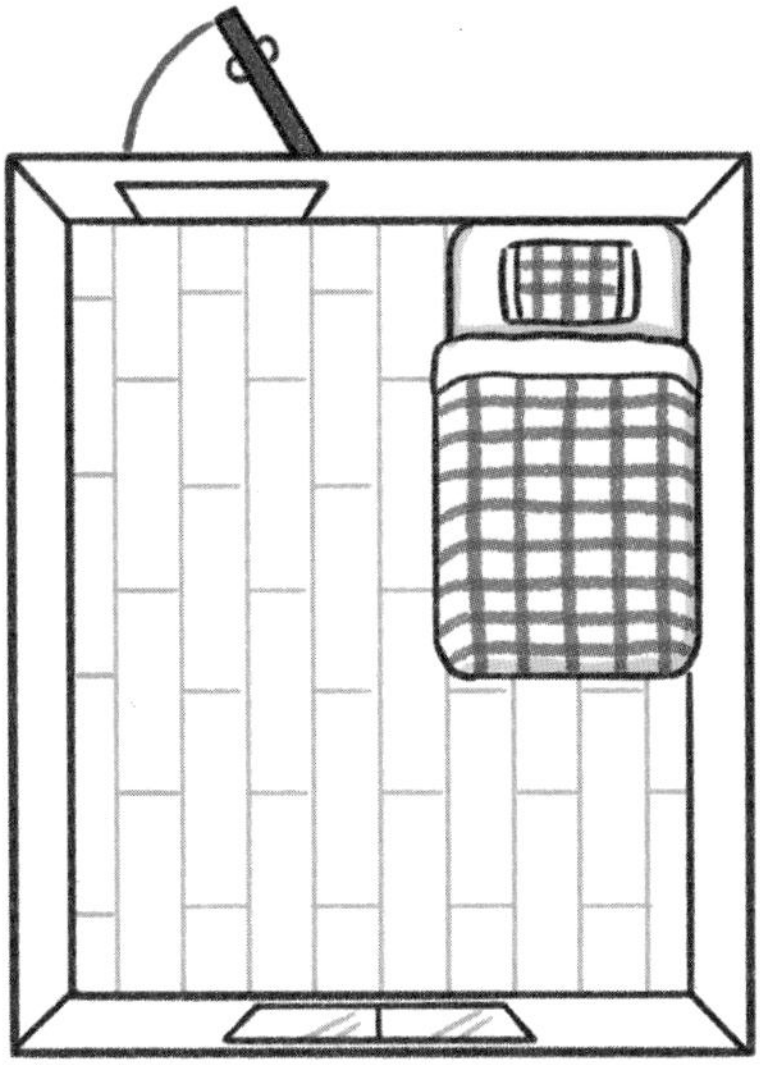

●入り口の向きと平行に寝る

寝室の入り口から正面に向かっては、強い気が流れているとされます。この気の流れと平行になるようにベッドや布団があるのは吉相です。

さらに、頭の部分が壁となっていると最良で、風水的な理想形です。頭がテラス窓（通常の壁以外の開口部）に接すると、「頭の支えがない」形となってしまい、よくありません。

●頭と壁の間に空間がない

ベッドや布団の配置において、寝たときの頭と壁の間に空間がないのは吉相。良質の睡眠が取れて疲労が回復し、明日のパフォーマンスもアップ。心身への良い影響の他、運気では異性関係が良好になるなどといわれています。

もしここに隙間があると、精神的な不安感が無意識のうちに蓄積するとされます（P．79）。

●テレビがなく落ち着いた印象

寝室は休息に専念できる場所にしましょう。テレビは置かず、別の部屋で見る方がいいです。寝ながらテレビを見る習慣もできればやめましょう。

寝室

凶

●寝室が「絶命」の方位にある

八方位のうち、寝室が「絶命」の方位にあるとよくありません。夫婦仲が悪くなる、望んでも子どもができないなどの凶作用が出がちです。

●寝ると頭上に梁がある

中国の医学である中医学《ちゅういがく》には、衛気《えき》という概念があります。体の表面にあるバリアのようなもので、このバリアを破って邪気が侵入すると病気になると考えます。

このバリアは起きているときは働いてくれますが、睡眠中は休んでしまいます。日中は薄着で過ごしても風邪を引かないのに、そのまま寝たら風邪を引くようなものです。つまり、睡眠中は無防備になるため、外部の刺激を抑える必要があるのです。

そのため、寝た姿勢になり、頭上に梁があるなどはよくありません。寝る場所を変える、大きな布で梁を覆うなどの対策をすることが望まれます（P．76の横梁圧冲《おうりょうあっちゅう》）。

●寝ると頭上に吊り照明がある

よくない理由は、梁の項目で説明した通りです。吊り下げ式の照明も無意識のうちに、圧迫感を覚えるなど、寝ている間は人体に対してよくない作用を及ぼすと考えられています。

このような照明を使っている場合、できれば、厚みがなく天井にぴったり張りつくシーリングライトなどに替えるといいでしょう。

●寝室の入り口の直線上にベッド

部屋の入り口からは、一直線に気が通っているとします。かなり強い気であるため、直線上にベッドや寝る場所があると、心身が休まらず凶とみます。具体的には、病気や仕事上のミスが起きやすくなるなどの影響があるといわれています。

（P.77の房門冲床《ぼうもんちゅうしょう》）

●寝る姿が鏡に映る

寝室に鏡を置く場合は、自身の寝姿が映らないような位置に置きましょう（P.80）。

●水槽を置いている

金魚やメダカなどの観賞魚を水槽で飼っている場合、寝室に置くのはやめましょう（P.81）。

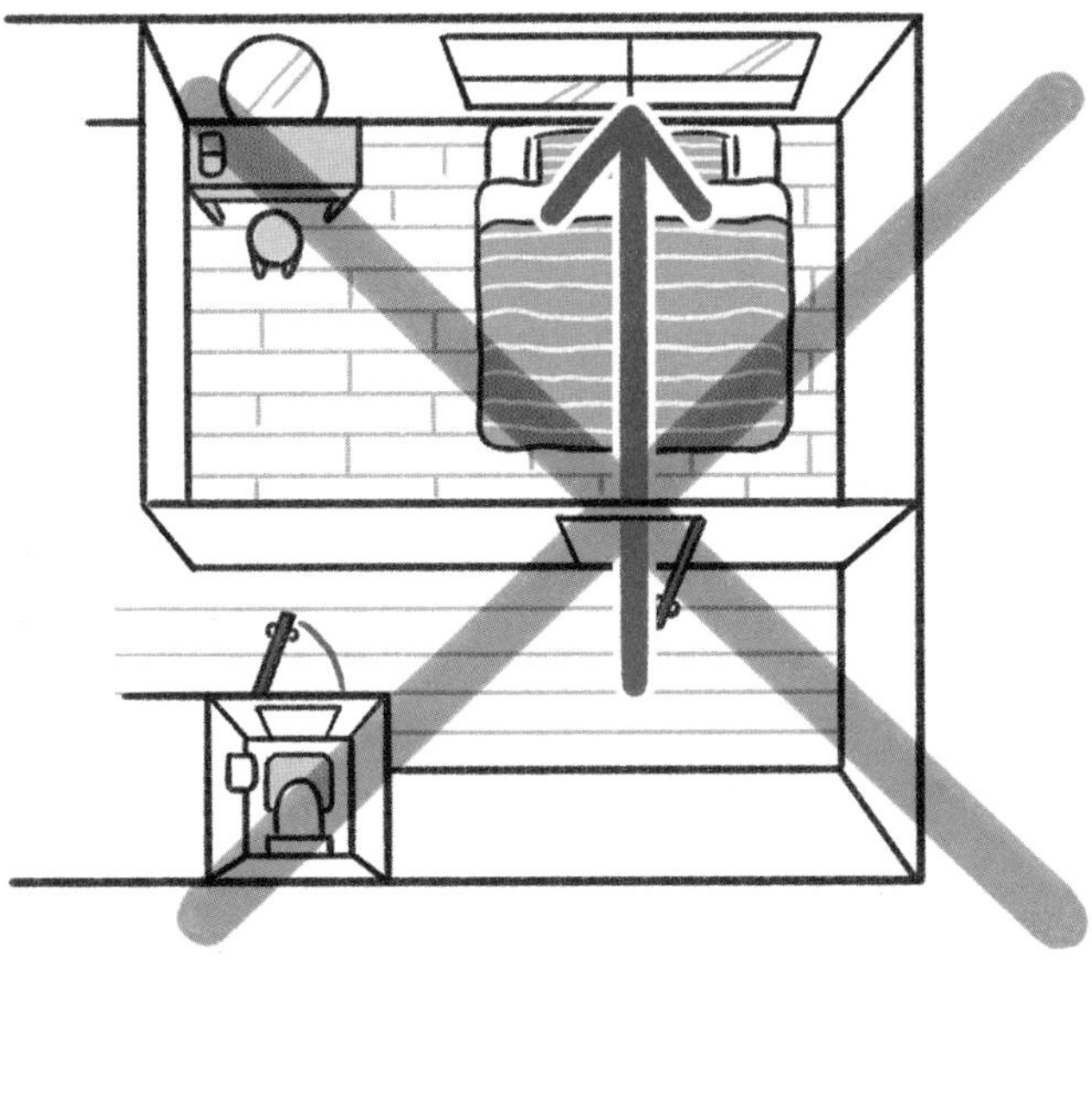

リビング

家族が集まり、長い時間を過ごす場所は
リラックスできるくつろぎ空間に

吉

●中心人物の「天医」方位

リビングは家族がくつろぎ、食事や会話を楽しむ場所です。家族仲も運気もアップさせたいなら、「天医」方位にリビングが位置するのが最高です。

できれば、家族全員にとって良い方位であってほしいですが、実際は難しいものです。家族の中心となる人物の吉方位であれば悪くありません。

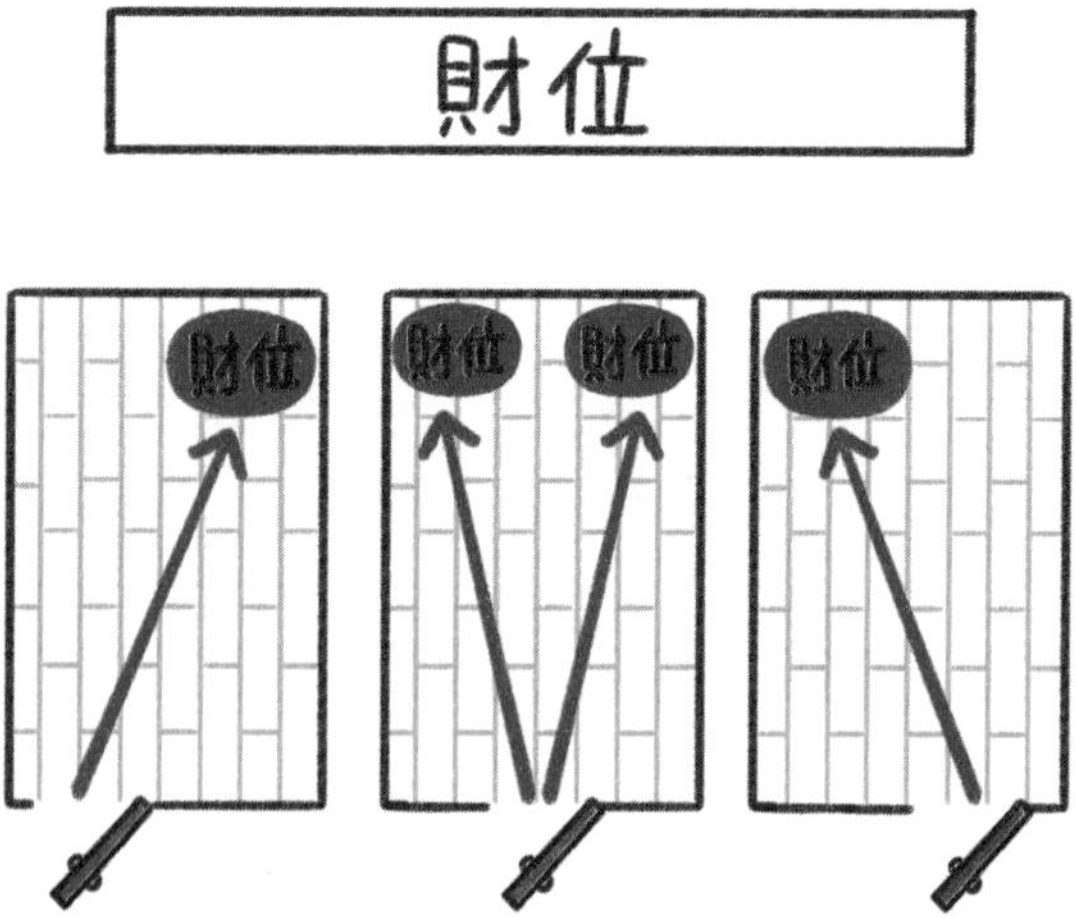

●「生気」「延年」「伏位」方位

「生気」もリビングにはおすすめできる方位です。休息や安心を優先させるべき寝室にはエネルギーが強くて向きませんが、リビングには良い方位です。生命力、活気、発展、積極、前進、創造といった吉の作用を受けることができます。

その他、「延年」「伏位」も、リビングにおすすめの方位です。平和に生活できるでしょう。

住居全体からこれらの吉方位とならなくても、リビングの中心から見て吉方位にソファを置いて、主にそこで過ごすなら問題ありません。

●部屋の左にアクセント

P.179で紹介した青龍（左）と白虎（右）のボリュームバランス法則は、リビングなど、他の部屋にも当てはまります。

部屋の中から入り口のドアに向かい、左側にアクセントがあるのが風水的に吉です。家具や絵画、ポスターなどは左側にあると良いでしょう。

ただし、左側のボリュームが過剰になってもバランスを欠いてしまいます。青龍（左）と白虎（右）で6対4ぐらいがちょうど良い配分です。

●「財位《ざいい》」がすっきりしている

部屋の入り口から対角線上にある一角を「財位」と呼びます。この場所に家具などを置いておらず、空きスペースとなっているのは吉です。「財位」の文字通り、財運に恵まれます。

もし、この場所に何か置いているようならできれば空けるようにしましょう。特に、ごみ箱があると、せっかくの財運を捨てることになってしまいます。「財位」として空けるスペースの目安は、リビングの広さにもよりますが、30㎝角ぐらいでかまいません。

また、「財位」に窓などの開口部がないと、さらに理想的な風水の形となります。

リビング

凶

●「絶命」方位に位置する

家族が集まり、コミュニケーションを取り、身体を休める場所であるリビングは風水的に重要な場所。「絶命」方位に位置する場合、金運や健康運に問題が出ることがあります。

せめて、リビングの中心から見て吉となる方向にソファやテーブルを置き、そこで長い時間を過ごすようにしましょう。

●「五鬼」や「六殺」に位置

リビングが「五鬼」「六殺」にある場合、人間関係がスムーズにいかなくなります。精神面も安定せず、悩みやストレスを抱えがちに。「禍害」もできれば避けたい方位。「絶命」で紹介した対策をおすすめします。

●柱の角などの出っ張りが目立つ

柱の角や梁などの角部分は、それが向く方向へ、よくない気が流れるという考えがあります。

住んでいるうちに見慣れるかもしれませんが、角が視界に入ると無意識のうちに不安な気持ちが蓄積していくものです。

角部分は家具や観葉植物で隠す、子ども用の衝突防止用テープを貼るなどの対策が有効です。

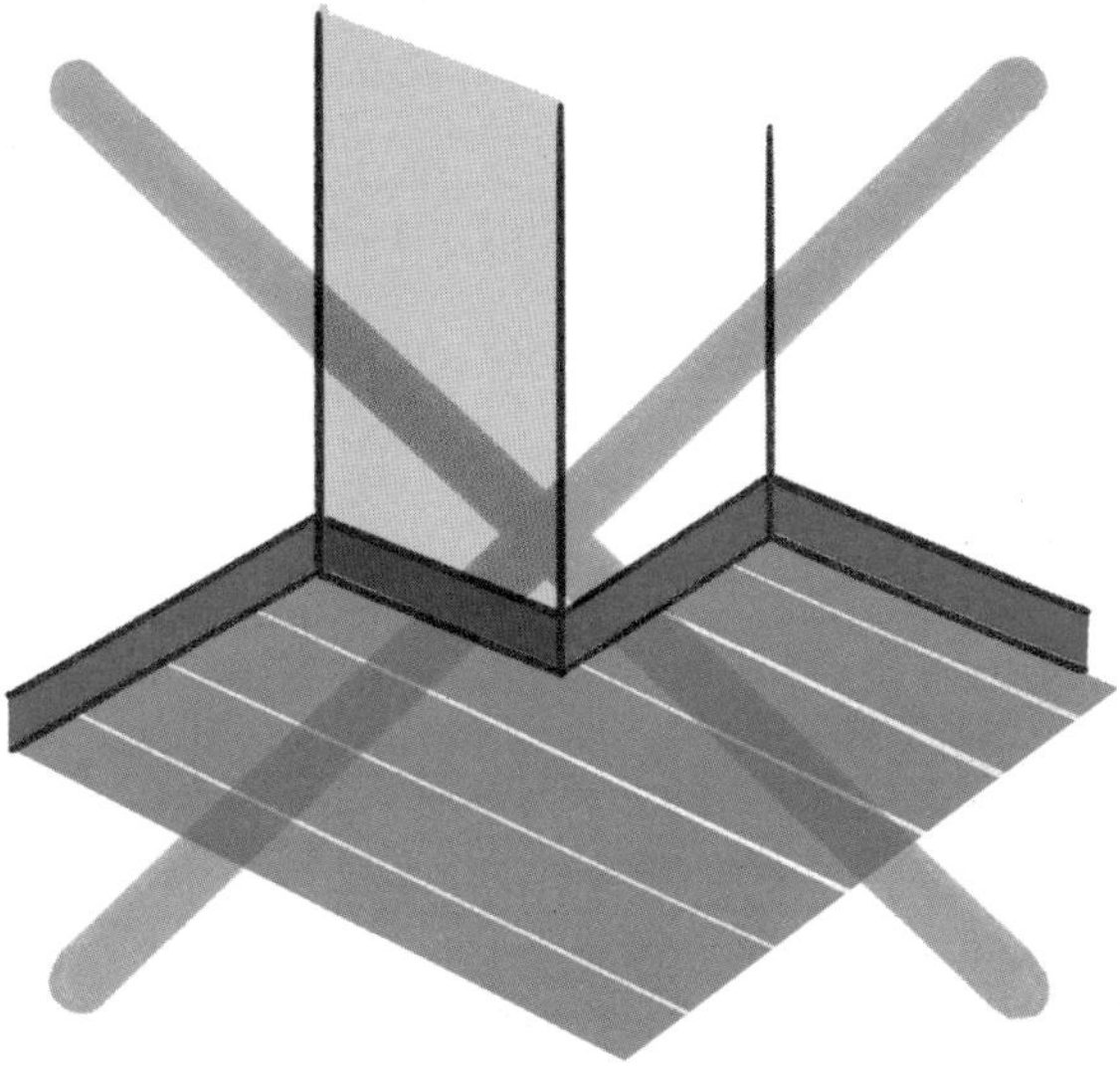

●ソファの位置が凶方位

リビング中心から見て、「絶命」「五鬼」「六殺」「禍害」の凶方位にソファを置かないようにしましょう。ソファがあると、家族がそろってテレビを見たりしがちで、よくない方位で長い時間を過ごしてしまいます。

もちろん、食事をするテーブルもおすすめできません。

●玄関からリビングに直結

玄関を開けたらすぐにリビングという間取りはよくありません。さらに、その先に大きな窓があるとさらに凶相。お金が貯まりにくくなるため、玄関とリビングの間と、窓の前にパーテーションや暖簾などを設置するとよいでしょう。

●「財位」にドアや窓がある

P．186で紹介した通り、「財位」は重要です。リビングの中で「財位」にあたる場所にドアや窓があると、良い財の気を取り逃がしてしまいます。大きめの家具やパーテーションを置きましょう。

窓があっても基本的に閉めっぱなしにすることをおすすめします。

キッチン

凶運を燃やしてくれる火が重要
ガステーブルで運気を調整しましょう

吉

●キッチンが凶方位にある

吉方位にキッチンがあると、良い気を料理に取り込めそうなイメージがありますが、中国伝統風水ではそのように考えません。

キッチンは凶方位に配置されることが理想です。コンロの火により邪気を燃やす、野菜や食器などの汚れとともに凶作用を洗い流せるという考えがあるからです。

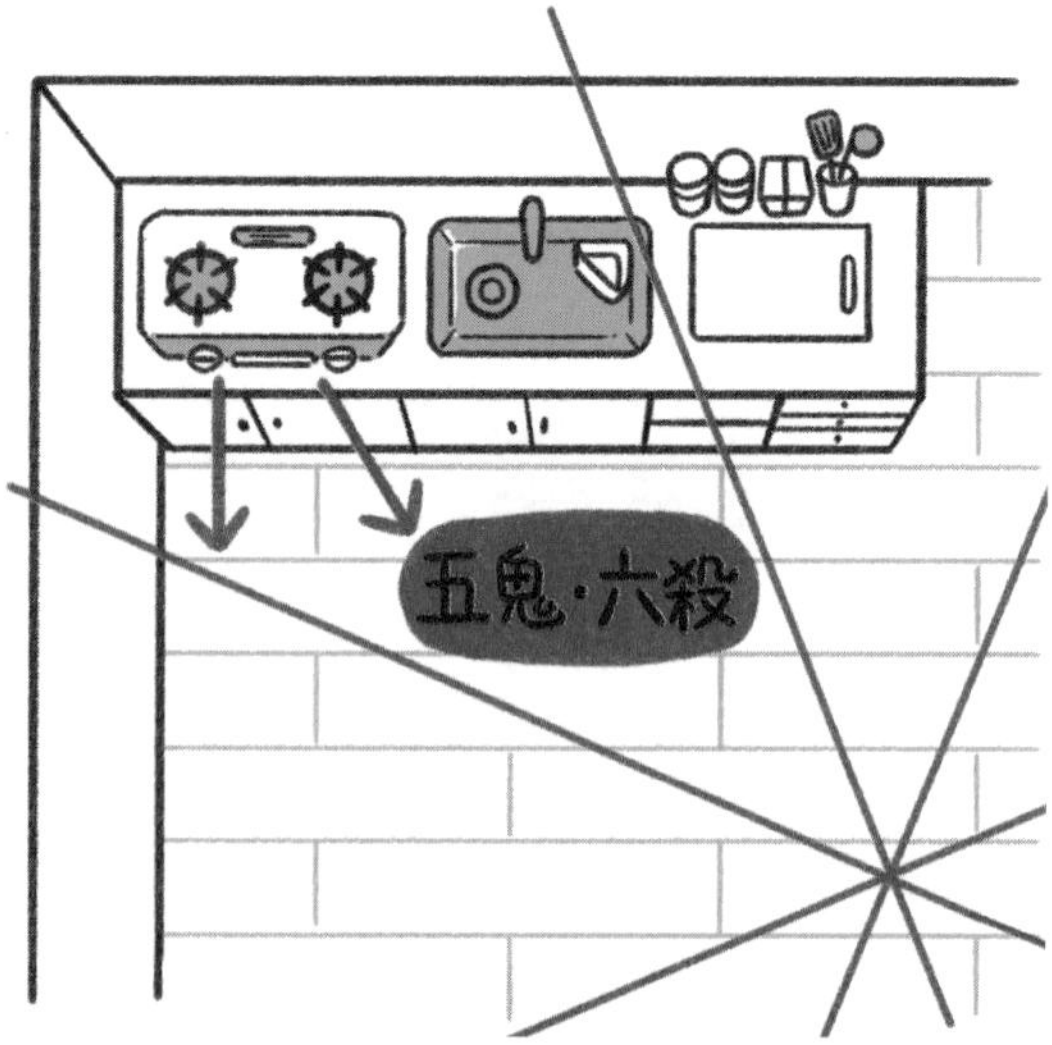

具体的には、「絶命」にあるのが最高で、健康運や財運に恵まれます。次いで、「五鬼」が良く、災難を除き、金運や不動産運が得られます。「六殺」や「禍害」も災いを遠ざけ、人間関係も円満になります。

●ガステーブルが凶方位にある

ガステーブルの位置を重視します。これは、凶のエネルギーを燃やして、それを静めてくれるためです。

●ガステーブルのつまみが吉方位向き

キッチンの中では、ガステーブルのつまみに注目します。

ガステーブル本体は凶方位に設置するのが良いですが、つまみが向く方向は使う人（あるいはその家の中心人物）の吉方位にします。

●電子レンジなどの家電を凶方位に

「ガステーブルは凶方位、コンロのつまみだけは吉方位向き」は、実際の間取りで実現するのは難しいもの。元栓の位置や配管の都合で、ガステーブルが動かせない場合は、家電を動かす方法があります。

トースターや炊飯器、電気ポットなどといった熱を使う調理器具が凶方位にあるのは吉です。

●包丁を使うたびに収納している

包丁のようなとがった部分のあるアイテムは「縁を切る」などとする迷信もありますが、中国伝統風水では「包丁＝五行では金の気」と考え、使う人や方位との相性で吉になったり凶になったりするとします。

とはいえ、人間の深層心理として包丁に対して無意識の恐怖を感じているのも事実。使ったらよく洗って乾燥させ、決まった場所に収納するのがどなたにもおすすめできる方法です。

キッチン

凶

●「生気」「天医」「延年」に位置

風水では、玄関、寝室に次いでキッチンを重要視します。

キッチンは料理を作るところですが、「野菜やお皿の汚れを洗い流す」という面もあります。そのため、キッチンは凶方位にあり、その方位の悪い作用を流し去ることができると考えるのです。

そのため、キッチンが吉方位にあるのは、良い気の作用を流し去ってしまい、非常にもったいないのです。

「生気」「天医」「延年」は本来、福を呼ぶ方位ですが、キッチンの配置では避けたいもの。「生気」のキッチンは子どもや財運に恵まれない、他人から心ない仕打ちを受けるなどの影響があります。「天医」もキッチンで使うと身体が虚弱になり、慢性的な病気で悩むことがあります。「延年」のキッチンは、結婚運・配偶者運・金運に恵まれません。

●ガステーブルが吉方位

キッチンの中では、ガステーブルの位置が重要です。ガステーブルは、凶作用を燃やし去ってくれると考えられています。

そのため、八方位のうち、「生気」「天医」「延年」「伏位」という吉方位にガステーブルがあるのは凶とします。

方位ごとの影響は次の通りです。

「生気」方位にあると、子どもに恵まれず、財運や不動産運を失う。「天医」方位だと心身が弱り、医療や薬が頼りになりません。「延年」方位も財運・恋愛・家庭運が低下。「伏位」方位は何事もスムーズに運ばず、悩みやストレスが多くなります。

●キッチンの窓から川などが見える

川や海、池などの水が家から見えるのは、豊かな自然を感じさせ、好む人も多いですが、これらがキッチンの窓から見えるのはよくありません。家庭運や恋愛運に悪影響があるとされます。

自然の川や海だけでなく、プールなどの人工の水場もあまりよくありません。

このような場合は、カーテンやブラインドをかけて川や海などを見えなくするのがいいでしょう。換気は定期的に行っても、なるべく窓は閉めたままにしておくのが理想的です。

トイレ

食事と並んで、排泄も重要
悪運と一緒に水に流しましょう

吉

●「絶命」「五鬼」「六殺」「禍害」方位

人の営みの基本は、食事で栄養を取り入れて身体を養い、不要なものを出すこと、つまり排泄です。家において出す場所といえばトイレですが、汗や老廃物を洗い流すバスルームや、食材や食器の汚れをきれいに洗い流すキッチンも同様です。

家の八方位のうち、吉方位にはものごとが発展・活性化する作用がありますが、どこにでも当てはまるわけではありません。例外の代表がトイレです。トイレは凶方位に置くと悪い作用を和らげてくれるといわれます。汚物とともに、悪い気を水で流し去ってくれると考えるのです。

日本式の風水で「トイレが鬼門にあるとよくない」と考えるのと正反対なのがおもしろいところ。「絶命」「五鬼」「六殺」「禍害」方位にトイレがあると、健康運に恵まれるとされます。

●いつも清潔で明るい

日本は靴を脱いで生活し、水洗トイレの普及率も高く、世界的に見ても室内は非常に清潔です。「開運したいならトイレを清潔に」とよくいわれますが、すでに十分なレベルでしょう。

もし、これ以上の対策を考えるとしたら、さらに明るい照明を取り入れること、換気扇があるなら1日数時間回すなどして換気を行いましょう。

●湿気取りに炭を置く

毎年のように夏は記録的な猛暑に見舞われ、ほかの季節も湿気が多い日本。マンションだと気密性が高く、トイレには湿気がこもりやすくなります。

そのため、トイレに湿気取りグッズを置くのは正解です。不快な湿気だけでなく、その場所の不浄の気を吸ってくれると考えられます。霊能者に聞いた話ですが、幽霊の出る部屋はやはり湿気が多いそうです。

ただし、湿気取りアイテムは電動タイプだと除湿パワーは強力ですが、その分場所の吉凶判断が難しくなってきます。シリカゲルや炭（木、竹）など、電気を使わない昔ながらのものなら場所を選びません。

いずれの場合も、湿気を吸い、水分がたまってきたら取り替えるなど、こまめなメンテナンスが必要です。

●浄化やお清めの塩を置く

浄化目的でトイレに塩を置くのもいいですが、固まるのが早いので、固まりにくく浄化効果も期待できるミョウバンを使うのもおすすめです。

トイレ

凶

●「生気」「天医」「延年」「伏位」方位

トイレが吉方位にあるのはよくありません。「生気」だと財運や物事の発展性、「天医」だと健康運、「延年」だと人間関係、「伏位」は安定性に問題が生じやすくなります。住居の中央付近にあるのも凶相です。

このような場合は、便座やフタのカバー、足元のマット、タオルなどで、その方位にあった色のものを取り入れて凶作用を和らげましょう。

●掃除を怠り、清潔でない

日本の家庭のトイレは世界屈指のきれいさを誇りますが、掃除を怠っていれば当然、不潔になります。

トイレが清潔でないと、住む人の運気に発展性がなくなり、チャンスを逃がしやすくなります。だからといって、アロマグッズなどで飾りすぎるのも逆効果。置くものは極力少なくし、整理整頓と清潔を心がけましょう。

●湿気がこもっている

不浄の気がこもりやすい場所なので、換気扇を活用、窓があれば開けましょう。とはいえ、換気扇を1日中回しっぱなし、窓を開けっ放しなどにする必要はありません。

湿気がこもってきたと感じたら、換気する程度で十分です。

ドアは開けると換気には有効ですが、悪い気が他の部屋に回ってしまいます。ドアは開けたら閉めるが基本です。

●ドアが寝室ドアと向き合う

トイレのドアと寝室のドアが、正面で向かい合わせになっているのは、あまりよくありません。これは、トイレのよくない気が、寝室に入ってきてしまうからです。疲れを取るために寝ているつもりで、健康問題に悪影響が出てくることがあります（P．78）。

寝室以外でも、トイレのドアと他の部屋のドアが向き合うのは凶相です。

これらに該当する場合は、パーテーションなどで遮断しましょう。トイレのドアの内側に暖簾をかける方法も有効です。

●トイレのドアとガステーブルが対冲

トイレのドアとキッチンのガステーブルが向かい合うのは凶相です。トイレのよくない気をガステーブルが吸収し、その気が燃えて料理を作ることになってしまうからです（P．74）。

こうしたところで作られた料理を食べると、健康に悪影響が出ると考えられています。

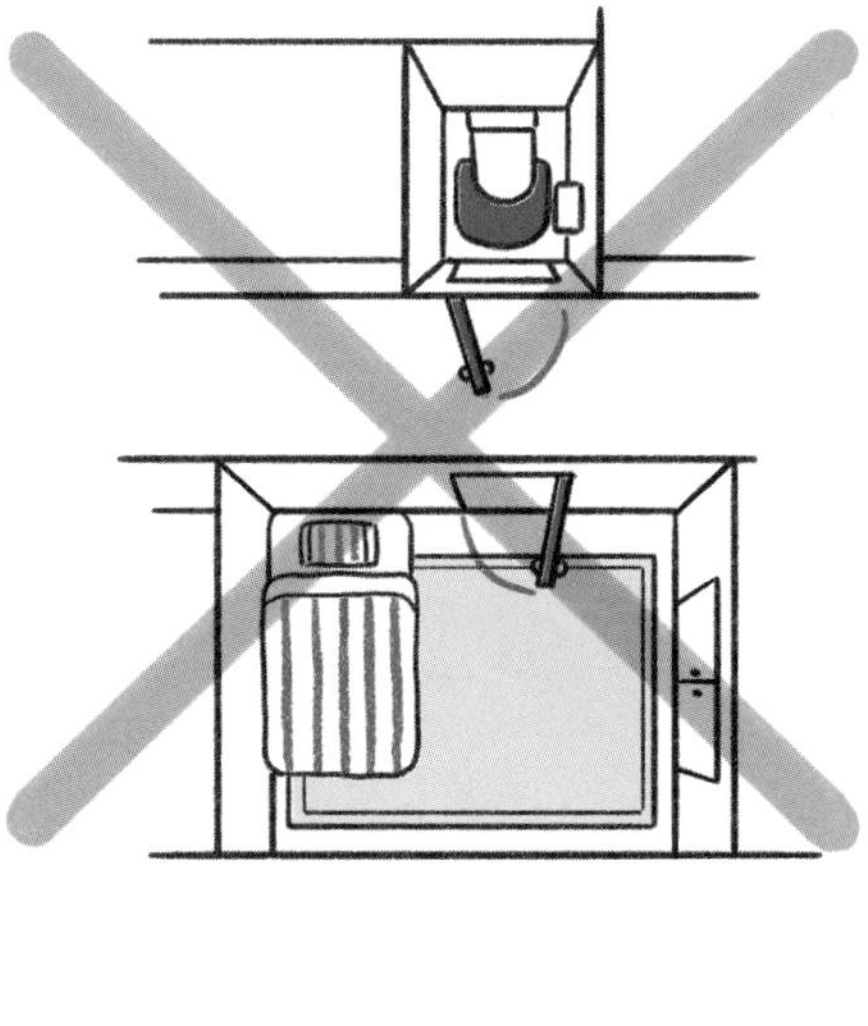

バスルーム

バスルームも住む人の運気に作用します
悪運を洗い流せる環境に整えましょう

吉

●「絶命」「五鬼」「六殺」「禍害」方位

身体の汚れを洗い流し、大量の水をためて排出するのがバスルーム。現代の風水では、身体のけがれを落とす場所として扱います。

バスルームには、これらの汚れや水と一緒によくない気を除去する働きがあるとされるため、凶方位にあるのが理想的です。

具体的には、「絶命」「五鬼」「六殺」「禍害」方

位にあると良いとされます。

もし「生気」「天医」「延年」「伏位」の方位にあるならば、その場所で水を流さず、凶方位に持って行って流すという方法もあります。かなり厳密に風水を取り入れる場合はこのような方法もありますが、一般には現実的ではありません。こまめに換気する、清潔にする、物をあまり置かないなどの対策は必須です。

●窓があり新鮮な空気が入る

窓があるのは、換気に有効です。厳密にいえば、窓の方位や大きさも吉凶を左右しますが、浴室に窓があるだけでおおむね吉相と言えるでしょう。

窓は常に開けたままにするよりは、湿気がこもったとき、数時間開ける程度でいいでしょう。空気を入れ替えます。

窓がないなら、換気扇の出番です。こちらも、一日中稼働させるよりは、必要に応じて使えば十分です。気の抜け道を作り、空気を循環させることが重要です。

●シャワーカーテンがある

トイレとバス、洗面台が一緒になった三点ユニットの場合、湯船にシャワーカーテンが設置されていることがあります。取り払ってしまう人もいますが、つけたままにしておくのが正解です。

リビングなどの他の部屋に湿気が移らないよう、必要に応じて開けたり閉めたりしましょう。カビが生えやすいのでこまめな手入れも重要。

●バスグッズは整理されている

シャンプーや石けんなどを専用のラックに置くのは良いことです。浴室の床に直接ものを置かない習慣が、開運を呼び込みます。

●脱衣所があり、全体的に明るい

浴室から出る湿気がダイレクトに漏れ出ないよう、脱衣所があるのは良い間取りです。

明るい方が良く、照明は電球色などのオレンジ色で温かみを感じさせる色だと理想的です。

バスルーム

凶

●「生気」「天医」「延年」「伏位」方位

バスルームは身体の汚れとともに、よくない気を洗い流す場所です。

「生気」「天医」「延年」「伏位」は、住む人に福を与える吉方位ですが、バスルームは例外。バスルームが吉方位にあると、良い気まで洗い流してしまうことになります。

●シャワーを止める習慣がない

髪や身体を洗っていて、必要のないときもシャワーを出したままにするのはよくありません。

こまめに止め、水を流しすぎないようにする習慣をつけましょう。

●あまり掃除をしていない

せっかく身体の汚れを落とさせても、その汚れがバスルームの中にたまっていては逆効果です。入浴が終わったら毎回掃除をして、清潔にする習慣をつけましょう。湿気もこもらないよう、換気扇やドア開けなどで対策をします。ただし、一日中開けっ放しにするよりは、必要に応じて開けたり閉めたりするのがいいでしょう。

身体の汚れが落とせれば、シャワーだけで済ませても問題ありません。ただ、清潔な湯船に浸かることで身体が温まり、心身がリフレッシュされる効果は見逃せません。

また、バスルームでは裸になることから、男女関係を示すという説があります。きれいなお風呂は良縁を呼び込むかもしれません。

●入浴後のお湯をためている

入浴後のお湯をためたままにしている、といった人もいるかもしれません。お風呂の「けがれ落とし」作用を考えると、毎回流す方がいいでしょう。防災目的で常に水をためている、といった人もいるかもしれません。

●寝室と向かい合っている

バスルームを出てすぐに寝室があるのは、あまり良い間取りではありません。それは、バスルームにたまった悪い気が寝室に入ってきてしまうからです。

そのような場合は、バスルームのドア、寝室のドアともに、いつもしっかり閉めておくようにしましょう。

子ども部屋

風水的に理想のレイアウトを作り
勉強に打ち込んで成績アップを期待！

子どもの勉強部屋は、住居全体から見て吉方位となる「生気」「天医」「延年」「伏位」の方位が理想的です。特に、「天医」は集中力が高まるため、気分が散漫になりやすい子におすすめできます。「伏位」も粘り強く学習に取り組めるようになり、成績アップが望めそうです。

家族で暮らしている場合、全員の吉方位を合わせることは困難ですが、基本的には家族の中心人物の本命卦を優先します。とはいえ、子どもを勉強に専念させたい、問題を抱えているなどの場合は、子どもの本命卦を優先するといいでしょう。

●机が勉強部屋内の吉方位

住居全体から見て勉強部屋が吉方位にあること

吉

●「生気」「天医」「延年」「伏位」方位

風水が生まれた昔の中国では、同じ住宅に住んでいても、家長と子どもたちの部屋は分けられ、自由に行き来はできませんでした。

そんな生活の中で、家族が集まるためにできたのが居間です。リビングはくつろぐ場所、子ども部屋は勉強や趣味に打ち込む場所と、目的に応じて使い分けるのが理想的です。

に加え、机を置く方位にも配慮します。
具体的には、勉強部屋内の「生気」「天医」「延年」「伏位」が吉です。

●窓を背にして座る机配置

子ども部屋に窓があるなら、窓を背にして座るのがいいでしょう。カーテンをかけ、換気などで必要なとき以外は閉めておくといいでしょう。

●部屋の左側にボリュームがある

P.179で紹介した青龍（左）と白虎（右）の関係は、子ども部屋の配置にも当てはまります。つまり、入り口に向かって左側にボリュームがあると、エネルギーの良い流れができ、そこで過ごす子どもに福を与える吉相になります。
さらに、勉強机の上でも青龍（左）と白虎（右）を意識します。子どもが椅子に座って、机の左側に本棚などの背の高いものを置くといいでしょう。

これらが風水的に最良とされる条件ですが、現実的に使いにくい、集中しにくいといったこともあるかもしれません。子ども自身の意見を尊重し、試行錯誤しながら使いやすい配置を考えましょう。

子ども部屋

凶

●「絶命」「五鬼」「六殺」「禍害」方位

子どもの勉強部屋は、住居全体から見て凶方位となる「絶命」「五鬼」「六殺」「禍害」に配置しないことをおすすめします。

これらの方位に子ども部屋があると、集中力がなくなり成績が上がらないなどの問題が出てくることがあります。

子ども部屋の中で、机の配置にも注意します。部屋の中心から「絶命」「五鬼」「六殺」「禍害」方位には机を配置しないようにしましょう。

●本棚が吉方位をふさいでいる

子ども部屋の中心から見て、吉方位に収納スペースや本棚があるのはよくありません。吉方位には、机かベッドを置きましょう。

また、子ども部屋の中にベッドと机がある場合、健康運に作用するベッドを吉方位に配置しますが、受験のある年など、特に勉強運を意識したい場合は、机を吉方位に配置します。

●机に座ると背側に入り口

子どもが机に座ったとき、真後ろに入り口ドアがあるのはよくありません。机の配置を変えましょう。

●机が窓に面している

机に座ると、正面の窓から外の景色が見えるのは、現実的に気が散りやすくなりますし、風水的にもおすすめできません。その結果、落ち着きのない子になってしまうかもしれません。

窓があれば厚手のカーテンをかけ、必要なとき以外は開けないようにするのも手です。

●両脇を大きな建物に挟まれる

子ども部屋の窓やベランダから、低い建物の背後に高い建物の頭部分がちょっとだけ見え、のぞかれているように見えるのは凶相です。子どもの成長によくない影響があることを考えて、その窓にカーテンをかけたり、家の外に風水鏡をかけ、凶意を減らします。

●部屋や机の周りが暗い

明るい部屋、明るい机は快適な環境作りに不可欠です。部屋の照明、デスクライトともに明るいものに取り替えることがおすすめです。

また、教科書や本、文具が散らかっているのもよくありません。整理整頓の習慣を教えましょう。

仕事スペース

仕事運に良い方位で効率が劇的アップ！
在宅・リモート・フリーアドレスにも有効

「天医」は頭を使う仕事に向きます。執筆やネットビジネスをしている人には最適です。

仕事には実力や実績以外に、人脈も必要です。新しい人との縁を結び、新しい仕事を得たいなら「延年」がおすすめです。

「伏位」は強い吉作用はありませんが、コツコツ取り組む仕事には良い方位です。

勤め人が職場内の吉方位で仕事ができれば最高ですが、なかなかそうもいかないでしょう。そこで、自宅の吉方位を寝室とするのが有効です。在宅勤務の際も、その方位を使いましょう。

●座る場所から東西南北の吉相を作る

部屋の中に人工的、理想的な風水地形を作り出

吉

●「生気」「天医」「延年」「伏位」方位

大人の仕事部屋も、子ども部屋で紹介した情報と同様です。「生気」「天医」「延年」「伏位」のパワーを取り入れ、仕事に打ち込める風水環境を作ります。

「生気」はビジネスを発展させる方位です。運気も活性化され、新しい仕事を得るチャンスもあるでしょう。

す「金鎖玉関《きんさんぎょくかん》」（P．50）という考え方があり、仕事運アップにも効きます。

　デスクの上に八方位を当てはめ、各方位に合った「山」と「川」を意識して、物を置きます。自分が座る椅子の位置を中心として、南東、東、北、南西の「山」は高く、南、北東、北西、西の「川」は低くします。したがって、書棚やラックなどは椅子から見て「山」方位に置くと良いでしょう。

●リモートワークでも吉方位を

　中国伝統風水は、仕事も住居も自由に選択できなかった封建主義時代に成立したものです。現代のビジネスやライフスタイルに合わない部分は柔軟に考え、楽しみながら開運理論を取り入れましょう。

　働き方改革の進んだ現代では、いいこともあります。オフィスでの自由度が増え、決まった席を設けず、毎日好きな席で仕事ができる「フリーアドレス制」や「リモートワーク」も普及してきました。

　自宅で仕事をする場合、仕事専用のスペースを設けずダイニングテーブルやちゃぶ台などで仕事をしている場合もあるでしょう。その場所が住居全体、部屋全体から見て良い方位なら問題はありません。

　本書で紹介した吉方位、吉相に合う席を自分のライフスタイル、ワークスタイルに合わせながら取り入れ、仕事に取り組んでください。

仕事スペース

凶

●「絶命」「五鬼」「六殺」「禍害」方位

住居や事務所において、凶方位にあたる方位で仕事をし、長い時間をそこで過ごすのはよくありません。

「絶命」は最大凶となり、仕事がはかどらないだけでなく、財産や事業に悪影響があるかもしれません。

「五鬼」は、精神・心理に対し、よくない作用があります。集中力が散漫となりやすく、ケアレスミスに悩まされそうです。業務として車を運転をする方などは、特に注意が必要です。

「六殺」も、仕事に対する誠意がなくなり、時間や経済の面でルーズになるかもしれません。

「禍害」は凶作用は軽度ですが、知らず知らずのうちに不調や不安感をためやすく、仕事に打ち込めません。身体面でも胃腸の調子をくずす、職場の上司に恵まれないなどのストレスもありそうです。

間取りなどの都合で、方位を変えられない場合は、パソコンやスマホをその部屋の中の吉方位の「生気」「天医」「延年」に置くと、良い作用を得ることができます。

●「財位」に家具などを置いている

外から玄関を通って、部屋の中に入ってきた金運は、部屋の隅にたまります。この場所を、「財位」と呼び、風水では重要視すると前述しました。

部屋の外から見て、入り口が中央にある場合は部屋の左奥の隅と右奥の隅、入り口が中央より右寄りにあれば部屋の左奥の隅、入り口が中央より左寄りにあれば部屋の右奥の隅が「財位」となります。これは、ドアの開く向きは関係ありません。

この場所に本棚などの家具があるのは、金運がたまる場所をふさいでしまっていることになります。30㎝角ぐらいはものを置かずに空け、いつも清潔にしておきましょう。

住居の場合で説明しましたが、店舗や事務所であれば、建物全体の出入り口を基準にして「財位」の場所を判断してください。

●机の右側にボリューム

子ども部屋コーナーで紹介した「青龍（左）と白虎（右）」（P．179）、「机と窓、机と入り口」（P．203）などの理論は、大人の仕事部屋にも有効です。

デスクに向かい、右側に仕事資料を置くクセがあるなら、左側に改める方がいいでしょう。左側にややボリュームを出すのが、風水的な理想形です。

●交差点の角やY字路の角

交差点の角やY字路の角に建物が建っていると「煎刀殺《せんとうさつ》」という刑殺になります。

住居には凶相となるため避けたいものですが、自宅と事務所を分けている自営業などの場合、ここで仕事をするのは悪くありません。

仕事運UPには吉方位活用に加え スマホやパソコン活用法も重要

吉方位で仕事するだけでなく、パソコンやスマホの位置や活用法を意識するのがおすすめ。縁を呼び込む「第二の玄関」だからです。

クリエイティブ系の仕事なら「天医」

執筆やイラスト、ハンドクラフトなどのクリエイティブ系の仕事には、ひらめきを与えてくれる「天医」がおすすめ。表現力が豊かになり、創作物が洗練されてくるでしょう。健康・学術関連の仕事にも縁のある方位です。

吉方位で通信・充電する

本命卦の「生気」に通信機器を置くと有益な情報が入り、人間関係も拡大。「天医」は、頭脳労働に最適。投資などの情報収集にも◎。「延年」はいい出会いあり。恋愛や結婚の縁もあるかも。「伏位」は安定して仕事に取り組める方位です。

メールアドレスに吉数を取り入れる

黒門風水では、「1」「6」「8」を最大のラッキーナンバーとしています。メールアドレスを作るとき、携帯電話契約で番号が選べるとき、商品名を考えるときなどに使ってみてください。「4」「9」も縁起がいい数字としておすすめしています。

ネット関連のビジネスには「生気」

オンラインで品物を仕入れ、それをショップやフリマサイト、オークションで売るなどのネットビジネスには「生気」がおすすめ。注文や問い合わせのメールがたくさん入ってくるでしょう。デスクは木製をおすすめします。

2／強化したい「運」別テクニック

【金運】

人との交流の中でお金を生み出すのが現代の金運です

金運とはお金に関する運のこと。幸せな生活を送るため、お金はたくさん持っているに越したことはありません。

占いでは金運という言葉をよく使いますが、定義は意外とあいまいです。棚ぼた的にお金を得るくじ運なども金運の1つですが、自分でお金を得る、生み出す力をつけたいところですね。

今は、時間や場所、組織にとらわれず、仕事をする人が増えました。ひと昔前までは、「月給制の会社員や主婦は金運風水の効果が出にくい」といわれていましたが、近頃は副業などで稼ぐ人も増えています。ワークスタイルが多様になった今は、人との交流によりお金を生み出す力こそ、これから求められる金運でしょう。こうした力は、生まれ持った能力によるところもありますが、方位のパワーで強化することができます。

次のページから、本命卦別の金運アップ方法を紹介しますので、ご活用ください。八方位では「生気」「天医」「延年」「伏位」を重視します。

本命卦「乾《けん》」の人の性格&金運

お金の管理に甘い面も風水パワーで金銭面を安定させよう

「乾」は、五行では「金」に属します。天、父、完全といった意味合いがあるため、本命卦「乾」の人は、正義感が強いリーダータイプとなる傾向があります。

どんな組織にいても、困った人を放っておけない性質が発揮され、「面倒見がいい人」として部下から慕われるでしょう。会社や団体などに属す場合は、リーダーとして能力を発揮しますが、組織の枠にとらわれずに活躍することもできます。起業して自分の事業を立ち上げてもうまくいくでしょう。

金運では、堅実にお金のやりくりはできますが、お金の管理がやや甘い一面も。また、高級なものを突然買ったり、大金を寄付したりなど、お金の使い方も大胆です。こうした傾向があるため、実務面を強力に補佐してくれる参謀役や、信頼できる友人や家族の助言を聞き入れるようにすると、金銭面がさらに安定します。

本命卦「乾」の人の理想の金運UP間取り

❶ ガステーブルは五鬼方位の東にあるのが理想ですが、
難しければ、炊飯器や湯沸かしポットなどの調理器を東に置きます。
それも不可能であれば、「金」性アイテムを東の方位に置きます。

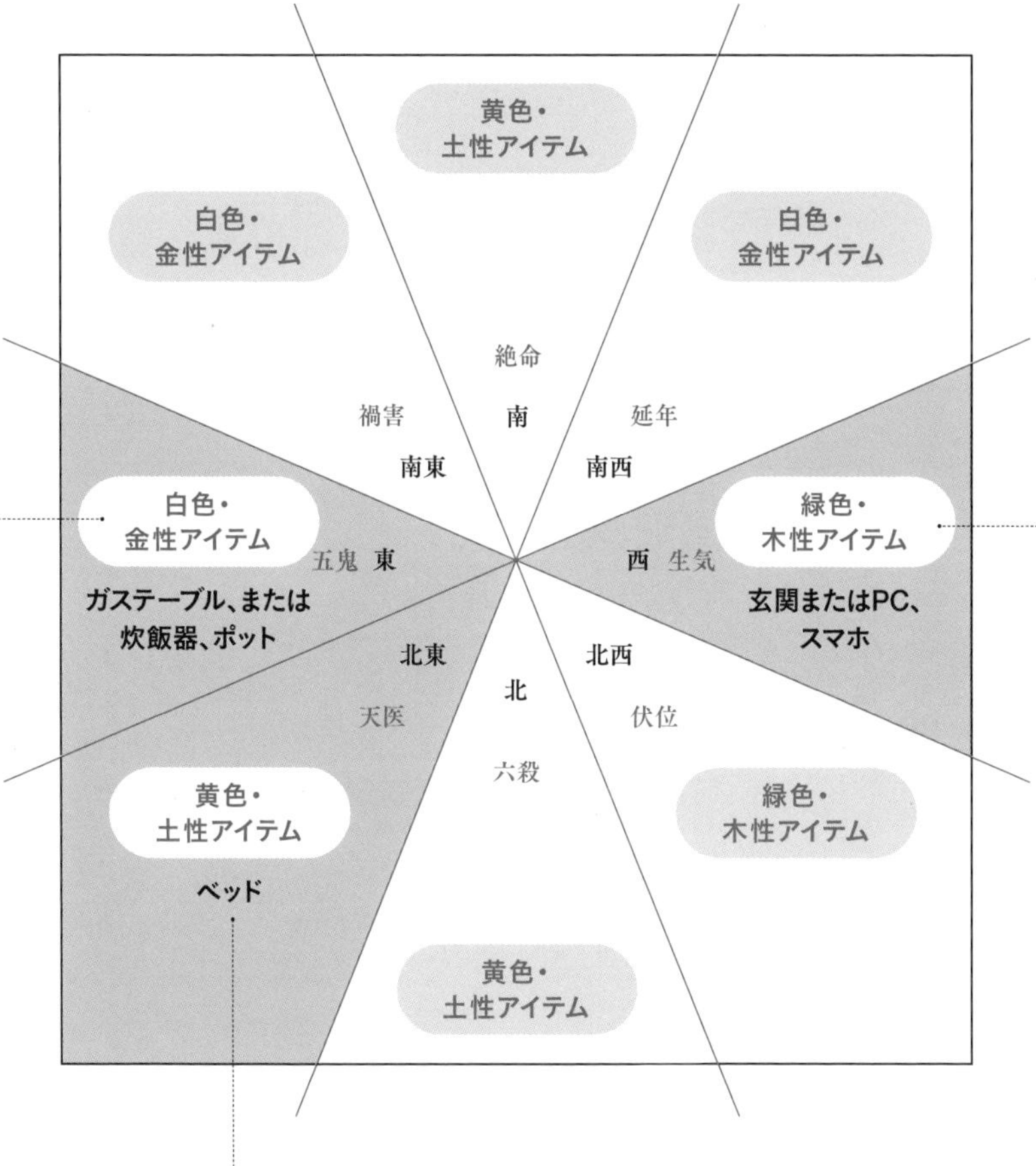

❸ 寝室は北東の天医がベストですが、
無理であれば、南西や北西に置きます。

❷ 玄関は生気の西にあるのが理想です。
西以外の玄関の場合は、パソコンや
スマホを西の方位に置きます。

本命卦「兌《だ》」の人の性格&金運

お金には縁のある人生 浪費や散財のクセを 風水でコントロール

「兌」は、五行では「金」に属します。少女、喜（悦）び、飲食といった意味合いがあるため、本命卦「兌」の人は、金のイメージ通り、キラキラ輝くような愛嬌があり、多くの人に好かれる性格です。

人生においては常に夢とロマンを追求し、いくつになっても若々しい印象を与えることでしょう。

五行では「金」性のため、金運はしっかり持って生まれています。日々の暮らしや仕事を楽しみながら新しいことを考えることができるため、儲かるビジネスアイデアや思いがけない臨時収入にも縁があります。ただ、「散財しながら喜ぶ」という性質があるため、貯蓄や蓄財は苦手な傾向の人が少なくありません。

欲しいものを次々に買うなどの浪費癖もあり、注意が必要です。家計簿をつけ、収支を確実に把握しながら計画的にやりくりできるようになると、金運が安定します。

本命卦「兌」の人の理想の金運UP間取り

1. ガステーブルは五鬼方位である、南にあるのが理想ですが、難しければ、炊飯器、湯沸かしポットなどの調理器を南に置きます。それも不可能であれば、「土」性アイテムを南の方位に置きます。

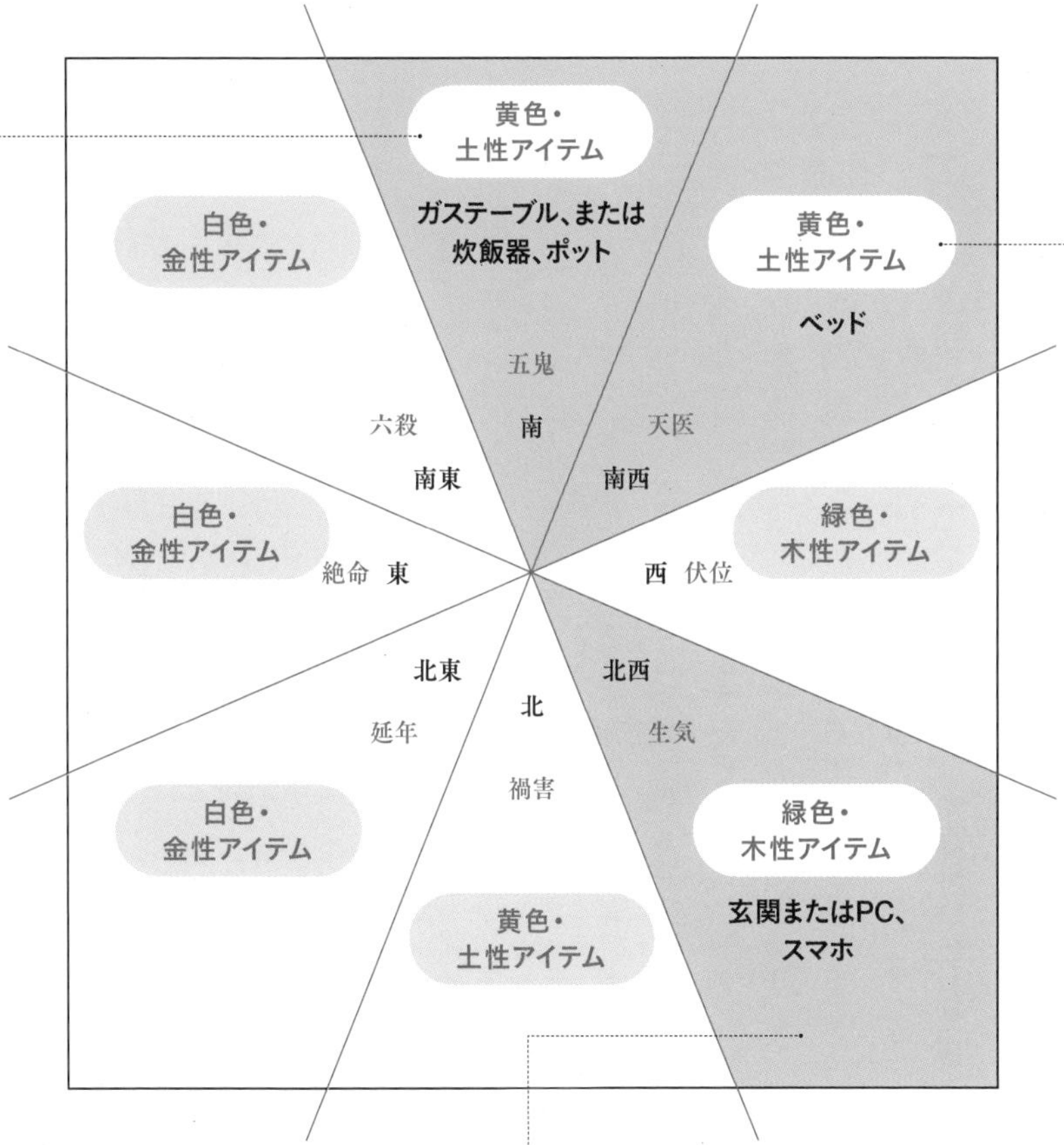

3. 玄関は生気方位の北西にあるのが理想。北西になければパソコンやスマホを北西の方位に置きます。

2. 寝室は、南西の天医方位がベストですが、無理であれば、北東、または西に置きます。

本命卦「離《り》」の人の性格&金運

時代を先取りする力と抜群のセンスを風水パワーで後押し

「離」は、五行では「火」に属します。太陽、輝く、感情といった意味合いがあるため、本命卦「離」の人は、華やかなオーラと存在感を放つ魅力的な人です。

イメージは火そのもので、どこにいてもパッと人目を引き、人気者になります。そのため、接客や営業などの職は適任といえそうです。その他、センスを発揮できるファッション業界にも縁があります。

金運面では、流行りものが大好きなため、浪費には要注意です。コツコツと貯蓄や増収に取り組むとなると面倒に感じ、すぐに飽きてしまいます。長期的な計画を立てるのが得意なビジネスパートナーや身内など、味方がいるといいでしょう。

頭の回転は速いですが、その分、衝動買いをして後悔することもありそうです。ただし、時代を先読みする能力を活かし、デイトレードなどで、短期的な利益を狙うことは得意なはずです。

本命卦「離」の人の理想の金運UP間取り

❶ 寝室は、南東の天医方位がベストですが、
無理であれば、北、または南に置きます。

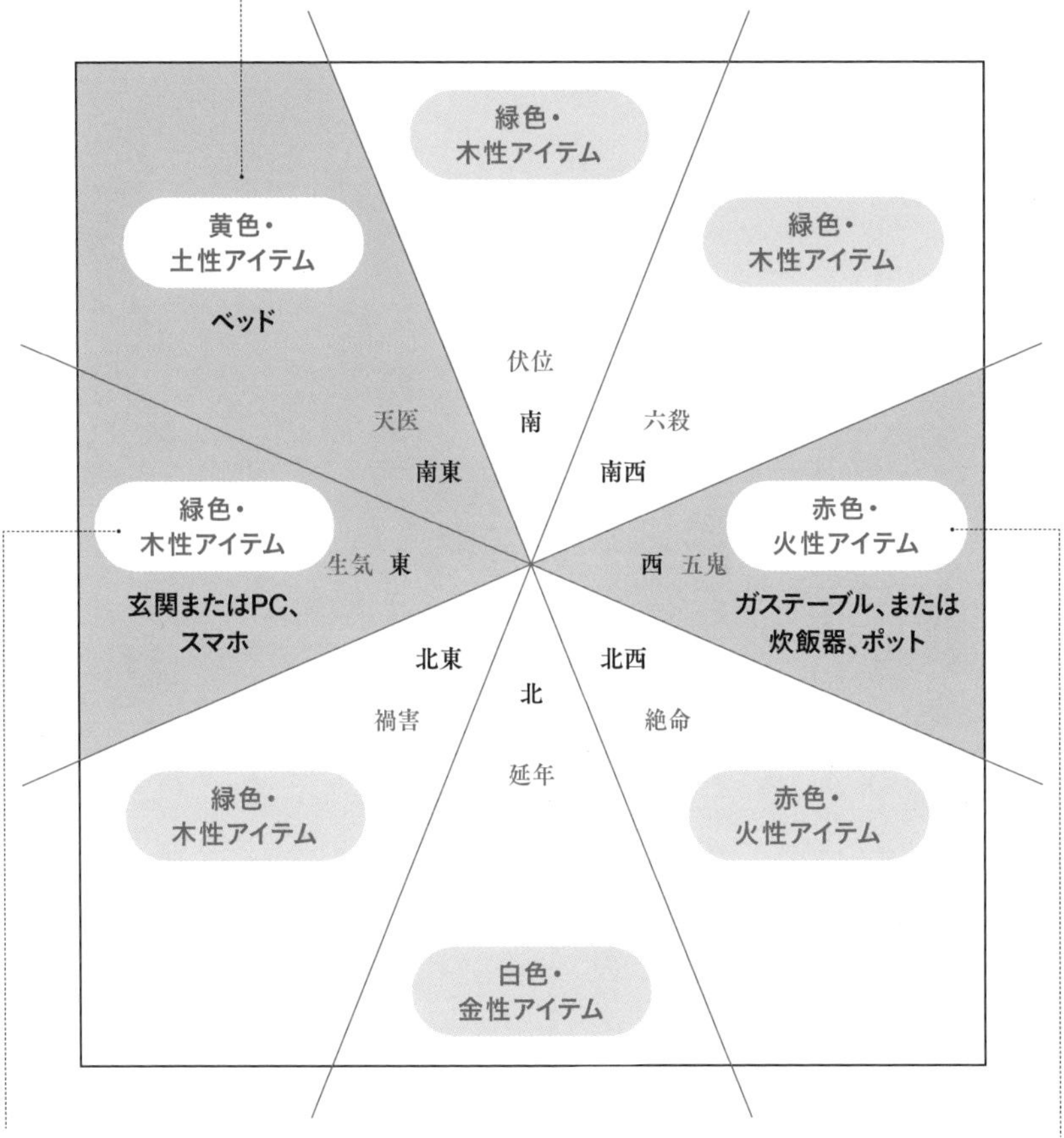

❸ 玄関は生気方位の東に
あるのが理想。東の玄関でなければ
パソコンやスマホを
東の方位に置きます。

❷ ガステーブルは五鬼方位である、西にあるのが理想。
難しければ、炊飯器や湯沸かしポットなどの
調理器を西に置きます。それも不可能であれば、
「火」性アイテムを西の方位に置きます。

本命卦「震《しん》」の人の性格&金運

稼ぐのも使うのも大胆
金運風水を取り入れて
もっとやりくり上手に

「震」は、五行では「木」に属します。若者、春、進むといった前向きな強いエネルギーのイメージです。

本命卦「震」の人は大きな声でハキハキと話し、自分の意見を表明することができます。その結果、周囲に若々しく明るい印象を与え、多くの人に好かれるでしょう。社交性もあり、多くの人との交流の機会を得て、お金を稼ぐ話がやってくるでしょう。同年代の友人だけでなく、目上の人との関係を大切にするのがポイントです。

仕事では、音楽、通信、森林などの業界と縁があります。

金銭面を見ると、貯める・使うの落差が大きくなりそうです。お金を貯めることはできるのですが、かなりダイナミックに使ってしまうこともあります。交際費は惜しまず使い、人脈や趣味を持っておくことは後々の金運の種となりますが、過度の浪費癖は改めたいもの。風水を取り入れ、堅実なやりくりを目指しましょう。

本命卦「震」の人の理想の金運UP間取り

❶ 玄関は生気方位の南にあるのが理想。
南の玄関でなければパソコンやスマホを南の方位に置きます。

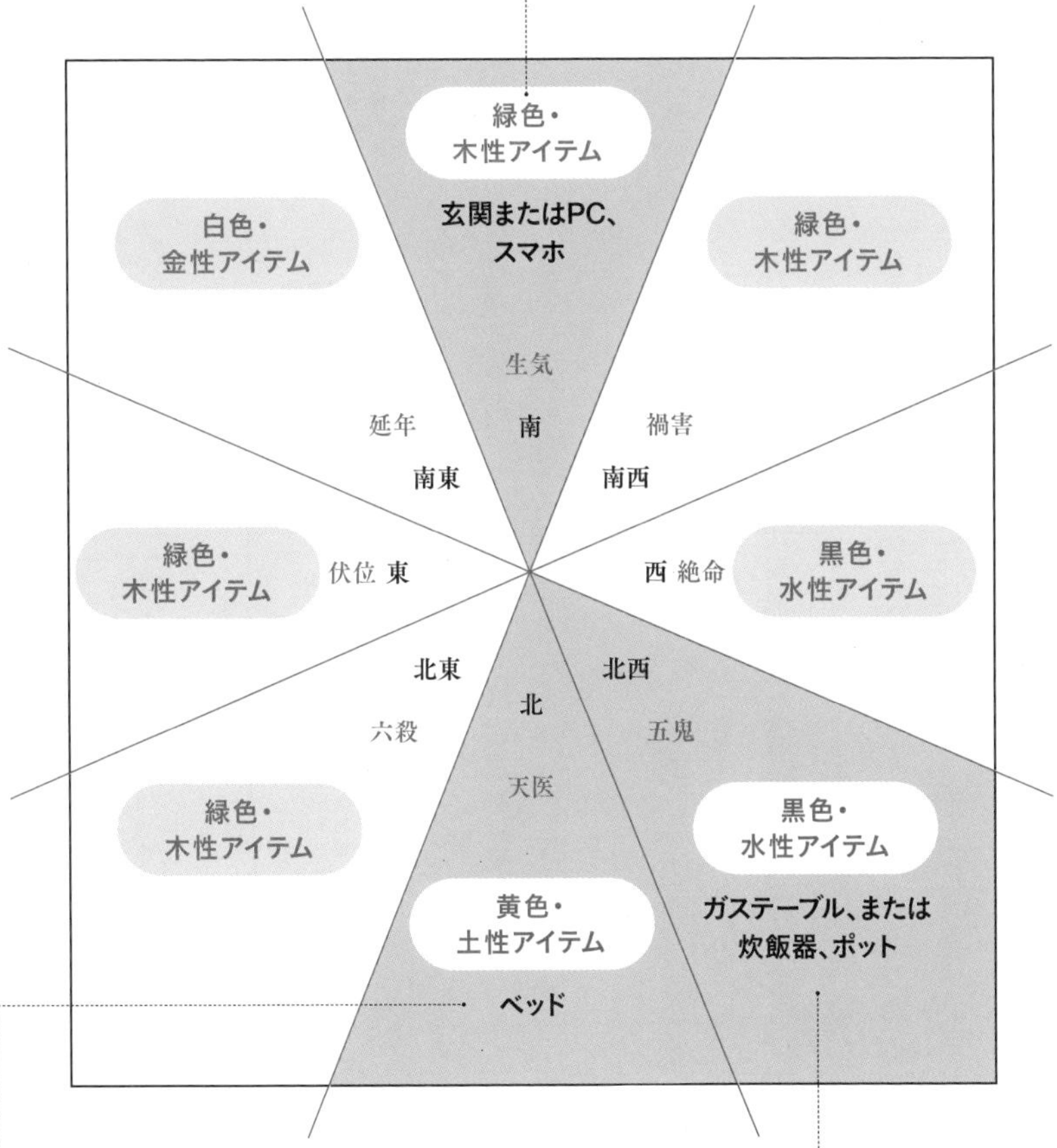

❸ 寝室は、北の天医方位がベストですが、無理であれば、東、または南東に置きます。

❷ ガステーブルは五鬼方位である、北西にあるのが理想ですが、難しければ、炊飯器や湯沸かしポットなどの調理器を北西に置きます。それも不可能であれば、「水」性アイテムを北西の方位に置きます。

本命卦「巽《そん》」の人の性格&金運

良からぬ人たちに利用され財産を失わないよう風水パワーでガード

「巽」は、五行では「木」に属します。風、整（調）う、交渉といった意味合いがあるため、本命卦「巽」の人は、控えめながらさまざまな物事を段取り良く調整する能力があります。

穏やかな人柄で、人を包み込むような包容力があり、「癒やし系」のイメージです。

仕事では、自分が主となって活動・活躍するよりも、補佐役として能力を発揮する人です。自分から手柄や業績をアピールすることは少ないですが、堅実な仕事ぶりには信頼感があり、良い評価を得るでしょう。コーディネートやアシスタント的な業務などに適性を発揮します。

金銭面では、やや優柔不断な面があり、トラブルのきっかけとなることがあります。また、平和主義で優しい性格を利用しようと、良からぬ人たちが寄ってくることがあるかもしれません。スキを見せないよう、時には「NO」を言えるようになりましょう。

本命卦「巽」の人の理想の金運UP間取り

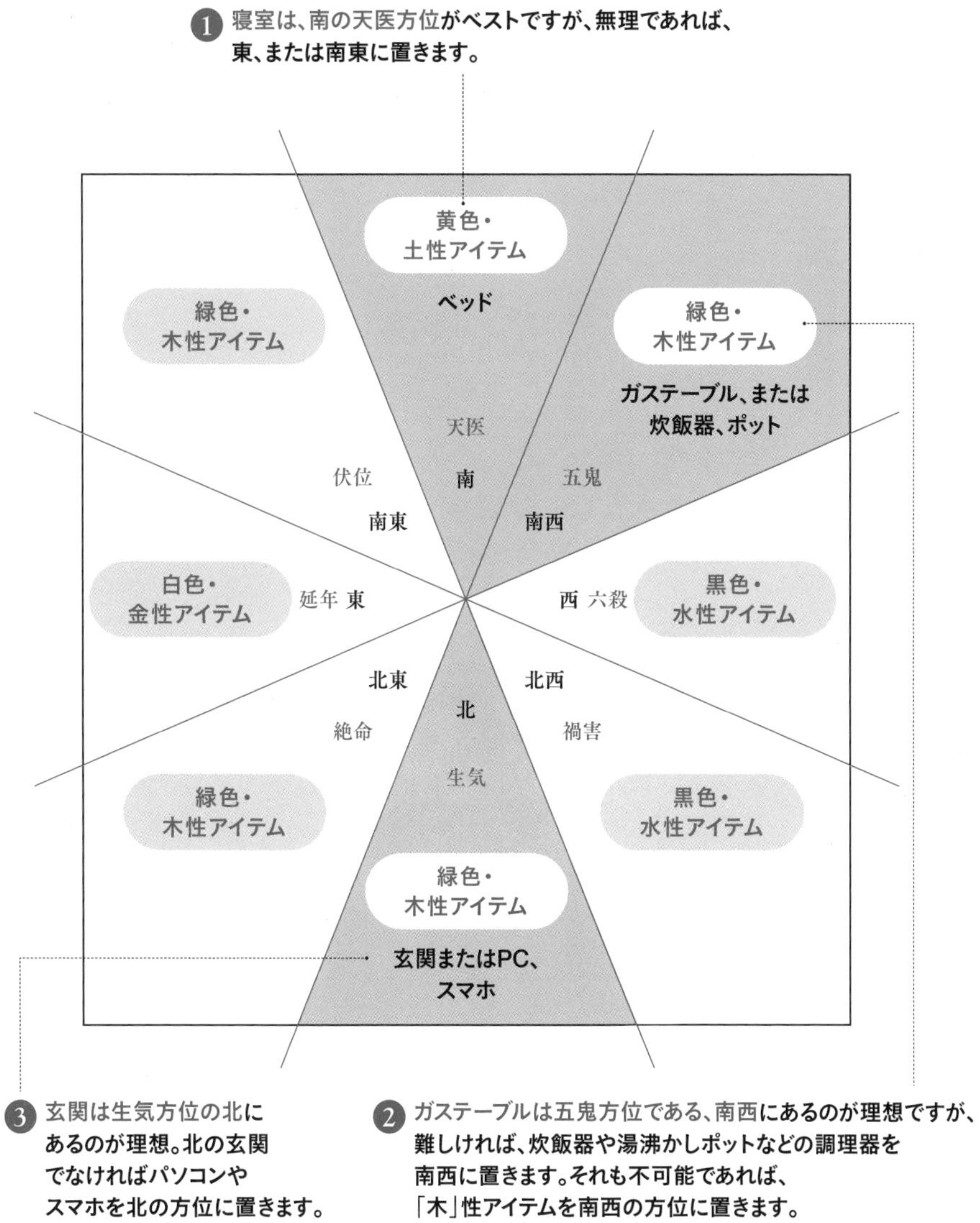
❶ 寝室は、南の天医方位がベストですが、無理であれば、
東、または南東に置きます。
黄色・
土性アイテム
ベッド
緑色・
木性アイテム
緑色・
木性アイテム
ガステーブル、または
炊飯器、ポット
天医
伏位
南
五鬼
南東
南西
白色・
金性アイテム
延年 東
西 六殺
黒色・
水性アイテム
北東
北西
北
絶命
禍害
生気
緑色・
木性アイテム
黒色・
水性アイテム
緑色・
木性アイテム
玄関またはPC、
スマホ
❸ 玄関は生気方位の北に
あるのが理想。北の玄関
でなければパソコンや
スマホを北の方位に置きます。
❷ ガステーブルは五鬼方位である、南西にあるのが理想ですが、
難しければ、炊飯器や湯沸かしポットなどの調理器を
南西に置きます。それも不可能であれば、
「木」性アイテムを南西の方位に置きます。

本命卦「坎《かん》」の人の性格&金運

風水を取り入れて ストレスをためないよう 楽しい貯蓄ライフを

「坎」は、五行では「水」に属します。苦しむ、悩むといった意味合いがあるため、本命卦「坎」の人は、人当たりが良いように見えながらも、内面に悩みを抱えがちとなることがあります。

ただ、こうした深い思考や洞察力を活かせば、著述業など、活躍の場は少なくありません。また、流れる水のように対応を変えられる柔軟さも持ち味です。この性質を活かせば、セールスパーソンや外交員などとしても活躍できるでしょう。

性格は控えめながら、内心ではキャリア志向がしっかりあります。組織では、与えられた仕事を着々とこなしているうちに実力者に認められ、収入が上がることもあるでしょう。正当に評価をしてくれる人がいることが、成功のカギです。

金銭の面では、無駄遣いとは無縁のため、堅実にお金を貯めることができそうです。金運風水を取り入れて、楽しく貯蓄を続けましょう。

本命卦「坎」の人の理想の金運UP間取り

❶ 玄関は生気方位の南東にあるのが理想。
南東の玄関でなければパソコンやスマホを南東の方位に置きます。

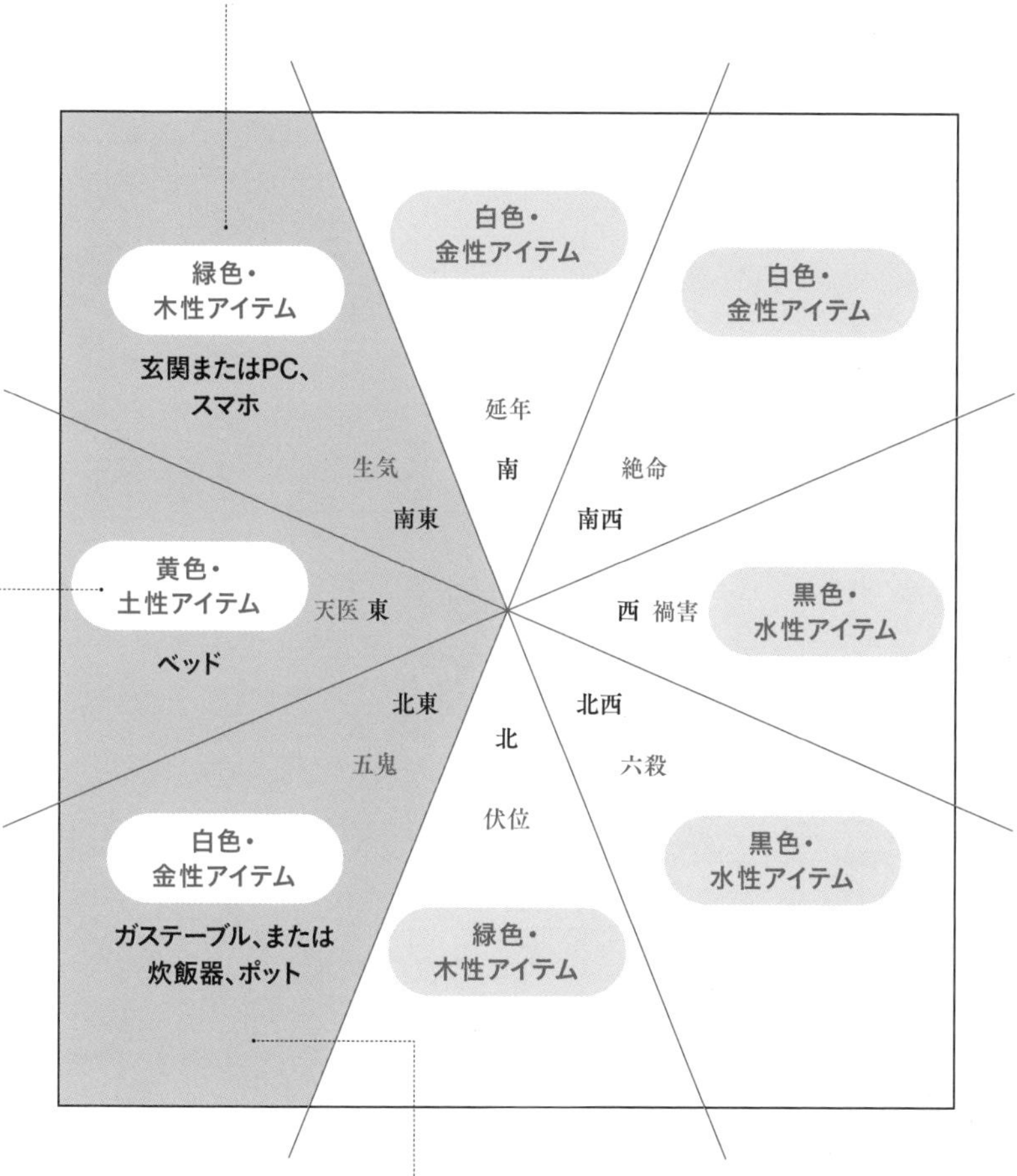

❸ 寝室は、東の天医方位が
ベストですが、無理であれば、
北、または南に置きます。

❷ ガステーブルは五鬼方位である、北東にあるのが理想ですが、
難しければ、炊飯器や湯沸かしポットなどの調理器を
北東に置きます。それも不可能であれば、
「金」性アイテムを北東の方位に置きます。

本命卦「艮《ごん》」の人の性格&金運

コツコツ貯めて財を築くのが「艮」の人チャンスにはしっかり行動を

「艮」は、五行では「土」に属します。山、停止といった意味合いがあるため、本命卦「艮」の人は、どっしりと腰が据わった印象。自分の意志や態度をなかなか曲げず、頑固さが出がちです。

ただ、流行や世間の流れに惑わされることなく進んでいるうちに、その道の第一人者になるような人も少なくなりません。

こうした粘り強さは、金銭・貯蓄の運にも活きてきます。リスクのある投資ではなく、着実にお金を貯め、いつの間にか財を成しているのもこのタイプに多いのです。

家庭では、主婦・主夫として収支のやりくりをしっかり行い、家庭の運営も得意です。地味好みで堅実な性格は勤め人には良い性質ですが、いざチャンスが巡ってきたときは、速やかに行動を起こすことも大事です。転職や独立などの転機には、信頼できる人の意見にも耳を傾けましょう。

本命卦「艮」の人の理想の金運UP間取り

❶ 玄関は生気方位の南西にあるのが理想。
南西の玄関でなければパソコンやスマホを南西の方位に置きます。

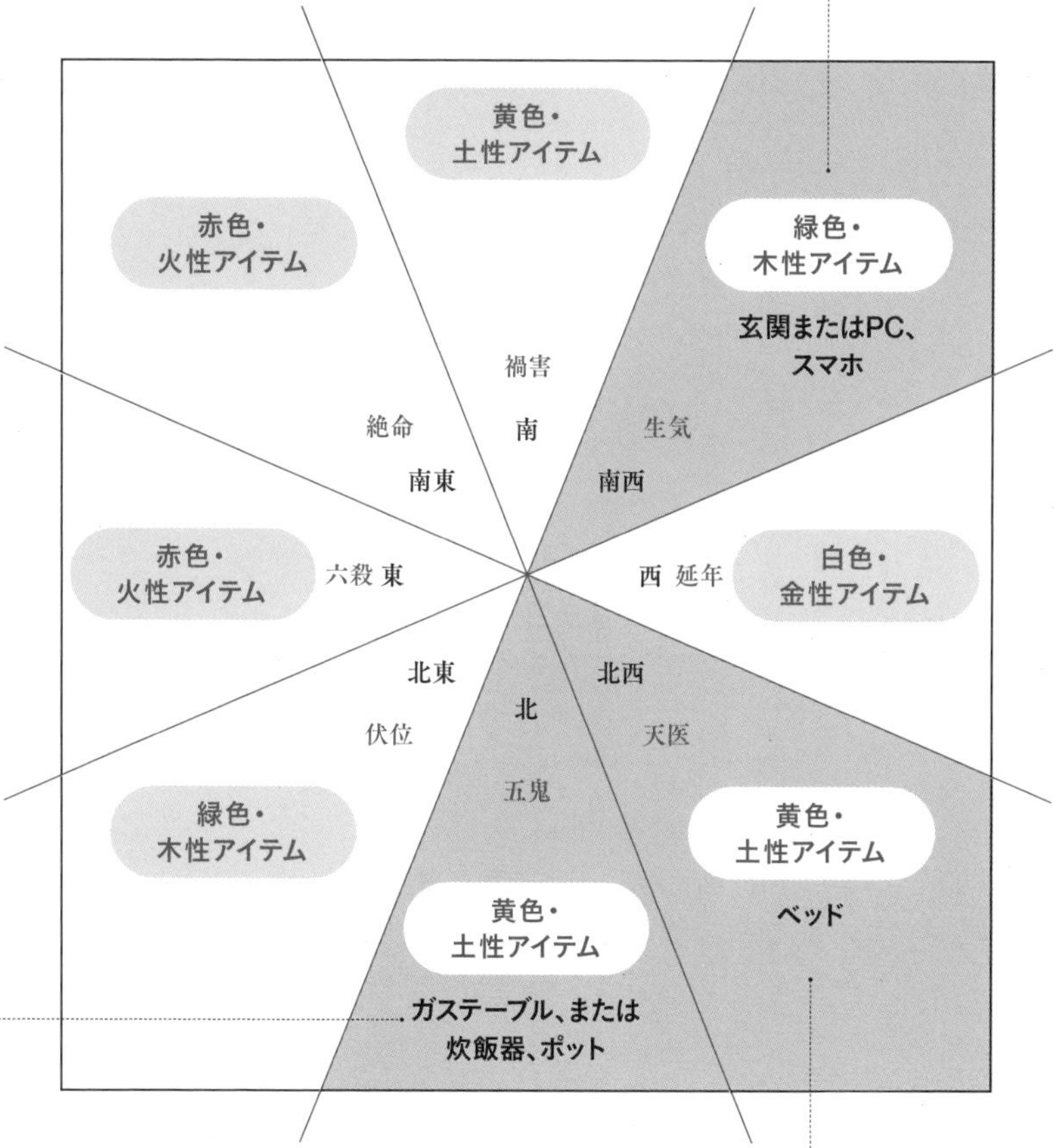

❷ ガステーブルは五鬼方位である、北にあるのが理想ですが、
難しければ、炊飯器や湯沸かしポットなどの調理器を
北に置きます。それも不可能であれば、
「土」性アイテムを北の方位に置きます。

❸ 寝室は、北西の天医方位が
ベストですが、無理であれば、
北東、または西に置きます。

本命卦「坤《こん》」の人の性格&金運

地道に財産を築くのが上手
風水環境を良くすれば
金運もさらにアップする

「坤」は、五行では「土」に属します。母、大地、温厚といった意味合いがあるため、本命卦「坤」の人は、物静かで口数は少ないのですが、誰にでも親切にできる人です。

どんな職場で、どんな仕事を与えられても粘り強く続け、目標に向かってコツコツと努力を続けます。特に、デスクワークや裏方の仕事であれば、誰にも負けない底力を発揮します。そのため、周囲からの信頼もあり、組織の中で不動の地位を得ることでしょう。

こうした性質から、金運にも一獲千金のような派手さはありませんが、地道に財産を築いていく能力はあります。ただ、なんの目標もなくためるよりも、「マイホームを建てる」「海外旅行」など、現実的な目標がある方がやる気が出て長続きします。オンライン上のショップやフリマサイトなど、小さな収入を積み上げるようなことに縁があります。副業で取り組んでも良いでしょう。

本命卦「坤」の人の理想の金運UP間取り

❶ ガステーブルは五鬼方位である、南東にあるのが理想ですが、
難しければ、炊飯器や湯沸かしポットなどの調理器を南東に置きます。
それも不可能であれば、「火」性アイテムを南東の方位に置きます。

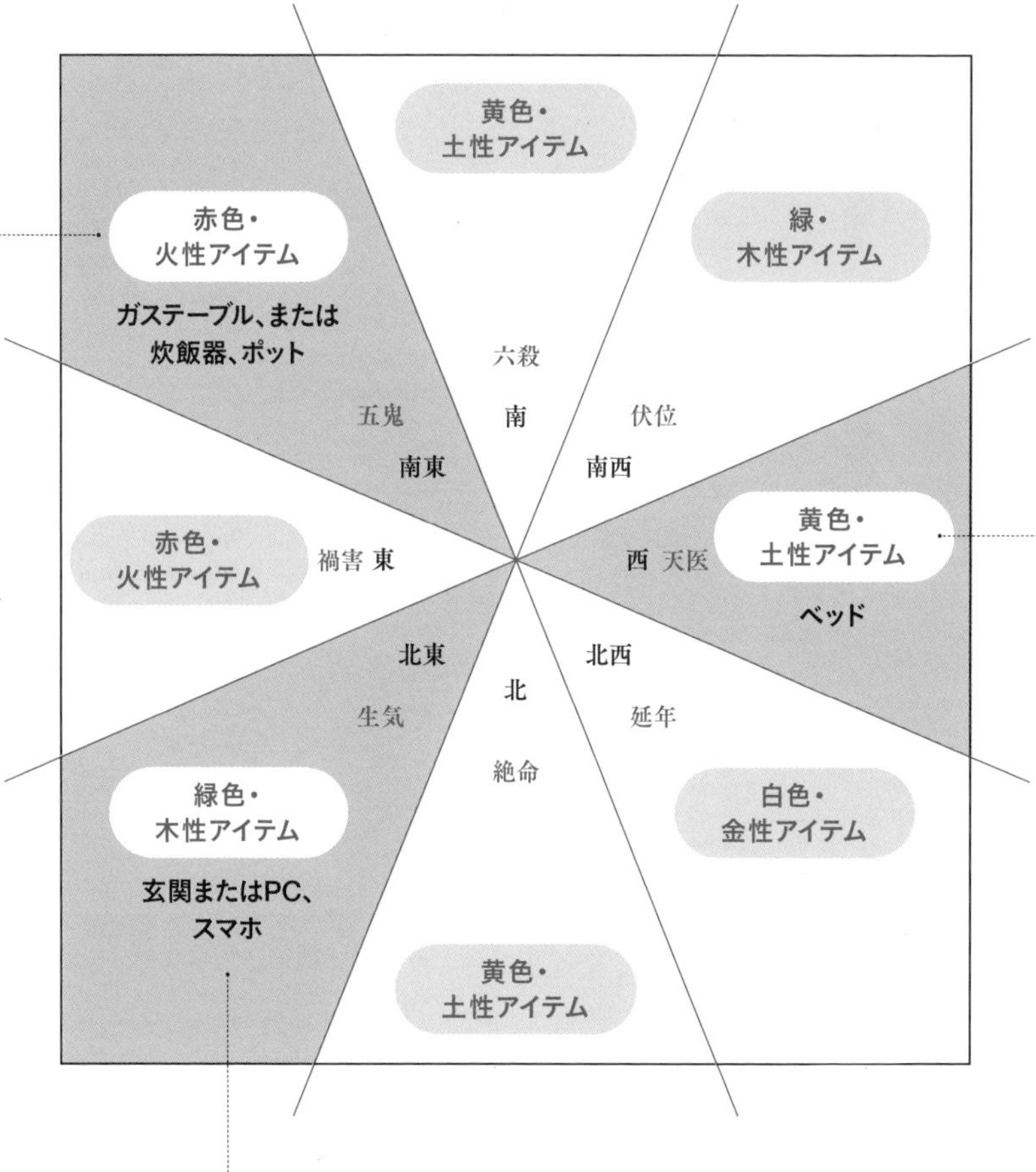

❸ 玄関は生気方位の北東にあるのが理想。
北東の玄関でなければパソコンやスマホを
北東の方位に置きます。

❷ 寝室は、西の天医方位がベストですが、
無理であれば、南西、または北西に
置きます。

3

強化したい「運」別テクニック

【健康運】

何より大事な健康運
長い時間を過ごす
寝室の環境整備がカギ

人の願望には限りがありませんが、土台に健康があってこそ。これらの欲望のために無理を続け、健康を害しては元も子もありません。

そんな健康運に大きく影響するのが、寝室です。1日の4分の1前後もの長い時間を過ごす場所だけに、運勢に大きく関わってきます。**寝室は、自分の本命卦から見て吉方位にあるのが理想的**です。吉方位のなかでも、「天の医療が施される」という意味の「天医」が最高です。特に健康に関して改善したいときは、この方位で寝れば、効果を感じられるでしょう。

それから、バスルームも重要です。身体の汚れを落としながら、良くない運を洗い流せると考えるため、**バスルームは凶方位にあるのが健康運の面から最高**です。この考え方は、**トイレなどの水回りにも当てはまります**。

「**ベッドは吉方位、水回りは凶方位**」**の法則**で、将来の幸せのための投資として、健康維持のための風水環境を整えましょう。

本命卦「乾《けん》」の人の理想の健康運UP間取り

本命卦「乾」の人は、リーダー的な地位で活躍できます。完璧主義な一面もあるため、自宅ではしっかり休んで、張り詰めた精神を休めることが健康維持のカギとなります。

健康運を考えるうえで重要な寝室は、「天医」の北東にしましょう。毎日、仕事にプライベートにと、元気に過ごせるエネルギーが湧いてきます。この方位が使えない場合は、南西の「延年」、北西の「伏位」でも良いでしょう。南西は夫婦仲を良くするのにも効きます。

キッチンも健康運に対して影響力があります。ガステーブルは「絶命」方位の南が理想です。難しい場合は、炊飯器や湯沸かしポットなどの調理器を南に置きます。これらがすべてできない場合は、「土」性アイテムを南の方位に置きます。

❶ 寝室は天医の北東がベスト。

❷ ガステーブルは絶命の南が理想。バスルームも同じ南が◎。

❸ トイレは五鬼の東が望ましいですが、そうでない場合は金性アイテムを東に置きます。

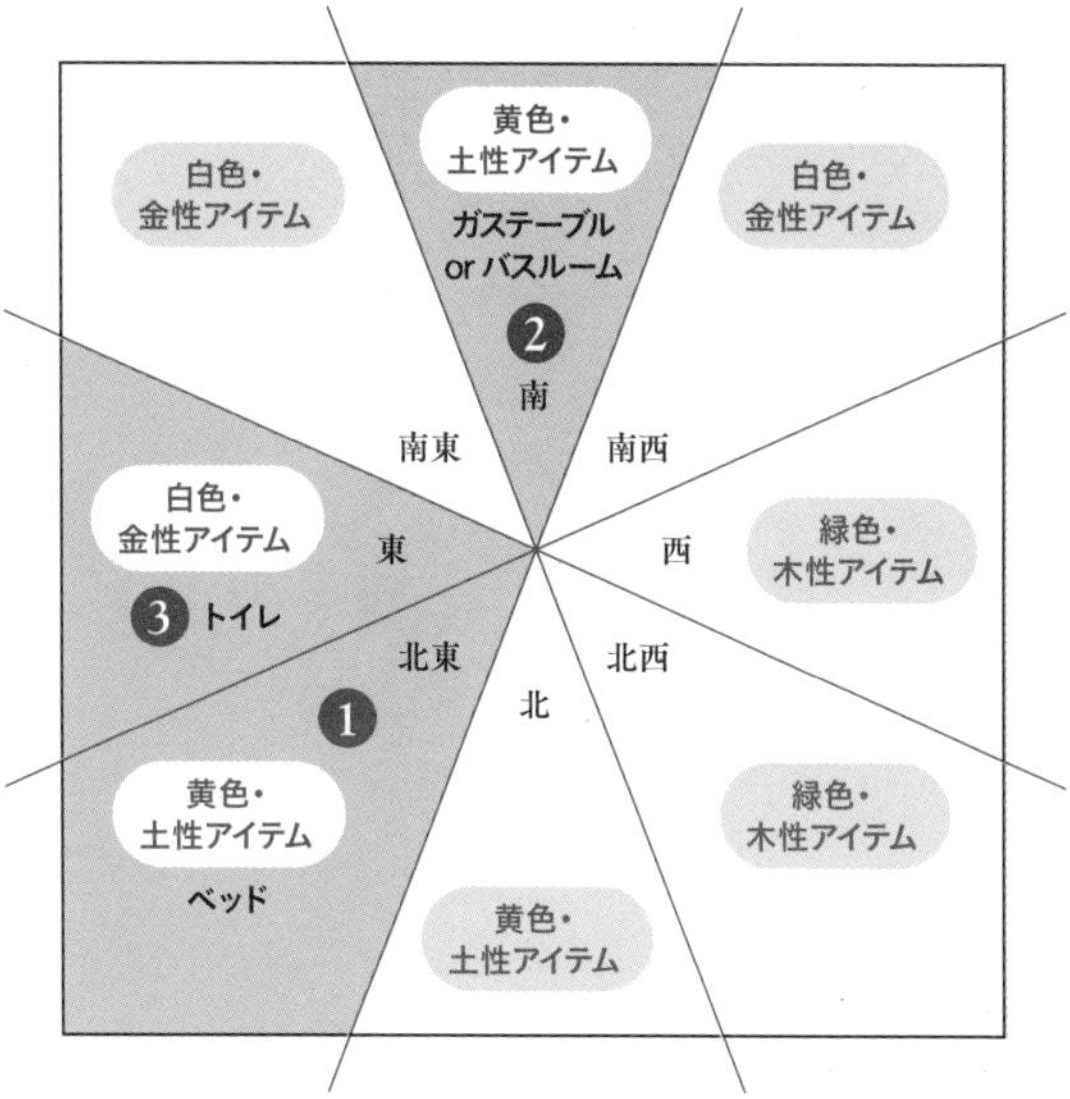

※八遊星の位置はP.213と同じです。

本命卦「兌《だ》」の人の理想の健康運UP間取り

本命卦「兌」の人は、「食べ過ぎて体を壊す」といった暗示もあります。暴飲暴食を慎み、健康に過ごせるように整えましょう。

理想的な間取りは、寝室がポイントです。本命卦「兌」の場合は、南西の「天医」方位がベストです。この方位が無理であれば、北東の「延年」、または西の「伏位」にあるのもラッキーです。家族の仲、夫婦の仲を良好にしたいなら「延年」に。

ガステーブルの位置も健康運を左右します。健康運を上げるには「絶命」方位である東にあるのが理想です。もしこの方位が使えなければ、炊飯器や湯沸かしポットなどの調理器を東に置きます。これらが不可能でも、色のパワーで解決できます。具体的には、「金」性アイテムを東の方位に置くと良いです。

1 寝室は天医の南西がベスト。

2 ガステーブルは絶命の東が理想。バスルームも同じ東が◎。

3 トイレは五鬼の南が望ましいですが、そうでない場合は土性アイテムを南に置きます。

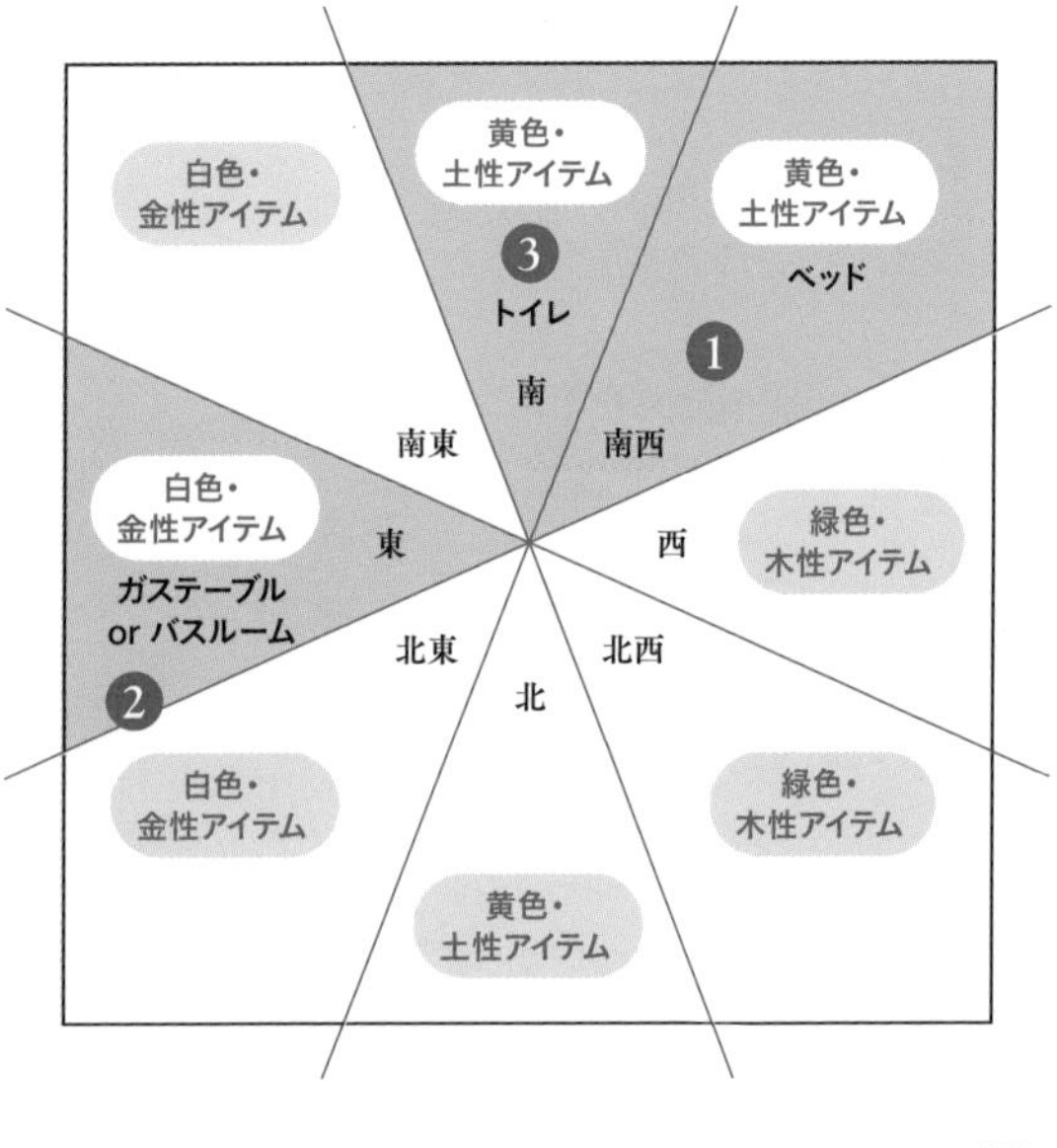

※八遊星の位置はP.215と同じです。

本命卦「離《り》」の人の 理想の健康運UP間取り

本命卦「離」の人は、抜群のセンスが認められ、社会で活躍します。ただし、そのセンスはデリケートな神経に裏打ちされたものです。「離」には頭痛や神経症などといった意味合いもあります。

こうしたことを踏まえ、「離」の人の理想の間取りは、寝室は南東の「天医」方位がベストとなります。次いで、北の「延年」、南の「伏位」が吉方位となります。

ガステーブルの置き位置にも注目します。「絶命」方位である北西にあるのが理想ですが、そうでなければ、炊飯器や湯沸かしポットなどの調理器を北西に置きます。これらすべてが不可能であれば、「火」にまつわるアイテムを北西の方位に置きます。火が燃える動画をその方位で見るなどでも効果があります。

1 **寝室は天医の南東がベスト。**

2 **ガステーブルは絶命の北西が理想。バスルームも同じ北西が◎。**

3 **トイレは五鬼の西が望ましいですが、そうでない場合は火性アイテムを西に置きます。**

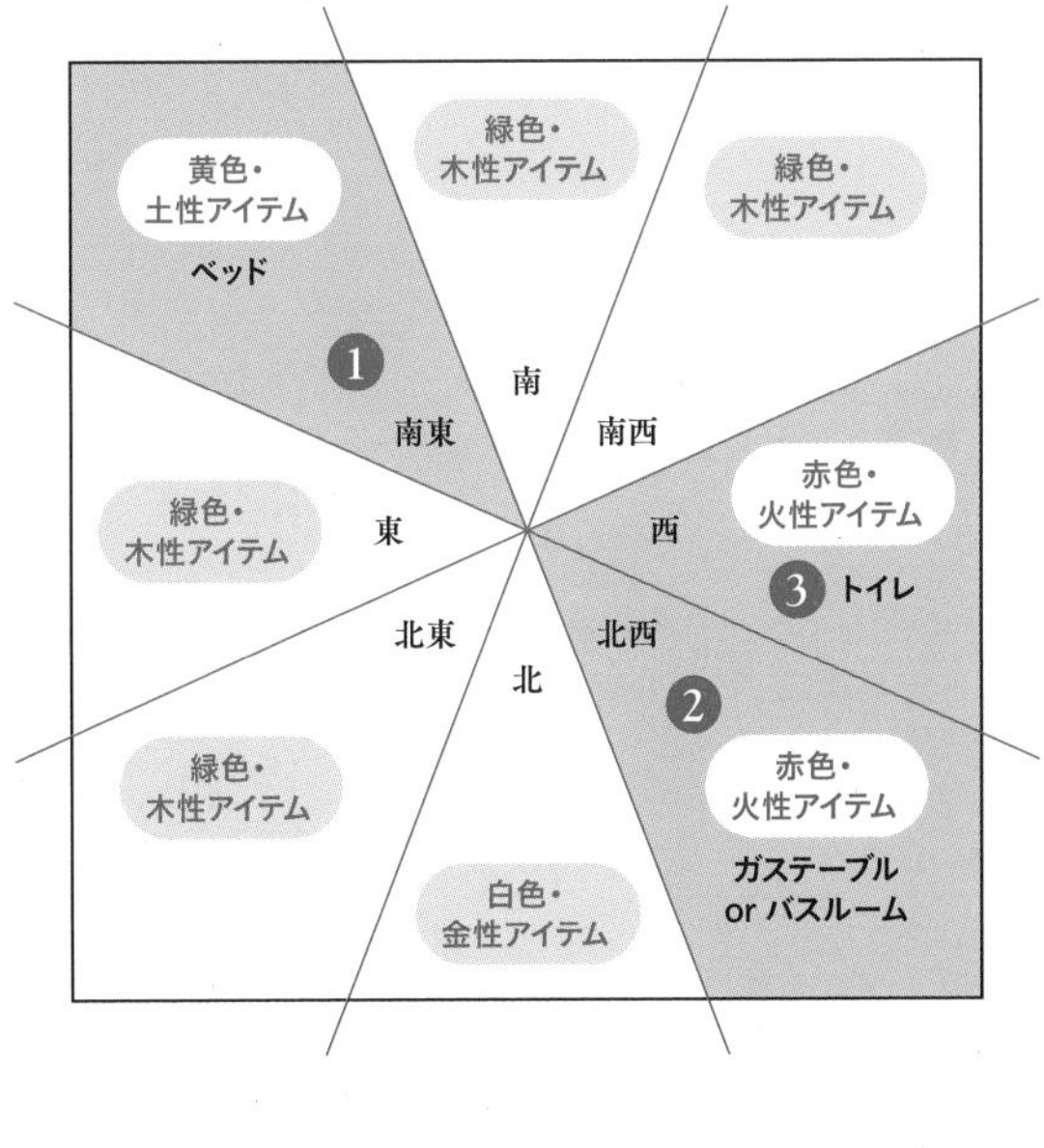

※八遊星の位置はP.217と同じです。

本命卦「震《しん》」の人の理想の健康運UP間取り

本命卦「震」の人は明るく爽やかで、社会で活躍できる素質があります。一見、若々しく健康そうに見えるのですが、「震」には肝臓、神経痛などの意味があります。普段から健康維持を心がけましょう。

健康運第一とする場合、理想の間取りは、寝室が北の「天医」方位にあることです。部屋の都合でできないようであれば、東の「伏位」、または南東の「延年」も吉となります。

ガステーブルの位置は、「絶命」方位である西にあるのが理想です。この配置ができないなら、炊飯器や湯沸かしポットなどの調理器を西に置く方法でも効果が期待できます。これらのどれも不可能であれば、「水」性アイテムを西の方位に置きます。海や川の写真やポスターなどが使えます。

1. 寝室は天医の北がベスト。
2. ガステーブルは絶命の西が理想。バスルームも同じ西が◎。
3. トイレは五鬼の北西が望ましいですが、そうでない場合は水性アイテムを北西に置きます。

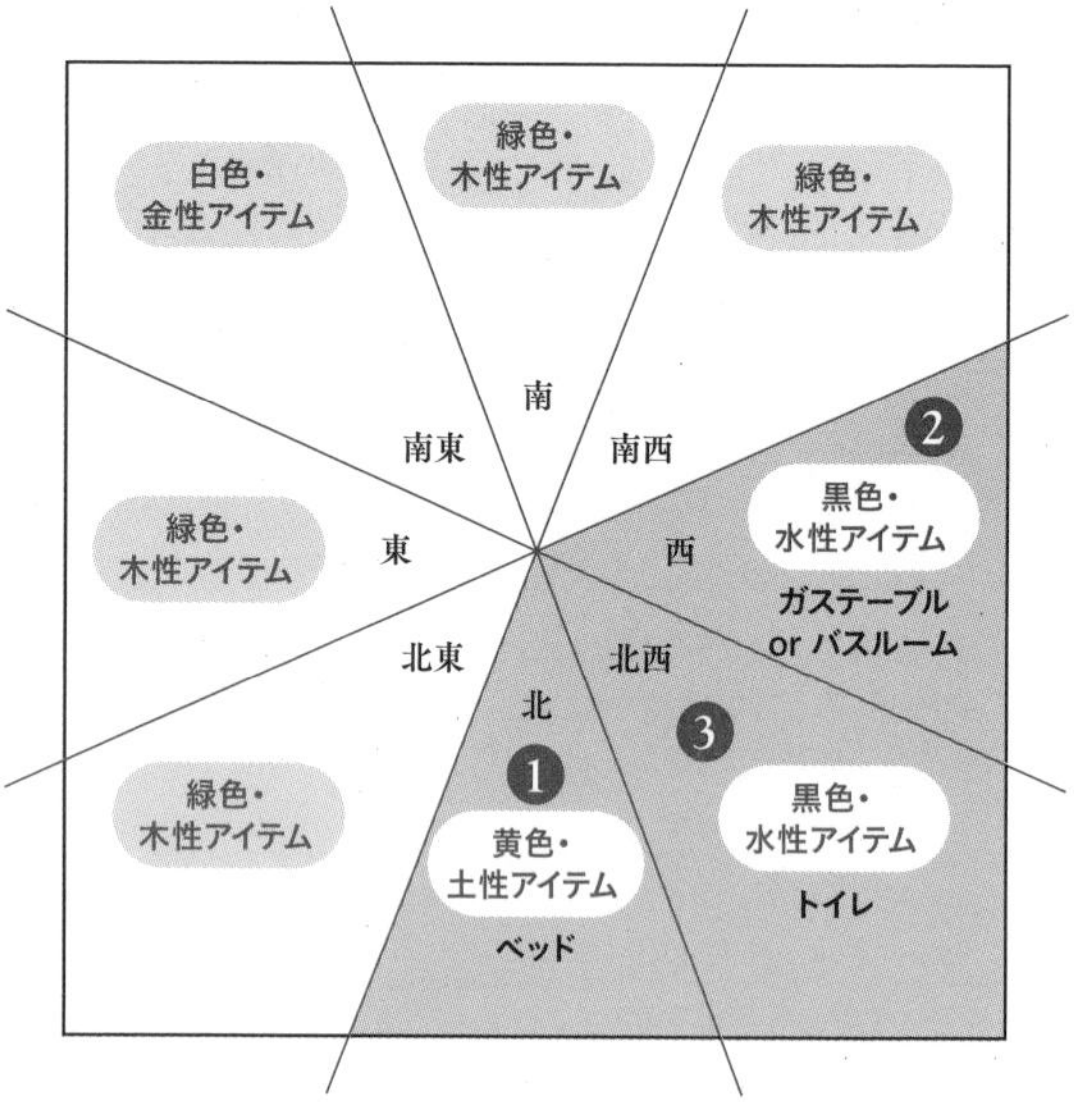

※八遊星の位置はP.219と同じです。

本命卦「巽《そん》」の人の 理想の健康運UP間取り

本命卦「巽」の人は、フットワークが軽く、環境への適応能力も高め。

ただし、「巽」には、呼吸器疾患、風邪といった意味合いもあり、普段からの養生が欠かせません。健康運を意識した場合の理想の間取りは、寝室が南の「天医」方位にあることです。南が無理であれば、「延年」の東、または南東の「伏位」も吉です。

ガステーブルの配置にも気を配ります。最良は「絶命」方位である北東にあるのが理想です。これができない場合は、炊飯器や湯沸かしポットなどの調理器を北東に置きます。これらのどれも間取りや家具配置の都合でできないようなら、「木」のアイテムを北東の方位に置く方法が有効です。本物の観葉植物の他、木の柄の布などを置くことでも代用できます。

❶ 寝室は天医の南がベスト。

❷ ガステーブルは絶命の北東が理想。バスルームも同じ北東が◎。

❸ トイレは五鬼の南西が望ましいですが、そうでない場合は木性アイテムを南西に置きます。

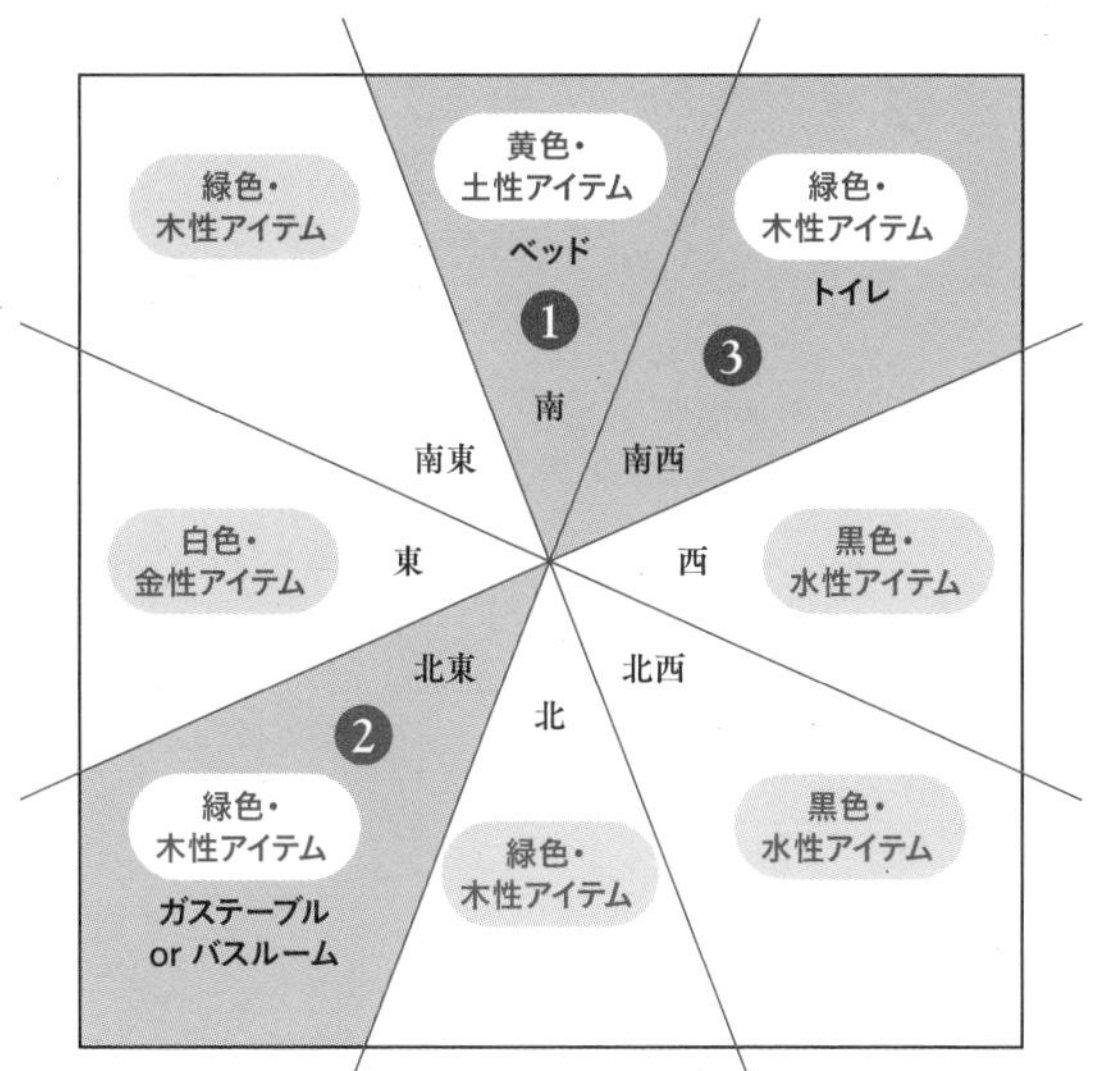

※八遊星の位置はP.221と同じです。

本命卦「坎《かん》」の人の
理想の健康運UP間取り

本命卦「坎」の人は、クールで知的なイメージを与えます。そうした印象の裏で、人に話せない悩みや苦労を抱えていることが少なくありません。

そんな悩み多き「坎」の人は、自宅を心から安らげる空間にすることが大事です。

理想の間取りは、寝室が東の「天医」方位にあることです。これが無理なら、北の「伏位」か、南の「延年」にします。

ガステーブルの方位も重要で、「絶命」方位である南西にあるのが理想ですが、不可能なら、炊飯器や湯沸かしポットなどの調理器を南西に置きます。それも不可能なら、「金」性アイテムを南西の方位に置きます。鉄アレイや静止した車のポスターなどが有効です。

1. 寝室は天医の東がベスト。
2. ガステーブルは絶命の南西が理想。バスルームも同じ南西が◎。
3. トイレは五鬼の北東が望ましいですが、そうでない場合は金性アイテムを北東に置きます。

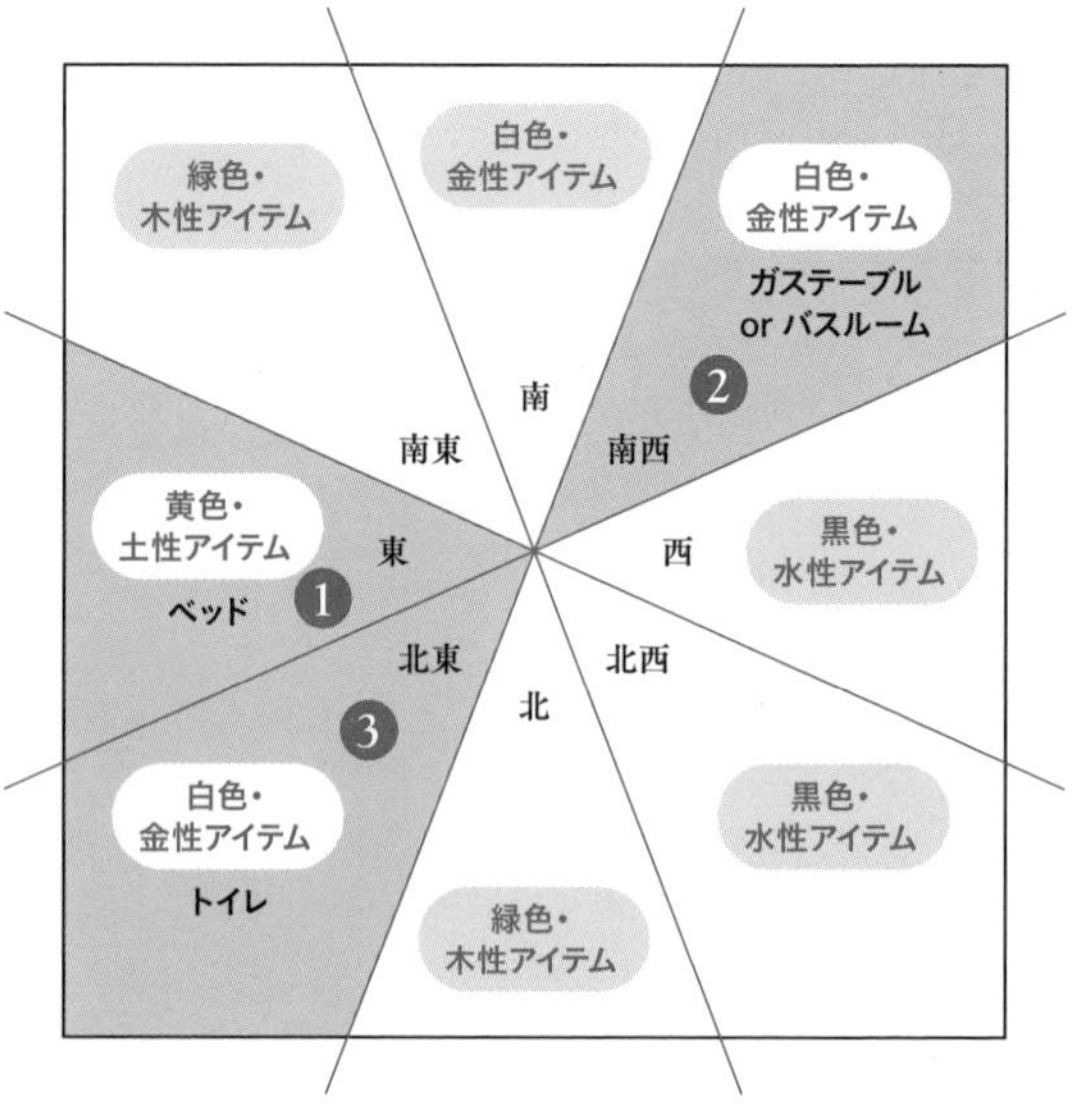

※八遊星の位置はP.223と同じです。

本命卦「艮《ごん》」の人の理想の健康運UP間取り

本命卦「艮」の人は、堂々としており、何事にも動じない安心感があります。仕事にも粘り強く仕事に取り組みますが、やや頑固に見られがちかもしれません。「艮」には継ぎ目の意味があることから、腰や関節が弱点となる人もいます。

「艮」の人が健康運を上げるための理想の間取りの第一は、寝室が北西の「天医」方位にあることです。それができない場合は、北東の「伏位」、または西の「延年」に配置。

ガステーブルの位置も重要で、「絶命」方位である南東に置きたいところです。難しければ、炊飯器や湯沸かしポットなどの調理器を南東へ。

それも不可能であれば、「火」性アイテムを南東の方位に置きます。燃える火の動画をこの方位で見るなども効果があります。

❶ 寝室は天医の北西がベスト。

❷ ガステーブルは絶命の南東が理想。バスルームも同じ南東が◎。

❸ トイレは五鬼の北が望ましいですが、そうでない場合は土性アイテムを北に置きます。

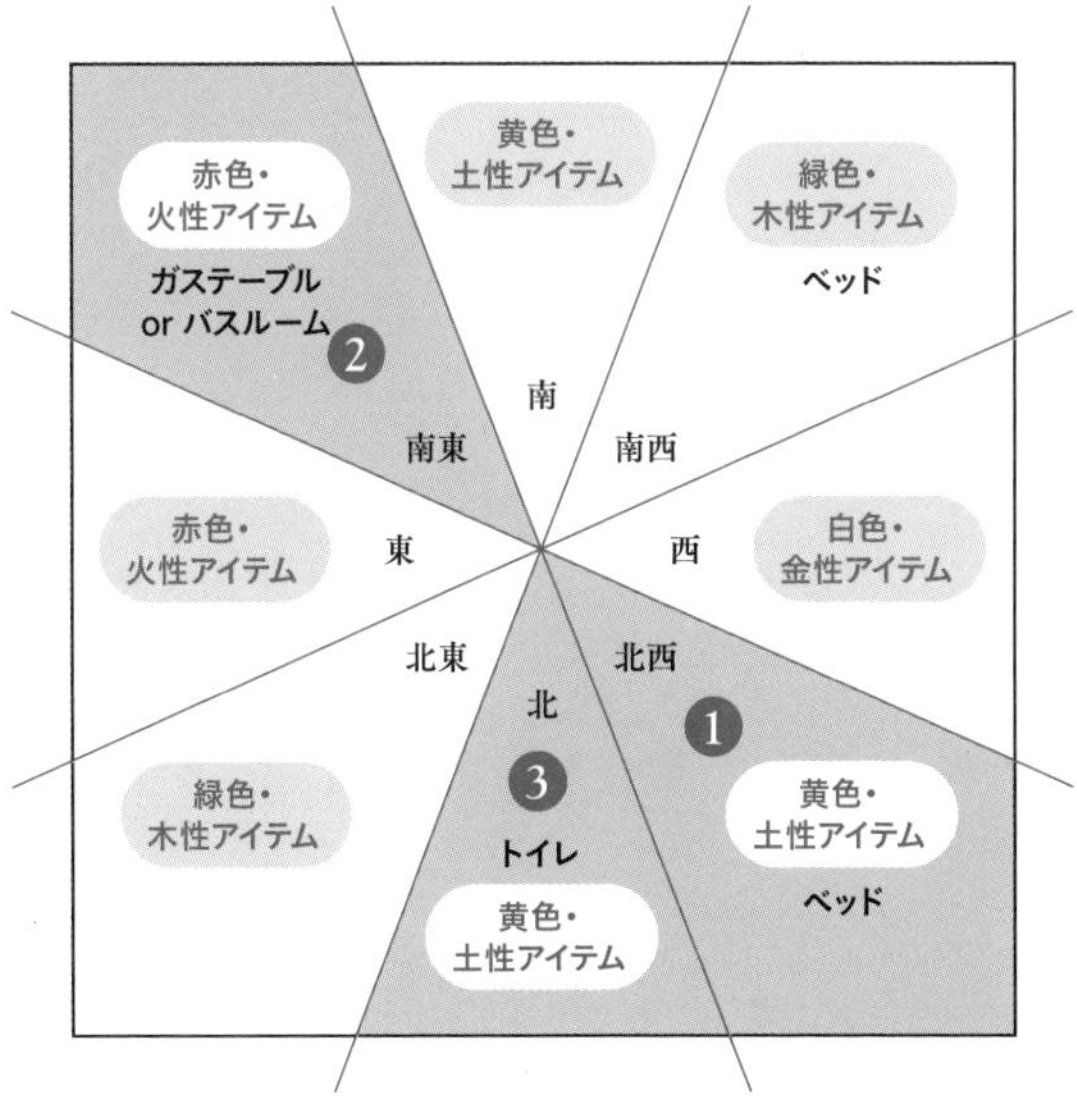

※八遊星の位置はP.225と同じです。

本命卦「坤《こん》」の人の
理想の健康運UP間取り

本命卦「坤」の人は慈愛に満ち、包容力があります。弱点として、心身の疲労がたまった結果、肩こりや不眠症に悩みがちです。

こうした傾向があるため、「坤」の人は自宅の寝室の方位を変えることで健康運を向上させましょう。理想の間取りは、寝室は西の「天医」方位にあることです。それが無理であれば、南西の「伏位」、または北西の「延年」を寝室とします。

次に、ガステーブルの置き場所を検討します。理想は、「絶命」の北にあることです。これが難しければ、炊飯器や湯沸かしポットなどの調理器を北に置くことでも開運効果が得られます。それも不可能であれば、「土」のアイテムを北の方位に置きます。大地のポスターや陶器などでもOK。

❶ 寝室は天医の西がベスト。

❷ ガステーブルは絶命の北が理想。バスルームも同じ北が◎。

❸ トイレは五鬼の南東が望ましいですが、そうでない場合は火性アイテムを南東に置きます。

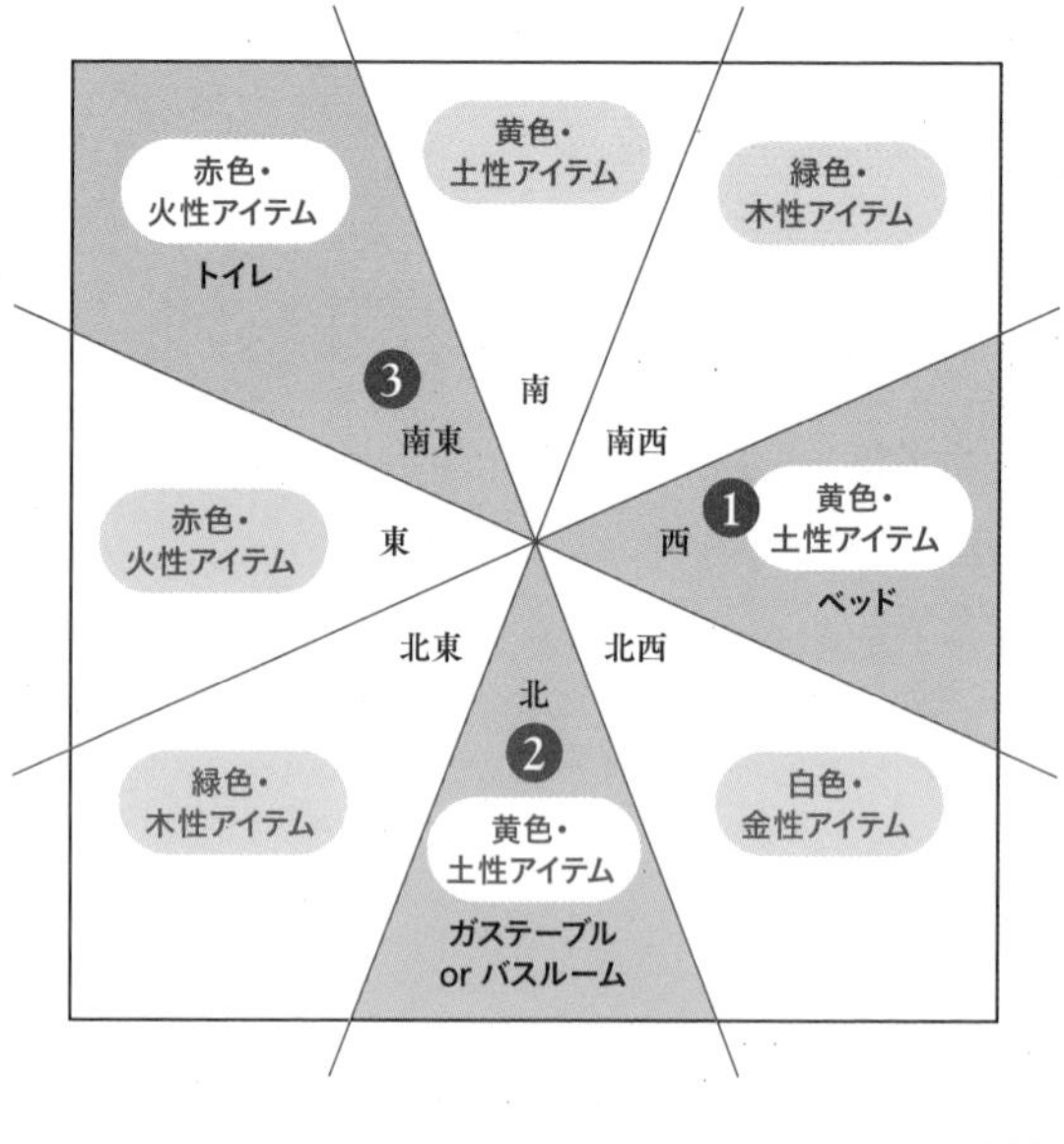

※八遊星の位置はP.227と同じです。

4／強化したい「運」別テクニック

人間関係は人生の宝
風水環境で整え
幸せになりましょう

【愛情・人間関係運】

ここからは、愛情運・人間関係運です。これらの運を左右するのは、八方位のうち「延年」です。**住居内、室内の「延年」が風水的に良好な形になっていると、人間関係が良くなります**。家族の仲、配偶者との絆が深まり、未婚や婚活中の人に良縁をもたらしてくれます。結婚を望む未婚の家族がいるなら、この方位を居場所にします。

実際の間取りでは、「延年」方位にベッドを置くことをおすすめしています。部屋や家具の都合で、この方位にベッドを置けない場合は、パソコンやスマホなどのコミュニケーションツールを置きましょう。吉方位に置くと、出会いにつながる知らせがやってきます。

愛情運・人間関係運を強化したいときは、ガステーブルを「六殺」方位に置くと、マイナスに働く気を燃やしてくれます。とはいえ、配線の都合もあり簡単に移動できないこともあるでしょう。その場合は、熱を使う調理器を「六殺」方位に置くと、良い人のつながりができ、多くのサポートを得られるでしょう。

本命卦「乾《けん》」の人の
理想の愛情・人間関係運UP間取り

「乾」は、五行でいうと「金」になります。宝石や貴金属のような気高い雰囲気があり、どことなく威厳を漂わせる人。他人の心の機微に鈍感なところがあるため、人に誤解を与えないよう、風水環境を整え、エネルギーを調整しましょう。

理想の間取りは、ベッドの位置が重要です。「延年」方位となる南西にあるのが最善ですが、もし南西に置けなければ、パソコンやスマホを南西の方位に置きます。

次に、ガステーブルの位置です。「六殺」方位となる北にあるのが理想ですが、もしできなければ、炊飯器や湯沸かしポットなどの調理器を北に置きます。それも不可能であれば、「土」性アイテムを北の方位に置きます。土っぽい質感の陶器などが使えます。

1 寝室は延年の南西がベスト。

2 ガステーブルは六殺の北が理想。

3 人間関係では玄関もポイント。生気の西なら望ましいですが、そうでない場合は木性アイテムを西に。

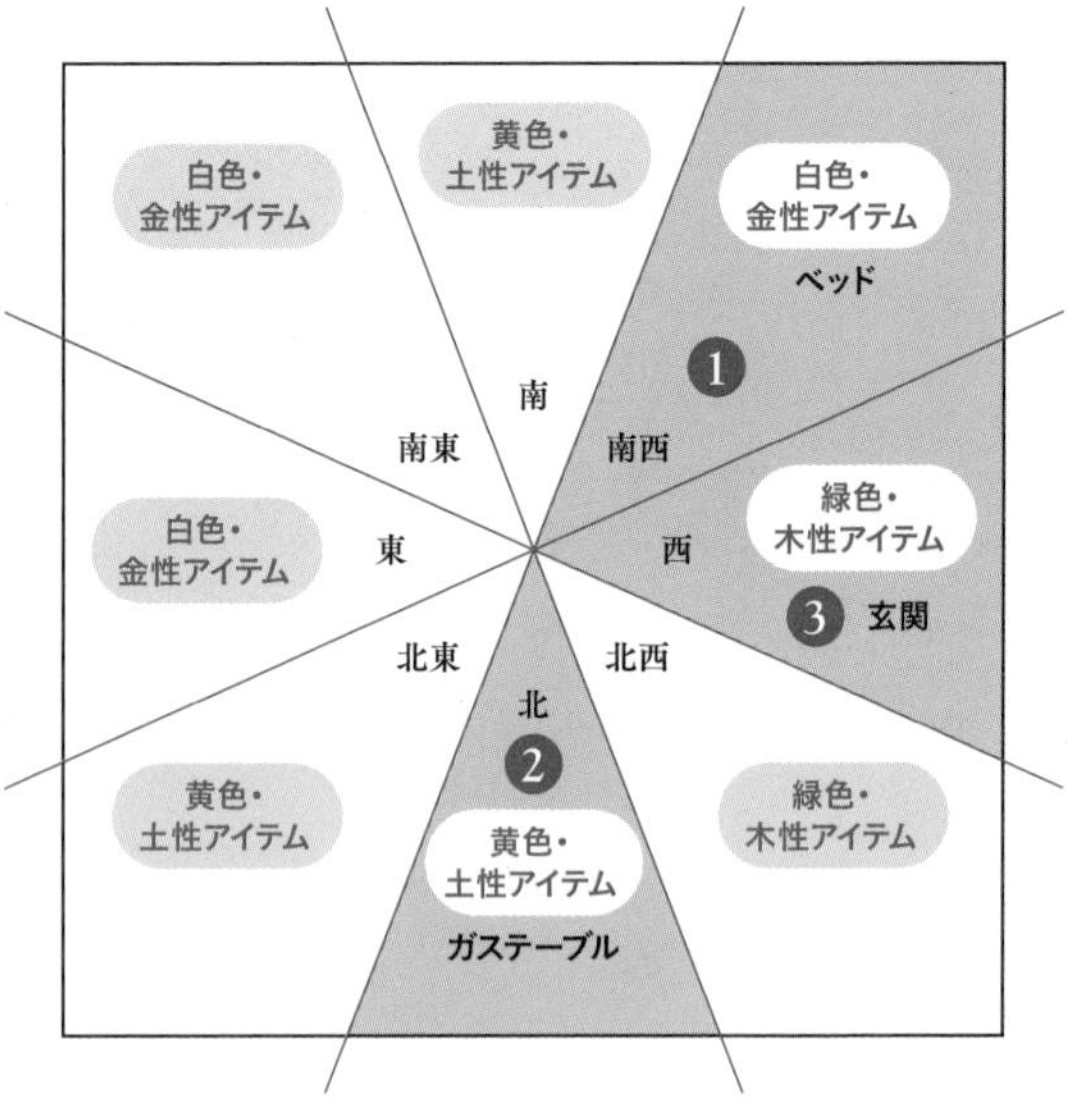

※八遊星の位置はP.213と同じです。

本命卦「兌《だ》」の人の
理想の愛情・人間関係運UP間取り

「兌」は、五行でいうと「金」になり、刃物などのイメージを持ちます。また、少女、喜（悦）びといった意味もあり、本命卦「兌」の人はチャーミングな魅力に満ちています。

また、物質運・金運も良好です。ただ、口の災いに縁のある星回りのため、言いすぎや口論に気を付けなければなりません。

「兌」の人の人間関係運に効くのは、「延年」方位の北東にベッドを置くことです。もし北東に置けなければ、パソコンやスマホを北東の方位に置いても良いです。

次に、ガステーブルの位置は「六殺」方位である南東に置きましょう。ここに置けなければ、炊飯器や湯沸かしポットなどの調理器を南東に置きます。それも難しい場合は、「金」性アイテムを南東に置きます。

❶ 寝室は延年の北東がベスト。

❷ ガステーブルは六殺の南東が理想。

❸ 人間関係では玄関もポイント。生気の北西なら望ましいですが、そうでない場合は木性アイテムを北西に。

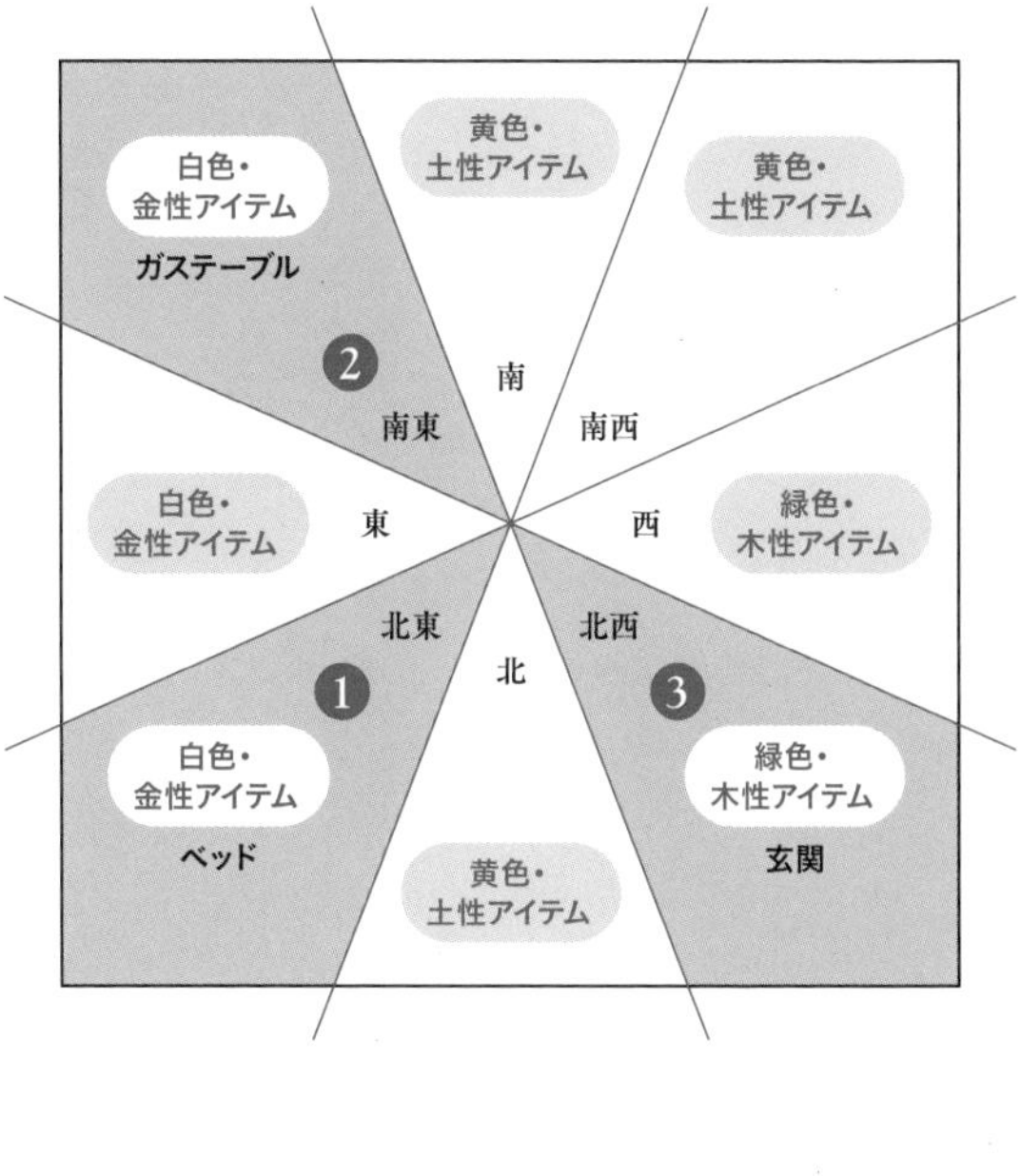

※八遊星の位置はP.215と同じです。

本命卦「離《り》」の人の
理想の愛情・人間関係運UP間取り

「離」は、五行でいうと「火」になります。本命卦「離」の人は燃えるような情熱と人目を引き付ける魅力にあふれています。学者や文筆家、政治家などといった職を得る人も。

「離」には立腹、紛争といった意味もあり、キツい物言いをするなどといったマイナス作用もあります。こうしたことのないよう、自宅の風水環境を調整しましょう。理想の間取りは、ベッドが「延年」方位の北にあることです。間取りなどの事情で北に置けなければ、パソコンやスマホを北に置きます。

ガステーブルは「六殺」方位である南西にあるのが最善ですが、置けなければ炊飯器や湯沸かしポットなどの調理器を南西に置きます。それも不可能であれば、「木」性アイテムを南西に置きます。

❶ 寝室は延年の北がベスト。

❷ ガステーブルは六殺の南西が理想。

❸ 人間関係では玄関もポイント。生気の東なら望ましいですが、そうでない場合は木性アイテムを東に。

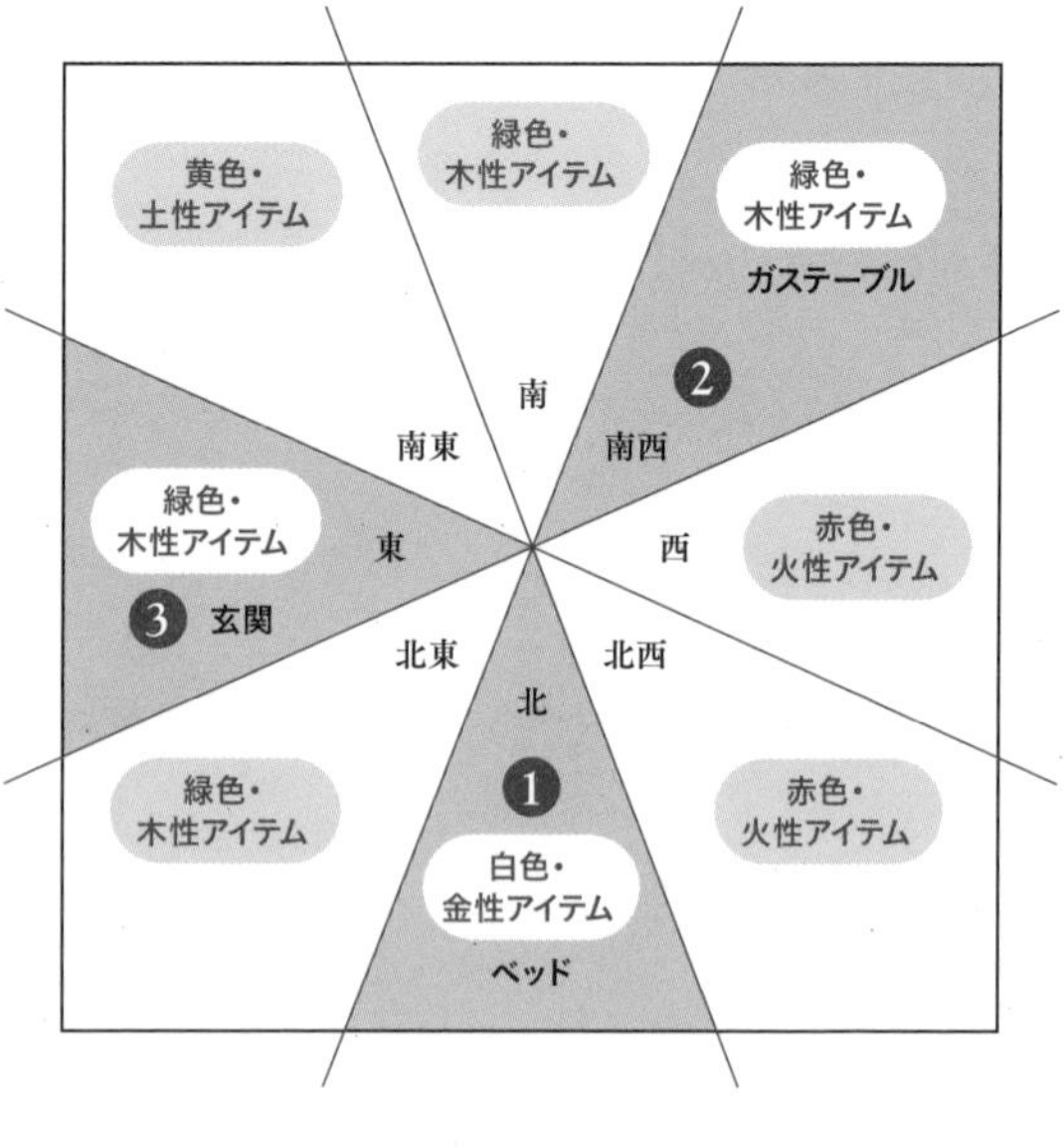

※八遊星の位置はP.217と同じです。

本命卦「震《しん》」の人の 理想の愛情・人間関係運UP間取り

「震」は、五行でいうと「木」になります。気前が良くさっぱりした性格ですが、見えっ張りなところが欠点となります。風水環境を整え、人間関係のトラブルに巻き込まれないようにしましょう。

理想の間取りは、まずはベッドを重視します。本命卦「震」から「延年」となる南東にあるのが最良です。置けなければ、パソコンやスマホを南東の方位に置きます。

次に、ガステーブルの位置を検討します。「六殺」である北東にあるのが理想ですが、もし置けなければ、炊飯器や湯沸かしポットなどの調理器を北東に置きます。これが不可能であれば、「木」性アイテムを北東の方位に置きます。観葉植物や木の柄のものなど、「木」にまつわるものが使えます。

❶ 寝室は延年の南東がベスト。

❷ ガステーブルは六殺の北東が理想。

❸ 人間関係では玄関もポイント。生気の南なら望ましいですが、そうでない場合は木性アイテムを南に。

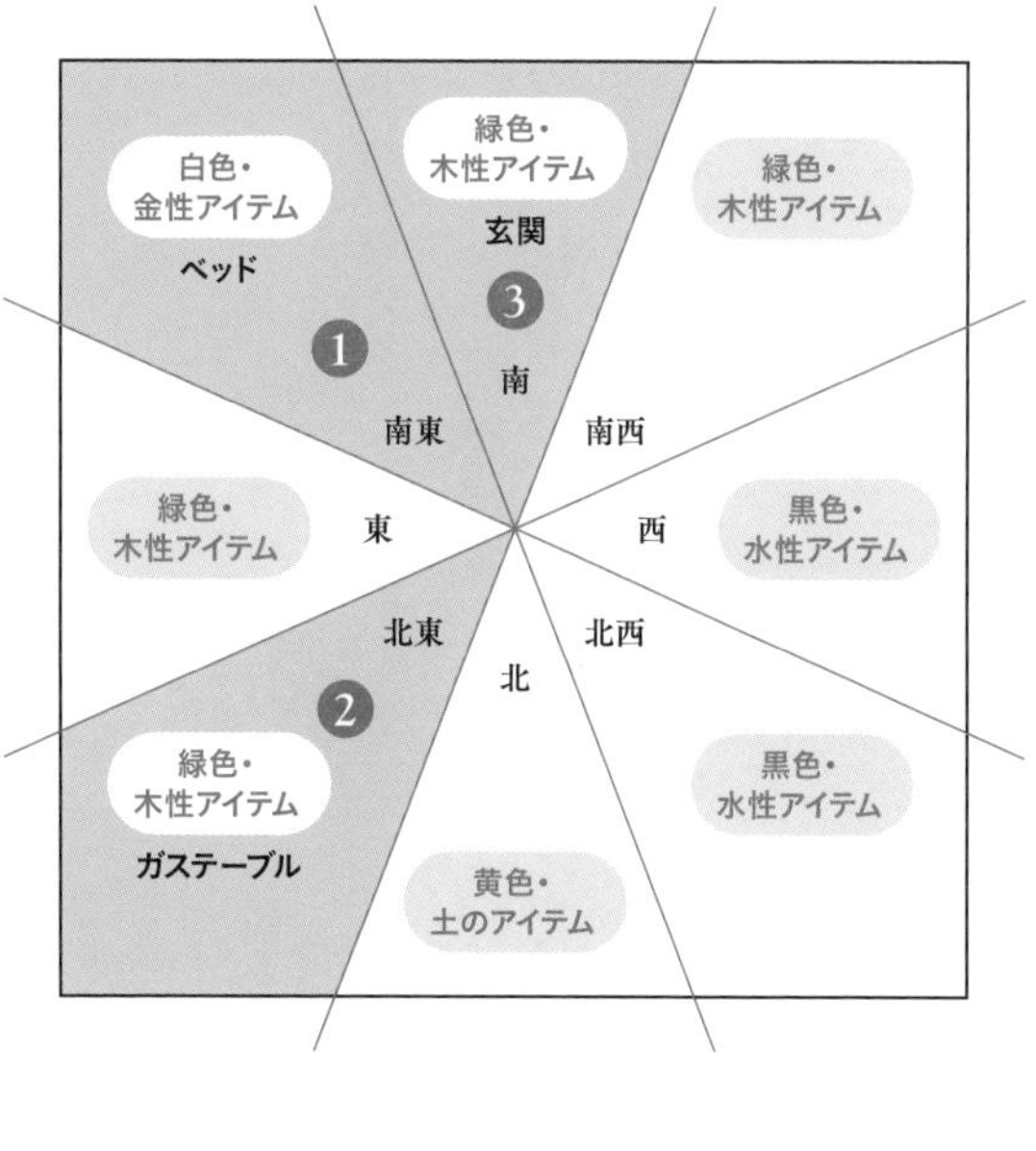

※八遊星の位置はP.219と同じです。

本命卦「巽《そん》」の人の
理想の愛情・人間関係運UP間取り

「巽」は、五行でいうと「木」になります。穏やかな性格で人情味があり、他人の気持ちを上手に察することができます。ただ、根が善良で他人への警戒心が薄いのが欠点です。また、よく気がつくために、取り越し苦労も多いでしょう。

こうした欠点をカバーし、コミュニケーションをさらに円滑にするために、風水の力を借りましょう。

理想の間取りは、ベッドが「延年」の東にあることです。もし東に置けなければ、パソコンやスマホを東の方位に置く方法も良いです。

次に、ガステーブルの位置変更です。「六殺」方位である西が最良ですが、炊飯器や湯沸かしポットなどの調理器を西に置くのも吉です。それも不可能であれば、「水」性アイテムを西の方位に置きます。

❶ 寝室は延年の東がベスト。

❷ ガステーブルは六殺の西が理想。

❸ 人間関係では玄関もポイント。生気の北なら望ましいですが、そうでない場合は木性アイテムを北に。

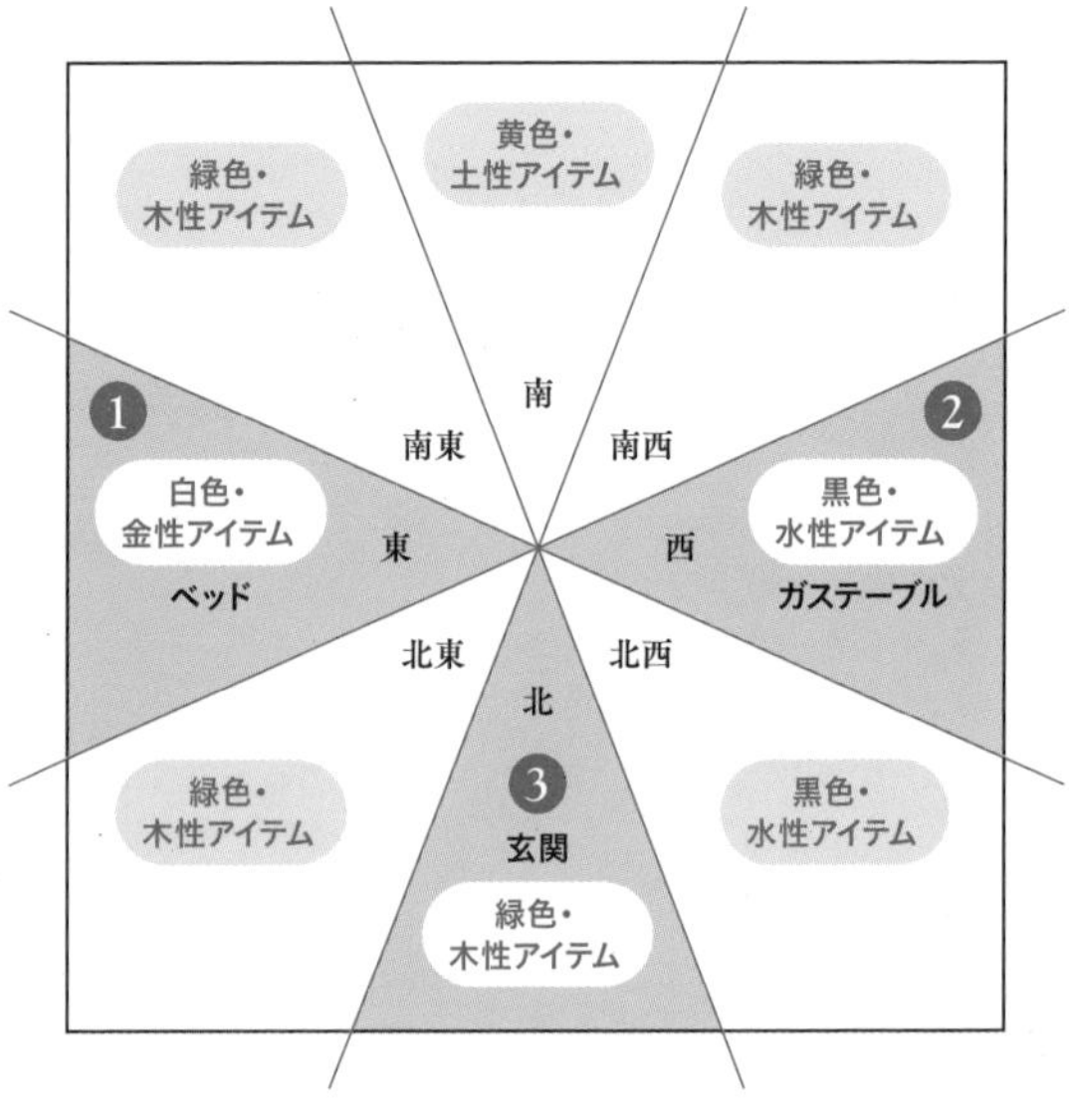

※八遊星の位置はP.221と同じです。

本命卦「坎《かん》」の人の
理想の愛情・人間関係運UP間取り

「坎」は、五行でいうと「水」になります。本命卦「坎」の人は、どんな環境にもなじむ柔軟性が持ち味です。人間関係では孤独になりがちな傾向もある一方で、異性関係でのトラブルを抱える人もいます。人間関係を良好にするには八方位のうち「延年」が重要です。

「延年」にあたる南にベッドがあるのが理想です。もし南に置けなければ、パソコンやスマホを南の方位に置くことでも運気改善効果があります。

それから、ガステーブルの位置も運気に影響します。「六殺」の北西にあるのが理想ですが、もしなければ、炊飯器や湯沸かしポットなどの調理器を北西に置きます。それも不可能であれば、「水」性アイテムを北西の方位に置きます。

❶ 寝室は延年の南がベスト。

❷ ガステーブルは六殺の北西が理想。

❸ 人間関係では玄関もポイント。生気の南東なら望ましいですが、そうでない場合は木性アイテムを南東に。

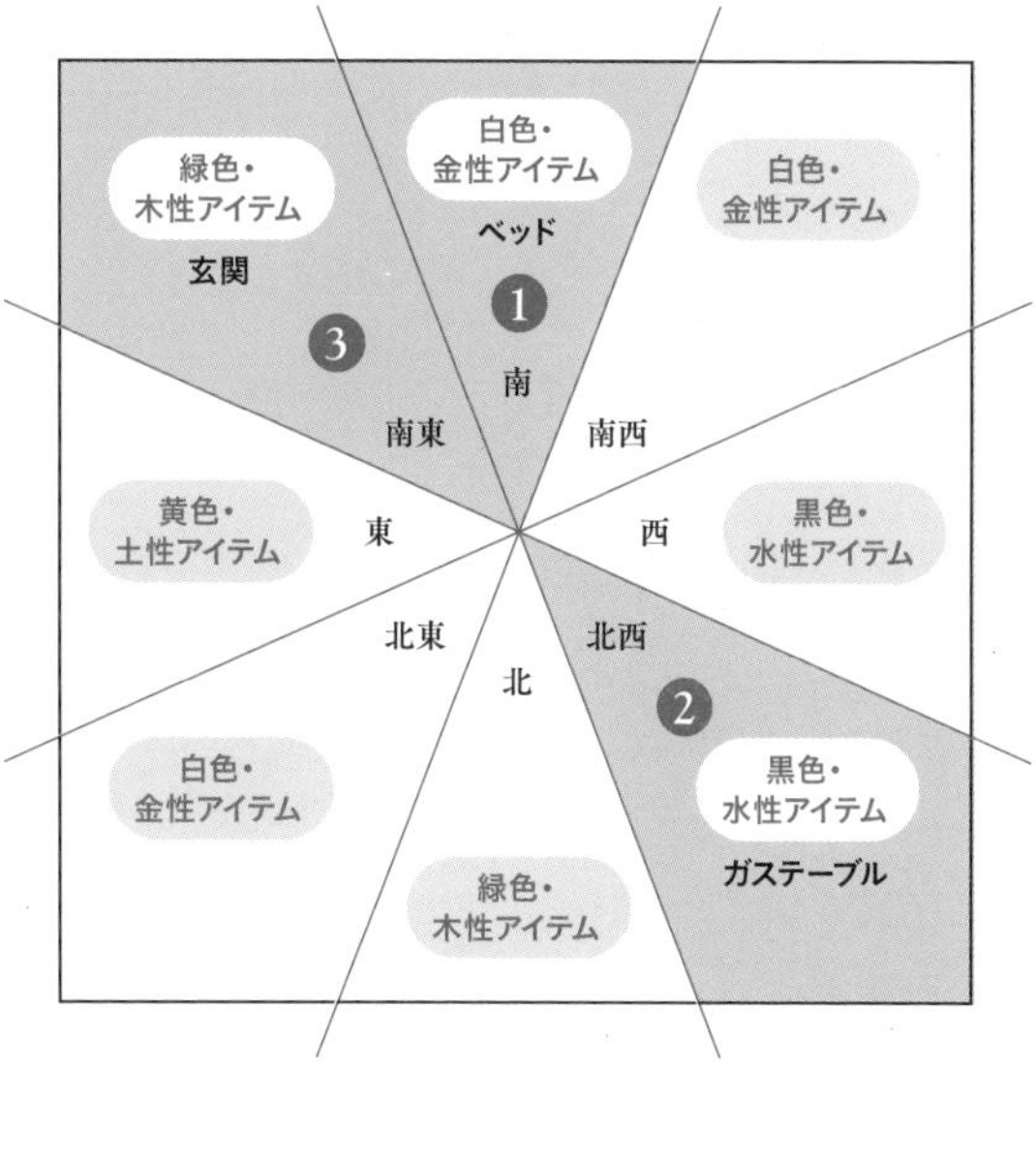

※八遊星の位置はP.223と同じです。

本命卦「艮《ごん》」の人の
理想の愛情・人間関係運UP間取り

「艮」は、五行でいうと「土」になり、どっしりと安定感のある人物イメージです。本命卦「艮」の人は自分の信じた道を突き進む強さで人生を切り開きますが、妥協することが苦手です。また、初対面の人と打ち解けるのに時間がかかるなど、人間関係がスムーズでないこともあります。

こうした欠点は、風水パワーを借りながら和らげましょう。理想は、ベッドが「延年」の西にある間取りです。もし西にベッドを置けなければ、パソコンやスマホを西の方位に置きます。

ガステーブルの位置も重要で、「六殺」方位である東にあるのが理想ですが、もし置けなければ、炊飯器や湯沸かしポットなどの調理器を東に置きます。それも不可能であれば、「火」性アイテムを東の方位へ配置。

1 寝室は延年の西がベスト。

2 ガステーブルは六殺の東が理想。

3 人間関係では玄関もポイント。生気の南西なら望ましいですが、そうでない場合は木性アイテムを南西に。

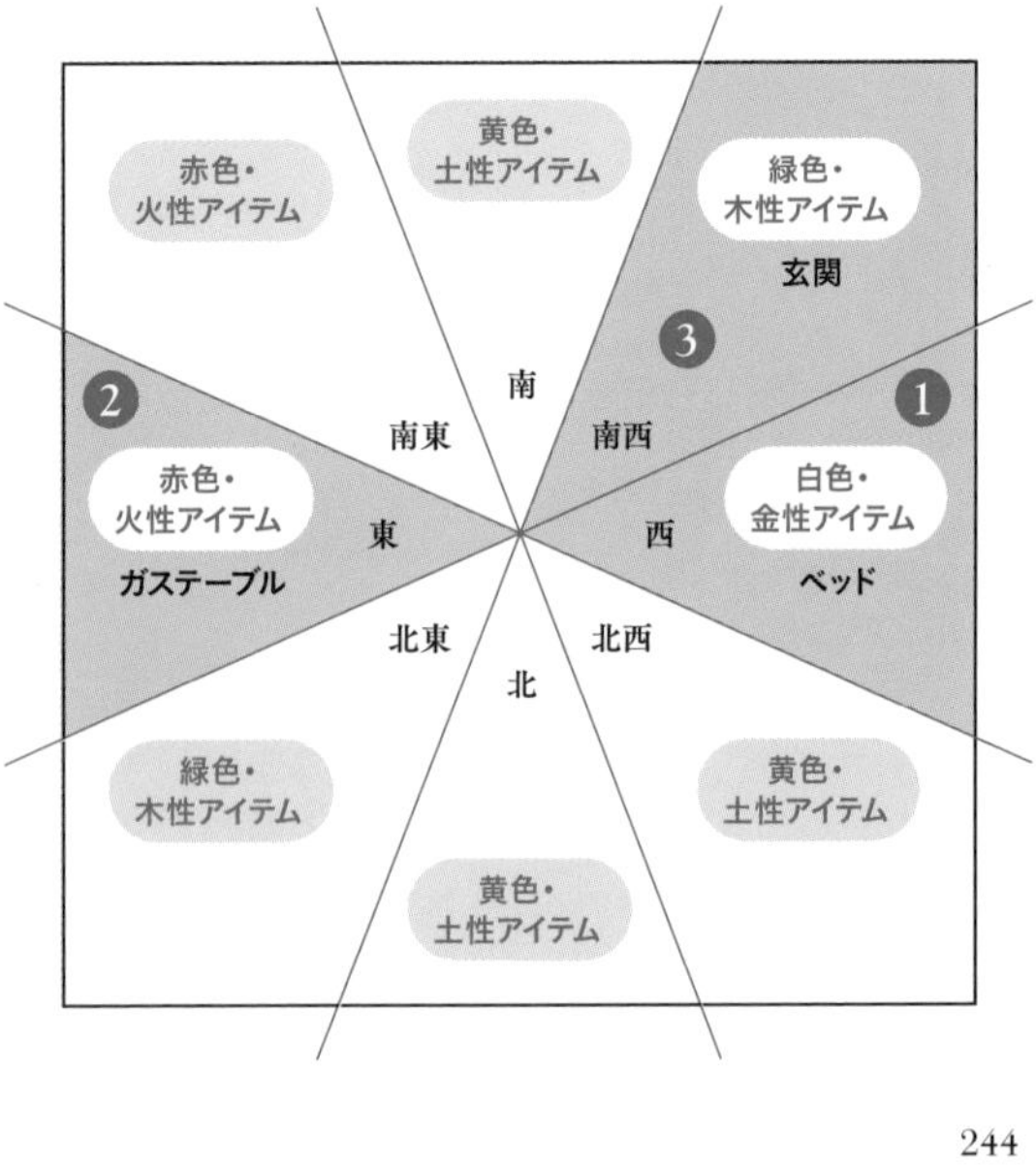

※八遊星の位置はP.225と同じです。

本命卦「坤《こん》」の人の 理想の愛情・人間関係運UP間取り

「坤」は、五行でいうと「土」になります。母なる大地のような柔和を感じさせ、人によく奉仕する人です。やや強情な一面もあります。

トラブルとは無縁な方ですが、恋愛や人間関係においても保守的すぎて、決断力に欠けやすいところが欠点となります。

そんな「坤」の人の良さを引き出してくれる理想の間取りは、まず、ベッドが「延年」の北西にあることです。もし北西に置けなければ、パソコンやスマホを北西の方位に置く方法でも代用できます。

ガステーブルは、「六殺」の南にあるのが理想ですが、配置できないならば、炊飯器や湯沸かしポットなどの調理器を南に置く方法も吉です。それも不可能であれば、「土」性アイテムを南に置きます。

1 寝室は延年の北西がベスト。

2 ガステーブルは六殺の南が理想。

3 人間関係では玄関もポイント。生気の北東なら望ましいですが、そうでない場合は木性アイテムを北東に。

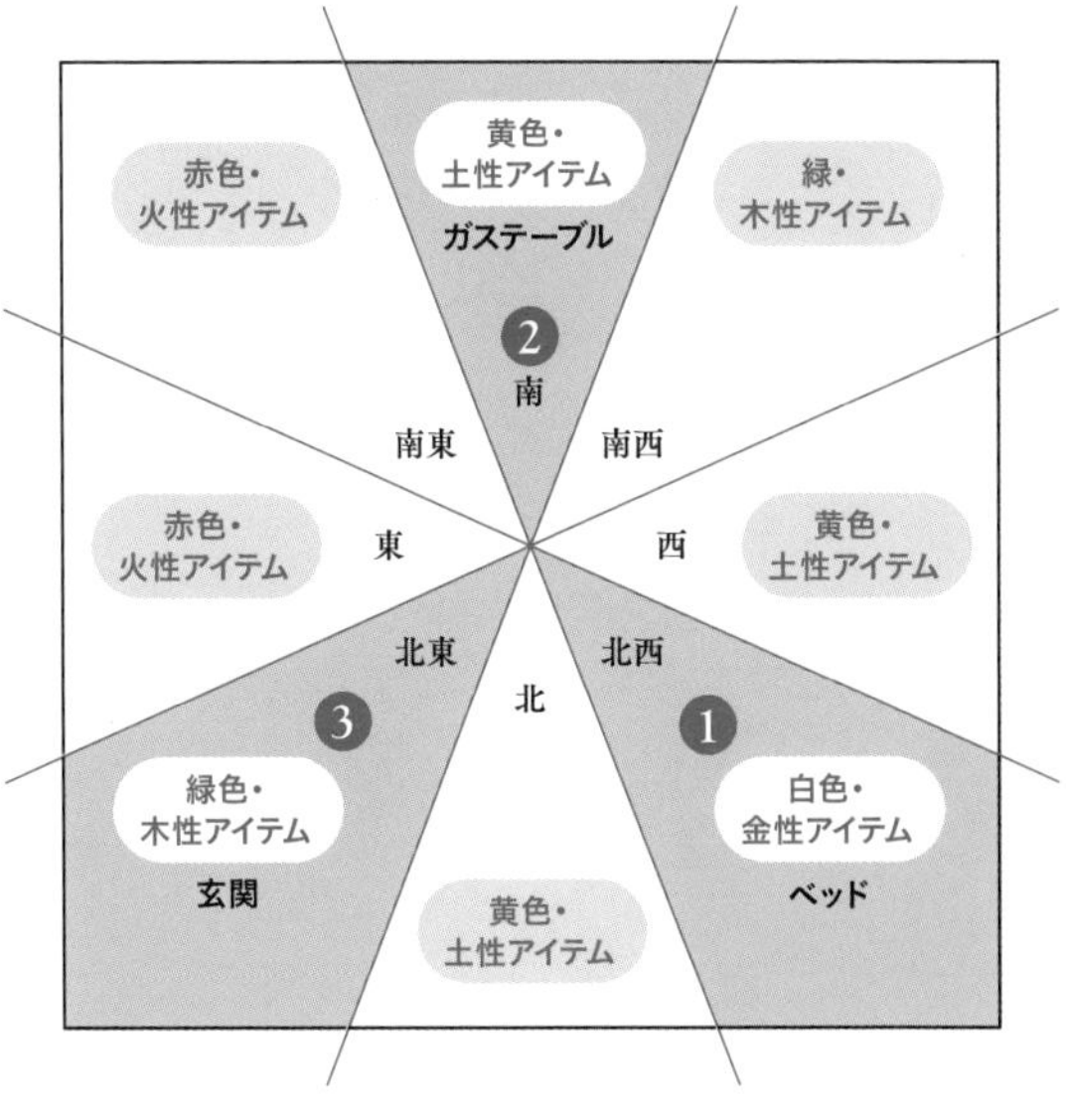

※八遊星の位置はP.227と同じです。

風水鑑定事例

CASE 1

昭和58年生まれ・男性・Aさん

勤続15年、これまではおおむね順調な会社員生活だったが、異動した部署で上司と相性が悪いのか、ストレスの多い日々。また、結婚したいが、出会いがない。

●典型的1Kマンションの鑑定

一人暮らし向けのマンションやアパートは、明るい南側に窓やバルコニーなどの開口部が設けられ、その反対の北側に玄関や水回りが配置されるのが一般的です。

左の図は1Kマンションの間取り図です。典型的かつシンプルな間取りであり、風水鑑定の好例となりそうな例です。

住んでいるのは、昭和58年生まれのAさん（男性）で、本命卦「艮」となります。Aさんはメーカーに勤務していますが、上司と価値観が合わず、会社に行くのがストレスになっています。また、10年ぐらい彼女がいないこともあり、恋愛運と仕事運を良くしたいと願っています。しばらく引っ越しの予定がないため、現状の部屋でインテリア変更により開運効果を狙います。

**Aさんの
本命卦八宅盤**

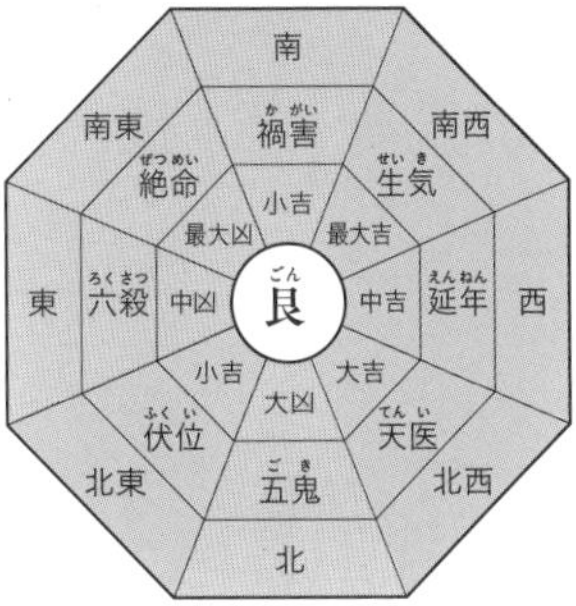
南
南東
南西
禍害《かがい》
絶命《ぜつめい》
生気《せいき》
小吉
最大凶
最大吉
東
六殺《ろくさつ》
中凶
艮《ごん》
中吉
延年《えんねん》
西
小吉
大吉
大凶
伏位《ふくい》
天医《てんい》
北東
五鬼《ごき》
北西
北

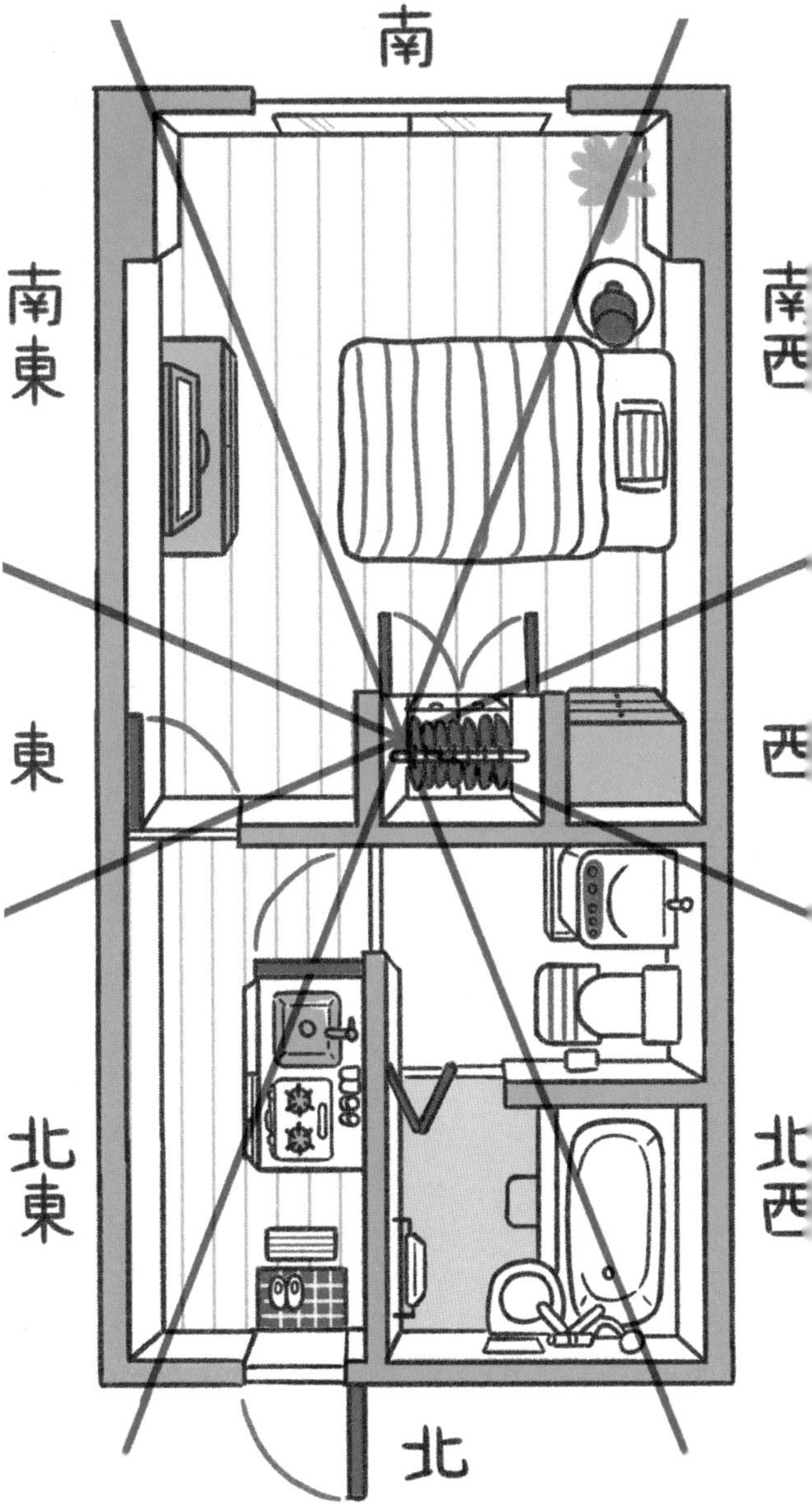
南
南東
南西
東
西
北東
北西
北

●長い時間を過ごす生活スペースを見直す

キッチンと居室の間がドアで区切られているのは、キッチンからの悪い気が居室に入るのをさえぎるため、良い間取りです。

ただ、生活スペースである居室の大半が、**住居全体から見て**、Aさんにとって「禍害」になっています。これでは、仕事運どころか恋愛運も良くならないはずです。解決策としては、吉方位となる部屋に生活スペースを移転するのが一番ですが、他に生活スペースとなりそうな場所がありません。

住居全体の中心から見た方位と、部屋の中心から見た方位を組み合わせてみてみましょう。

●小さな吉方位も見逃さない

生活スペースの中にも、「生気」方位となる南西のエリアが少しだけあります。図のように頭を西向きにしてベッドを置き、頭を生気の吉方位に入れます。

この場所は、**部屋の中心から見ると**西の「延年」になります。

「延年」は愛情や人間関係を改善する吉方位のため、職場や恋愛での人間関係に良い影響が期待できそうです。

●「禍害」によるマイナス作用を逆転する

次に、「禍害」の問題です。「禍害」は小凶方位とはいえ、生活スペースの大部分を占めており、運気に良い作用を与えません。

ただ、改善する方法はあります。それは、カーテンを黄や茶系のものに変え、陶器の置物を置くことです（Ｐ．２４４）。これにより、「禍害」の勢いを抑えることができます。

●部屋の中心からと、家の中心から吉方位を探す

居室のクローゼットの脇にスペースがあります。ここは、西の「延年」という吉方位です。テーブルや棚を置き、日頃この部分にスマホを置くと良いでしょう。仕事や出会いなどに関する良い知らせが入りそうです。

なお、クローゼットの角がベッドに向かってくるので、前述のテーブルや棚はクローゼットの角をかくすように置くといいでしょう。

このように、住居全体の中心から見た方位、居室の中心から見た方位を組み合わせ、小さな吉方位も見逃さないように活用すれば、改善ポイントが見つかります。

CASE 2

昭和56年生まれ・男性・Bさん、昭和58年生まれ・女性・Cさん、平成29年生まれ・長男・D君の家族

夫婦共働きで子育て中。週の半分ほどは在宅勤務。仕事に集中できるようにしたい。また、将来の子ども部屋のレイアウトも考えておきたい。

●在宅の働き方も風水術でスムーズに

在宅勤務やリモートワークが増えた人は少なくないでしょう。勤め人の多くは自宅で仕事をすることを想定しておらず、仕事スペースの確保に苦労しているはずです。ワークスタイル、ライフスタイルが一変した現在のファミリーの事例を見てみましょう。

Bさん（男性）は昭和56年生まれで本命卦「坎」、Cさん（女性）は昭和58年生まれで本命卦「兌」です。平成29年生まれのD君（長男）がおり、本命卦「坎」となります。夫婦ともに企業に勤めていますが、新型コロナウイルス感染症まん延防止のため、在宅勤務が増えました。今の住宅を活用し、仕事に集中できる風水環境を作りたいと考えているところです。まだ小さい長男には、勉強好きな子に育ってほしいと思っています。

Cさんの本命卦八宅盤

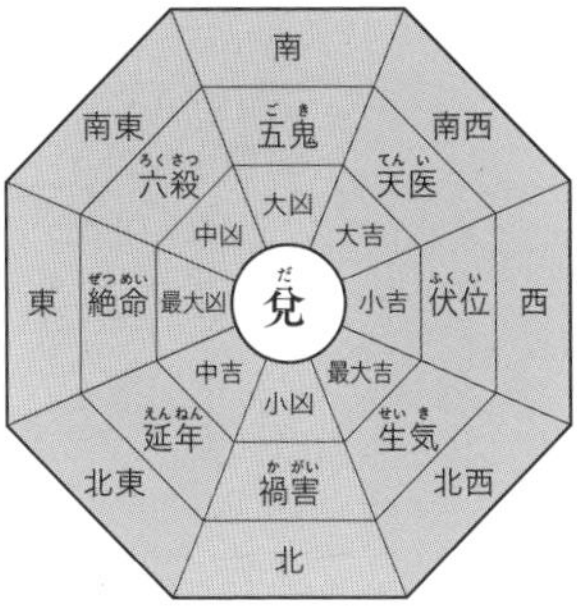

Bさん、D君の本命卦八宅盤

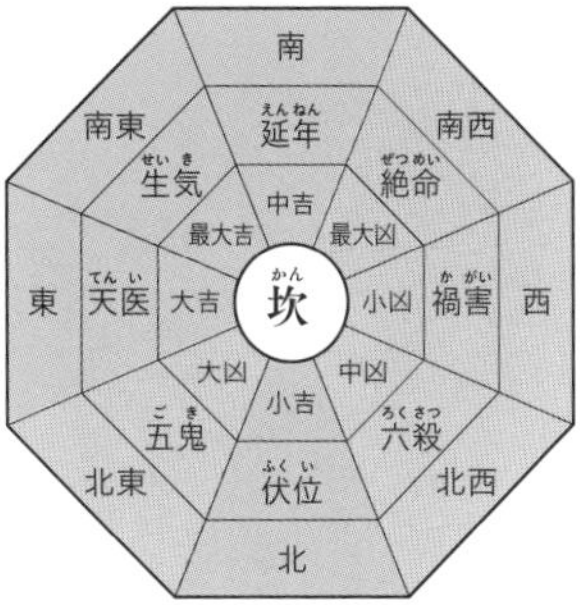

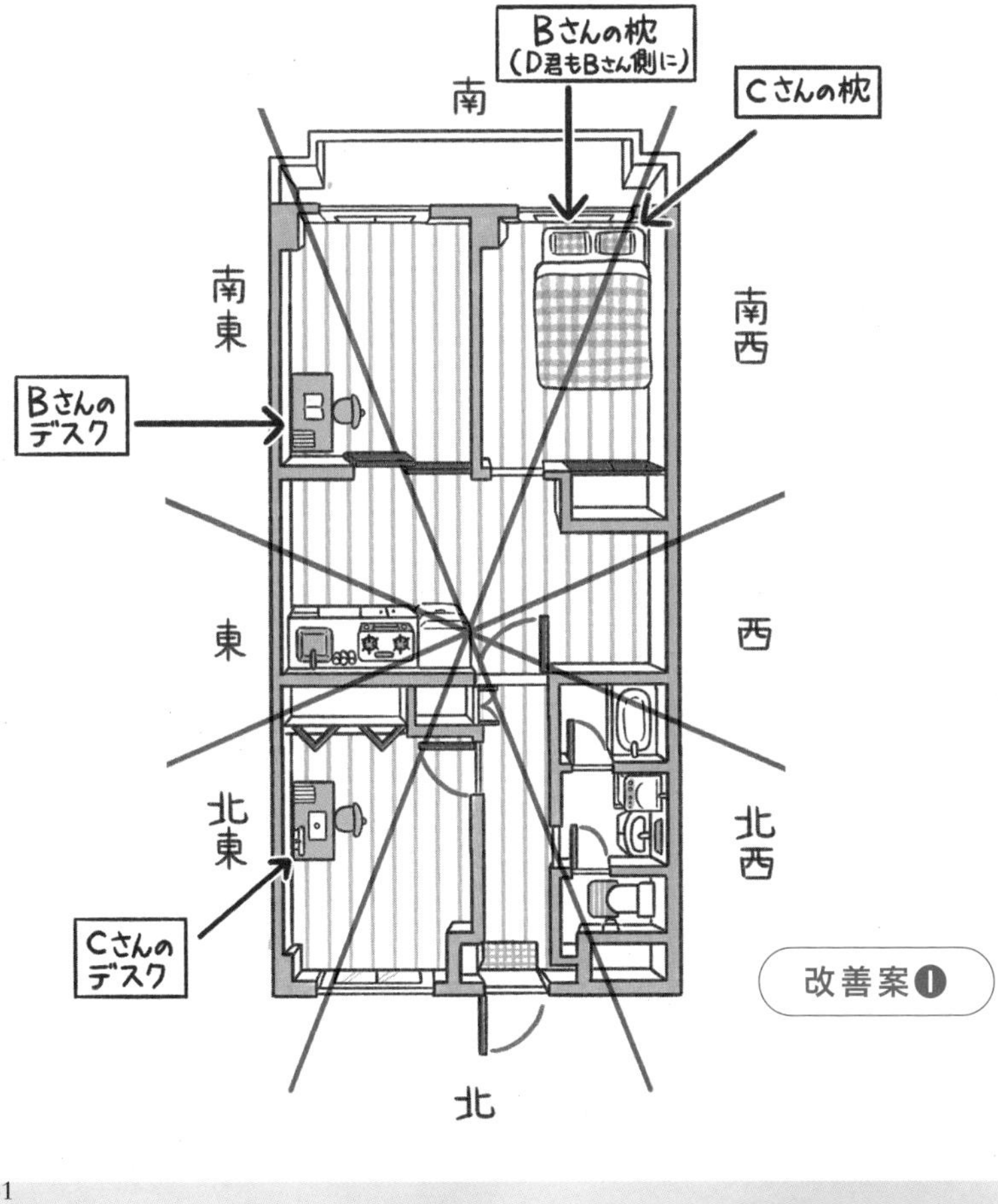

●夫婦がそれぞれの吉方位で仕事をする

まず、仕事運アップのために改善案❶を行います。夫のBさんは「坎」なので、南東の「生気」方位で仕事をするのが最適です。南側の洋室に南東にあたる部分があるので、ここにデスクを置きます。

妻のCさんは「兌」なので、北西の「生気」を使いたいのですが、デスクが置けるスペースが確保できません。したがって、「延年」方位の北東か「天医」方位の南西を使います。北側の洋室に北東部分があるので、ここにデスクを置き、仕事をするといいでしょう。

●枕の位置も吉方位に

風水開運には寝室も重要です。夫のBさんとD君は「坎」ですが、妻のCさんは「兌」なので、方位の吉凶が分かれてしまいます。幸いに寝室は、南方位と南西方位があります。南はBさんとD君には「延年」の吉方位で、南西はCさんの「天医」で吉方位になります。左ページの図のような配置で寝ると安眠でき、家族そろって健康になれそうです。

●子ども部屋の中の「天医」に机を

D君が大きくなったら、子ども部屋が必要になります。勉強には「天医」方位が良いのですが、D君の「天医」は東です。この住居で東はダイニングとなっています。そこで、南の洋室を子ども部屋にし、その南側にベッド、部屋の中心から見て東に勉強机を置きます（改善案❷）。

Bさんのデスクは、北の洋室の北かリビングの南東に移動し、仕事をするといいでしょう。

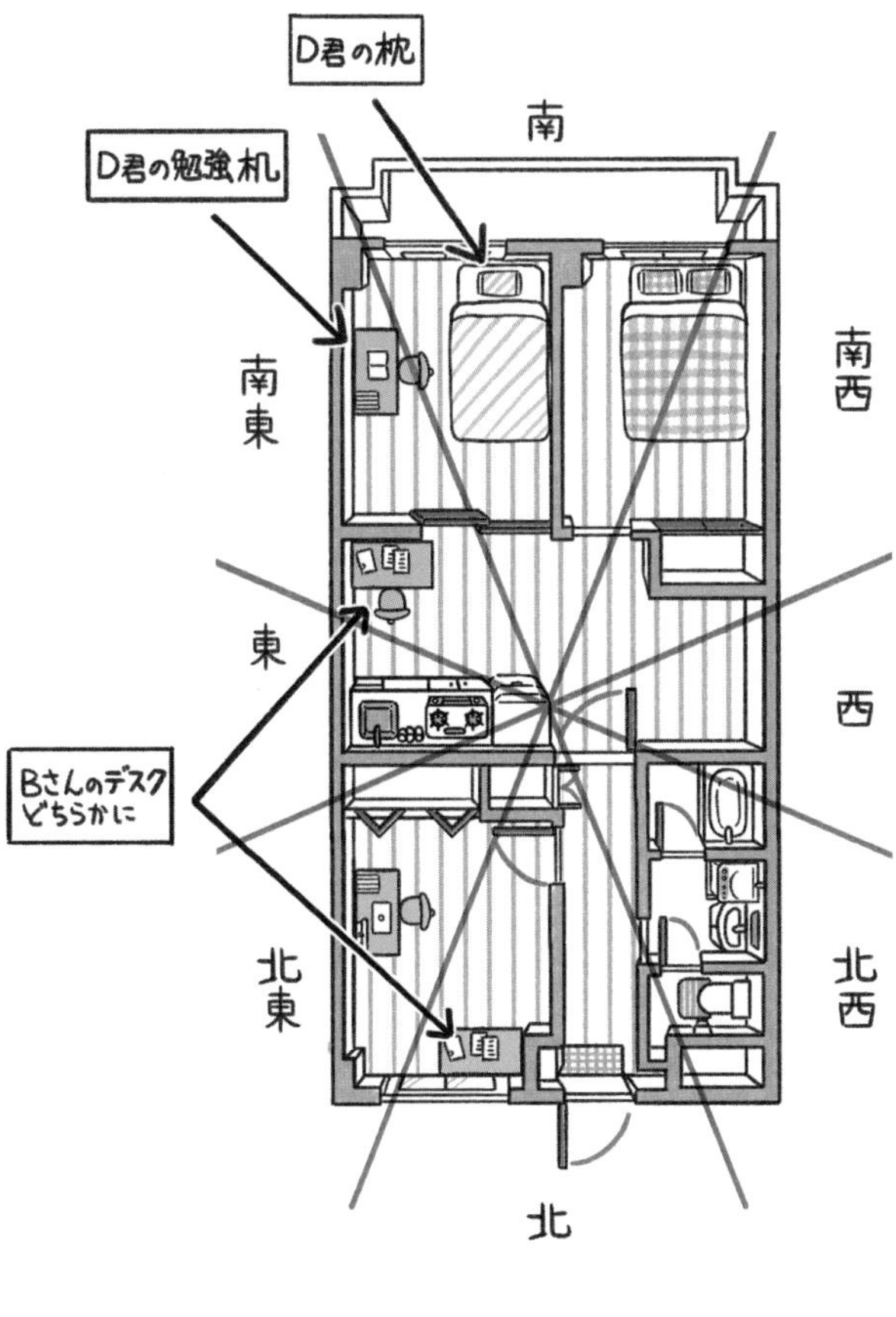

改善案❷

風水鑑定事例

CASE 3

平成8年生まれ・女性・Eさん

新卒で、企業に就職。仕事はやりがいがあり満足しているが、プライベートが充実していない。特に、恋愛関係においては、新しい出会いを求めている。

●シェアハウスでも風水術は有効

アパートやマンションのような従来の集合住宅ではなく、シェアハウスを選択する人たちも増えています。

こちらは、とあるシェアハウスです。学生や若い社会人が住んでいます。

新社会人のEさん（女性）は、大学卒業後、一般企業に就職して広報を担当しています。学生時代から長く付き合った恋人がいましたが、つい最近、別れてしまいました。職場は既婚者や彼女持ちの男性ばかりで、新しい出会いもありません。「いい出会いがほしい」と思っていたら、シェアハウスを紹介されました。今は一般的なワンルームマンションに住んでいますが、いい部屋が空いたらシェアハウスに引っ越し、新しい生活を始めようと思っています。

この場合、恋愛運アップに絞って、最適な部屋を見つけてみましょう。

Eさんの本命卦八宅盤

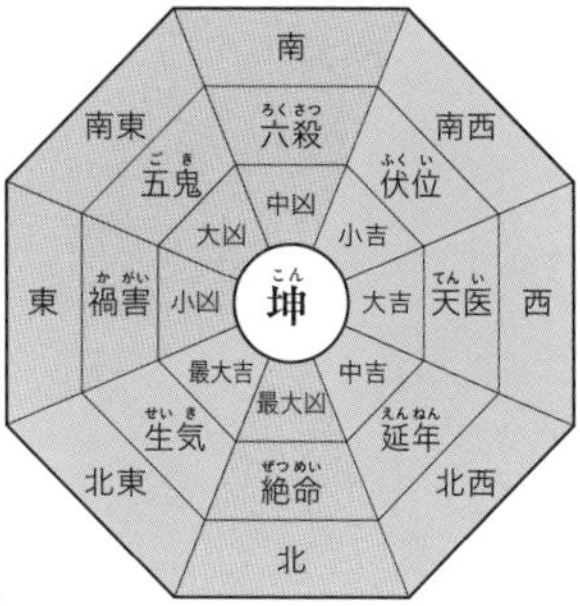
南
南東
六殺《ろくさつ》
南西
五鬼《ごき》
中凶
伏位《ふくい》
大凶
小吉
東
禍害《かがい》
小凶
坤《こん》
大吉
天医《てんい》
西
最大吉
中吉
生気《せいき》
最大凶
延年《えんねん》
北東
絶命《ぜつめい》
北西
北

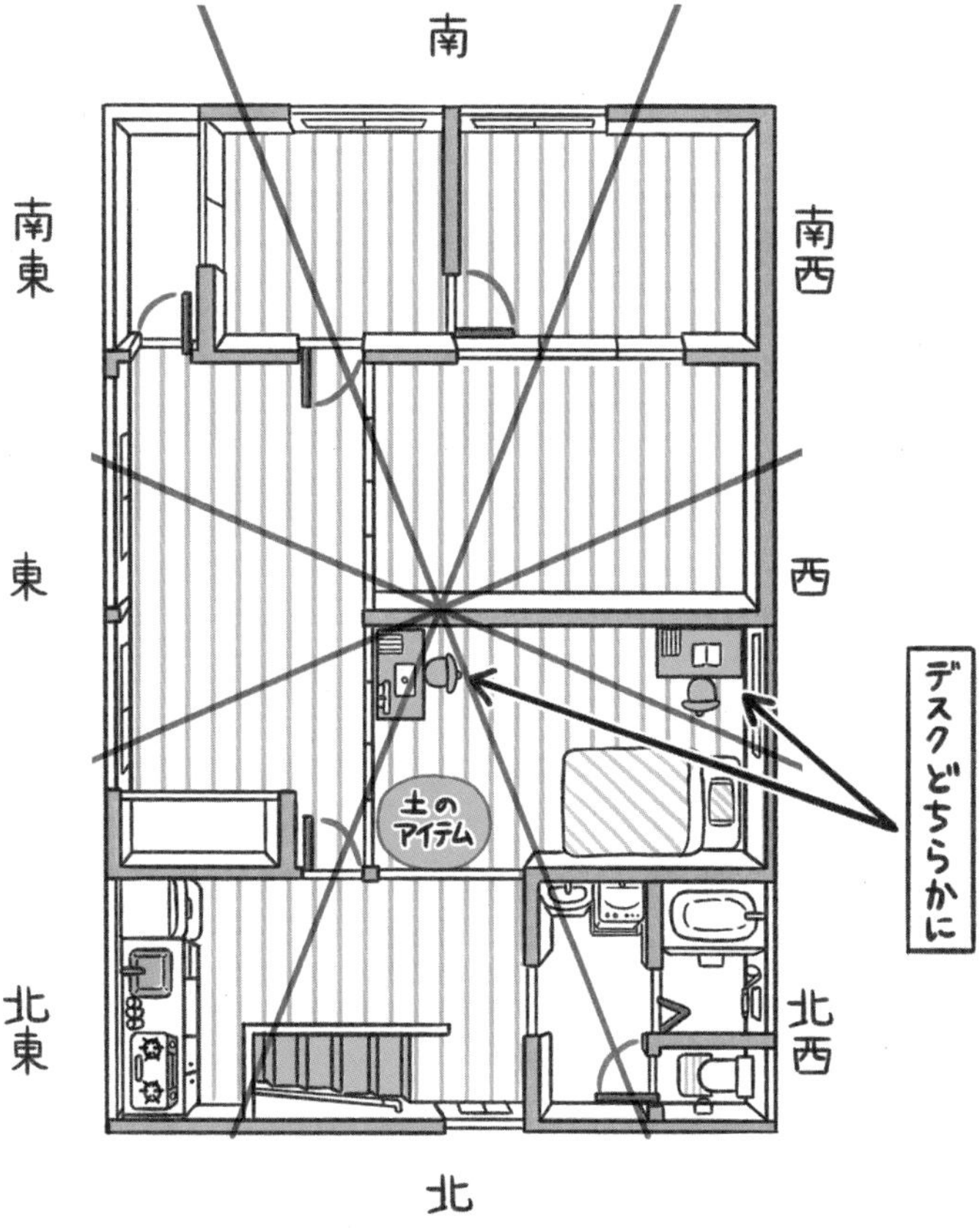
南
南東
南西
東
西
デスクどちらかに
土のアイテム
北東
北西
北

●南西・西・北西・北東のうち北西の「延年」が◎

Eさんは本命卦が「坤」なので、吉方位は、南西・西・北西・北東の4つです。この中で恋愛運を上げるのは、「延年」方位の北西になります。

シェアハウスの建物全体の中心から見て、北西の方位には7・5帖の洋室があります。この部屋を狙いましょう。

●恋愛運を上げる間取りの例

運気に大きく左右するベッドの配置は重要です。北西の吉方位を十分に活かせるよう、P.255のようにベッドを置きます。

この置き方だと、シェアハウスの建物全体の中心から北西の延年方位になるだけでなく、部屋の中心から見ても北西になります。

●デスクを置くなら「天医」か「生気」に

もし、デスクを持ち込むなら、建物全体の中心から見て西の方位の「天医」のエリアか、北東の「生気」のエリアに置きます。こうすると、ちょっとした書き物や仕事を持ち帰ってする場合などに集中して取り組むことができます。

●大凶方位のカバーの仕方

この部屋は、Eさんの恋愛運アップという観点からは最高の部屋となりますが、欠点があります。それは、建物全体の中心から見て北に当たる「絶命」の大凶エリアが、自分の居室内にあることです。さらに、部屋の出入り口にもなっており、凶作用が心配です。

凶作用を和らげるため、化殺をしっかり行いましょう。この北の方位のエリアには、「土」性アイテム（陶器など）や、黄や茶の敷物を敷くことをおすすめします（P．126、P．258参照）。

【五行別化殺の色とアイテム】

五行	化殺用の色	各性質のアイテム
木	緑、青、水色	観葉植物、竹製の小物、山や森の写真や絵画、まっすぐな形のもの
火	赤、ピンク、オレンジ、紫	キャンドル、スポットライト、太陽の写真や絵画、三角形のもの
土	黄、茶、ベージュ	陶器、磁器、石性の置物、レンガ、テコラッタの鉢、大地の写真や絵画、四角形や台形のもの
金	白、金、銀、メタリックカラー	金属製の家具や置物、光るオブジェ、ドアベル、バーベルの円盤、円形のもの
水	黒、紺、グレー	水槽、水を使ったオブジェ、ガラス製品、海や滝、湖、川の写真や絵画、流線型のもの

黒門風水Q&A

Q1 玄関が「絶命」だと絶対ダメ？

A 運気への影響大ですが改善方法はあります

風水では、「陽宅三要」として3つの要素を大事にします。「大門《だいもん》」（玄関）、「房《ぼう》」（寝室）、「炉《ろ》」（キッチン）です。玄関と寝室は吉方位、キッチンは凶方位に配置するのが望ましいとされています。

人の運を考えるとさまざまな重要なファクターがありますが、人との出会いは重要です。人は玄関からやってくるもので、人の縁などによりもたらされるお金も同様です。そのため、玄関を幸運の入り口として重要視してきたわけです。

もし、「絶命」などのよくない方位でもP．105～の化殺《かさつ》、P．178～の吉・凶のみかたと改善方法を紹介しました。小さなことから実践し、効果を振り返りながら開運を目指しましょう。

また、最近はパソコンやスマホを「第二の玄関」として運気を呼び込んでくれます。ぜひ吉方位に置く、吉方位で充電するなど、工夫しながら運気を呼び込んでください。

Q2 高層住宅の風水や家相はどう見る？

A 家賃が高いことから場所の波動も高いはず

超高層タワーマンションの誕生により、人類がこれまで住んだことのないような高層に住む人も出てきました。

周りの建物から図抜けて1棟だけ高い建物は「露風殺《ろふうさつ》」（P.62）となり、孤独になる、事業が失敗する、見栄を張り借金するなどの凶作用があるとされています。

とはいえ、タワーマンションには、収入も社会的地位も高い人や人気の芸能人などが多く住みます。つまり、その場所の波動が良好だから、そういう波動を持った人が引き寄せられて住んでいるのです。

そもそも、露風殺が成立するのは、ワンフロアすべてが1つの住居である場合だけという考えもあります。両隣に別の住居があれば、直接強い風が当たらず、凶作用はそれほどでもないとも考えられます。

ただ、電磁波などの物理的な障害は現実としてあります。さらに、気候変動の時代となり、地震や強風などの災害への備えは必須です。

Q 3

キッチンとダイニングが一緒の場合は？

A

そのままの配置でできる風水術を試しましょう部屋を区切るのも◎

現代のマンションでは、キッチンが独立した部屋として仕切られておらず、ダイニングの中にキッチン機能がある「ダイニングキッチン」もあります。中国風水では、「キッチンは凶方位、ダイニングは吉方位がいい」とされています。ダイニングキッチンの場合はこのような吉・凶方位に配置するのが難しくなってきます。

その場合は、①ガステーブルを凶方位に置く（動かせないならトースターなどの熱を使う調理器）、②ガステーブルのつまみを吉方位に向ける、③住居全体の吉方位か、ダイニングの吉方位で食事をするなどの方法で凶の作用を和らげ、吉の影響を授かることができます。

また、リビングにたまった財の気などの良い運を、キッチンの火気が燃やしてしまうという考えもあります。調理のにおいがリビングに充満するなどの問題もあるなら、パーテーションや大きめの観葉植物を使って、簡易的な仕切りを作るのも良い方法です。

Q 4 住居や部屋の中央部分の吉凶は？

A 中央の吉凶については流派により解釈は多様 取り入れやすい方法を

中央（太極）の吉凶については、風水の流派や風水師によって意見が異なります。家を9つのマス状に区切る流派や、ピザを切るように中心から八等分に分ける流派など、さまざまな方法や考え方がありますす。前者は、中央を1つの方位と考えますが、後者は、中央は1つの方位としては考えない場合が多いのです。

八宅派では八方位に区分するため、中央は重視しません。また、金鎖玉関などでは中央を1つの方位と考え、中央にはあまり物を置いてはいけないとしています。

現代の生活や今住んでいる住居の事情に合わせ、柔軟に考えながら取り入れやすい方法を選択してかまいません。

Q 5 風水効果はどれぐらいで出る？

A しっかり効果の検証を 1ヵ月ほどでしょう

派遣切りに遭った人が、風水開運法を取り入れたところ、3日でこれまでの数倍待遇のいい職を得たことがありました。以前に面接を受け、落ちたのに突然連絡が来たそうです。このように、人によってはすぐに素晴らしい効果を実感できることがあります。

一般的には、1カ月ぐらいが目安です。狙った通りに運気が改善してきたかどうかは、自分でわかるはずです。逆に、なんの変化も感じられない場合は、風水の別のロジックで凶を犯しているのかもしれません。むしろ悪くなっているような気がするなら、試してみた家具の配置替えなどを元に戻した方がいいでしょう。

他の物事と同様で、風水もやったらやりっぱなしにせず、振り返りながら効果を確かめることが重要です。「毒出しをしているのかもしれない」「今悪いのは好転反応で、これからよくなるはず」などと思い込んだりせず、より効果を感じられる方法を探りましょう。

Q6 ペットや水槽の吉方位は？

A 動物の種類ごとに吉の方位に寝床をトイレの位置も要注意

ペットを飼い、家族のように大事にしている人もいると思います。ペットの寝床やトイレの場所の吉・凶を教えましょう。

ハムスターなどのネズミ類にとって、良い方位は北もしくは西、悪いのは南です。ネコは東か南東が良く、悪いのは西。ウサギも東と南東が良く、悪いのは西。小鳥は西が良く、次に北東か南西が吉、悪いのは南と東です。イヌは北東と南西が良く、東と南東はよくありません。これらの良い方位に寝床を置きましょう。

トイレは、飼い主の本命卦の凶方位に配置します。こまめに清掃し、清潔に保つことは欠かせません。

金魚やメダカなどの観賞魚は愛らしいペットでありながら、魚が泳ぐ水槽は風水の重要アイテムです。「財位」（P．186）に置くと金運を呼び込んでくれるなどの効果がありますが、タブーとなる方位もたくさんあります。「寝室には置かない」は鉄則にしましょう。

Q7 お墓についてはどう考えればいい？

A 深刻に考えず信念に沿えばよいでしょう

お墓の吉凶は「陰宅風水《いんたくふうすい》」の領域で、生きている人の住居などを扱う「陽宅風水《ようたくふうすい》」とは異なります。具体的な吉凶は、お墓の建てられた年代、墓地の中で位置する方位、墓地の背後の山や川の地形などから導きます。

お墓の風水は、古代中国の土葬文化を元に発展したものです。そのため、今日の日本の火葬文化には当てはめにくいといえます。また、日本は土地が狭く、お墓に利用できる土地が限られています。納骨堂などは、その典型と言えます。このような状況の中で、風水で求められる条件に合った場所を探すのは、至難の業といえます。

日本では後継者の事情から散骨を選ぶ人もいます。その場合、遺骨はバラバラになり、吉も凶もないでしょう。そもそも、風水師のなかには「火葬した時点で吉も凶もない」と考える人もいるようです。自分の信念に沿って、それぞれ最良と思う選択をすればいいでしょう。

Q8 家から送電線の鉄塔が見えるのは良くない？

A 現地の状況次第 悪い作用を実感するなら サンキャッチャーを

一概に、「鉄塔まで○mだから凶」「○の方位だから凶」などという判断はできません。周辺環境の影響もあるため、現地を見てからでないと吉・凶はわかりません。また、鉄塔があった方がいい方位もあります。風水鑑定には数多くの流派や方法があり、例えるなら、病院でCT、MRI、レントゲン、エコーなどさまざまな検査を組み合わせて診断を進めるようなものです。また、風水の問題とは別に、科学的に電磁波（磁界）の影響の有無も考えなければなりません。

このように、複数の判断法を重ね合わせてから、そこに住むリスクを取れるか取れないかを総合的に判断するのが正しい方法です。

その鉄塔による良くない作用がすでにあるとしたら、その方位にまつわる現象が出ます。南東の方位なら長女の問題です。鉄塔の凶作用を減らすには、サンキャッチャー（光を反射する多面体のインテリア）を置くといいでしょう。光が散るように、悪い気も散らせます。

Q 9

引っ越しはどの方角へ移動するかを気にするべき？

A

移動の方角ではなく吉の部屋か、次に日取りが風水の優先順

日本の風水や気学には、引っ越しの日取りと方位だけみる流派がありますが、それでは部屋の風水パワーが存分に引き出せません。人が住む部屋、つまり器がどうなのかを考えましょう。器が悪いのであれば、いくら日取りと方位が吉となるタイミングを選んでも効果は出にくいでしょう。

中国伝統風水では、風水的に最良の部屋を選んだら、次は引っ越しの日取りや時間を検討します。良いタイミングで入居することで、その部屋本来の良さが引き出せると考えるためです。中国でも、引っ越しのタイミングをみる流派は多数ありますが、基本的には「どの方角に引っ越すか」ということはほとんど重要視しません。

本書で部屋の選び方はしっかり学んでいただけますが、タイミングについても学習が必要です。もし、興味があれば、『増補改訂版 成功をつかむ究極方位 奇門遁甲』（説話社）を参照ください。

Q10 化殺に使う五行アイテムはフェイクでも良い？

A 五行をイメージしたフェイク品で代用が可能です

方位の凶作用を抑えるための化殺で、例えば木性で化殺する場合、本物の植物の方が理想的ですが、フェイクや似せたものでも大丈夫です。ただし、効果はやや落ちます。木性だと、木の柄の布やインテリア用のシール式のシート、森林の絵なども使えます。

水性なら本物の水槽の代わりに海や湖のポスターや写真、土性なら本物のレンガではなくレンガ柄の壁紙。火性ならキャンドルや暖炉など本物の火という手もありますが、本書の各章でふれているように、照明器具が使いやすいでしょう。太陽の絵でもＯＫです。金性の場合、金属の素材に迷うかもしれませんが鉄がベストです。「止まった鉄」と見る車のポスターも使えます。「五行からイメージしたのに、別の五行の要素も入る」と迷うこともあるでしょう。Ｐ．２５８の「五行別化殺アイテム」を参考に、できるだけ木・火・土・金・水の要素が多いもの、他の五行が混じらないものを探してください。

Q 11

風水が良ければ凶事は起きないのですか？

A

凶事が起こる場合は他の要因を探し、対処を重ねます

ある鑑定で、「水槽を置いた方が良い」と判断した場所に水槽を置き、観賞魚レンタルサービスを利用し、金魚を飼うことになりました。ちなみに、金魚の数は金運に良い6をおすすめしています。金魚は吉方位に置くと長生きしたり、大きくなったりするのですが、そこでは金魚が次々に死んでしまうのです。死んだら足し、また足し、「次は一番元気なのを」と持ってきてもらっても死ぬ……ということが続き、「いくらなんでもおかしい」という話になりました。

これは、P.82のジオパシックストレスかもしれないと思い、水槽の下にジオパシックストレスを遮断するアルミシートを敷いたところ、以降金魚は死ななくなりました。このアルミシートは、私が内外のメーカーからサンプル取り寄せ、探し出したシートです。風水的には良くても、ジオパシックストレスなどの影響も考えなければいけないという好例です。

コラム 4

中国以外のアジアの風水&占い事情

古代中国で発祥した風水は、アジア各地に伝えられ、その地に根付いた形で発展しました。

中国からの影響を大きく受けた韓国でも、古くから風水が活用されました。現在の首都ソウルは、風水の「四神相応《しじんそうおう》」という基本理念に基づき、東西南北のそれぞれを司る守護神が備わる立地条件となっています。

韓国には、「土亭秘訣《どていひけつ》」という占いのようなものがあり、約半数の人が新年にこの占いをしてもらっています。1回1000円ほどと安く、おみくじに近いようでいて、おみくじよりも信頼されています。また、「女の子が育ちにくい家系に生まれたので男の子の名前を付けた」などといった名付けにまつわる風習があり、独特の文化を感じさせます。

インドでも独特の風水が生まれ、「ヴァスツ」と呼ばれています。また、ユニークな習慣があり、聞いておもしろかったのは、「結婚運の悪い人は、一度、植物の木と結婚したことにして、別れる」というものです。これは、「一度離婚しなければならないというカルマを消化した」とするための儀式のようなものです。

タイやミャンマーにも、インドや中国がルーツと思われる風水が伝わっています。また、生まれた曜日を用いる「曜日占い」が盛んで、生まれた曜日により性格や運勢、理想的な間取りが決まると考えられています。

アジアからはるか遠くのアメリカやヨーロッパにも、華僑(中国系移民)が風水を伝え、徐々に浸透しているようです。

第五章

最強の玄空飛星派《げんくうひせいは》風水

1／風水のさまざまな流派

この章では、これまでご紹介した風水の理論を踏まえ、アジアで広く用いられている「玄空飛星派風水《げんくうひせいはふうすい》」についてお話ししていきます。玄空飛星派が他の風水とどう違うのか？　それをご説明するために、まずは多数ある風水の流派について簡単にふれ、整理しておきましょう。

●三合派《さんごうは》

最も伝統のある流派であり、風水の王道と言っても過言ではありません。中国では「三元派」と勢力を二分するほどです。この三合派の特徴は、天盤（水法）・地盤（砂法）・人盤（龍法）と、「天・地・人」の三盤を使い分ける点です。

「水法」とは、**水の流れや道路の流れ**、「砂法」は**周囲の環境**、「龍法」では**龍脈の流れ**をみます。その他に「向法《こうほう》」や「点穴法《てんけつほう》」などがあります。

三合派は、陽宅や陰宅の外部環境をみるのに技法に大変優れていますが、**家の中をみるのに弱く、そのため、先に紹介しました「八宅派」を併用する場合が多い**ようです。

●八宅派《はったくは》

本書でもご紹介している、日本で最も普及している流派。陽宅のみの流派であるため、風水の流派というより陽宅の流派と呼ぶのがふさわしいかもしれません。日本では、江戸時代に八宅派の書が数冊著されました。大坂で活躍した、家相で有名な松浦琴鶴《まつうらきんかく》にも八宅派の著作があります。

●三元派《さんげんは》

先の三合派と勢力を二分する流派ですが、この三元派も、主に「玄空飛星派」「玄空大卦派《げんくうたいかは》」「龍《りゅう》門八局派《もんはっきょくは》（三元水法派《さんげんすいほうは》）」があり、このうち**最も大きな流派が「玄空飛星派」**です。

玄空飛星派は、正式には「無常派」と呼ばれます。紫白九星（Ｐ．１５５）を利用し、**台湾や香港などでは三合派よりも人気が高い流派**です。

大卦派は64方位の細かい方位を使用する流派、龍門八局派は水法を主とする派で「三元水法派」とも呼ばれます。もっとも大卦派と龍門八局派は三元派の中では少数派であり、現在、三元派といえば玄空飛星派を指すと考えてもよいでしょう。

玄空飛星派は、もともと少数派の流派でしたが、民国時代の１９２１年に**談養吾**という人物が、秘伝であった玄空飛星派の内容を暴露した本を著し、世間に認められました。以降、**台湾や香港などでブーム**となり、その後のわずか数十年の間に、先の三合派と肩を並べる一大勢力になったのです。**台湾や香港の華僑たちが米国で広めたため、欧米では三合派よりも主流の感**があるほどです。

かつては、中国本土や韓国では三合派が主流でしたが、最近では玄空派の書籍も多数出版されています。シンガポールなどの東南アジアでも華僑を中心に風水は盛んで、台湾や香港系統の風水師が多いため、三合派と玄空派が行われています。

この他の流派についてもP．40で紹介していますのでそちらもご覧ください。

2／玄空飛星派風水が最強な理由

大陸のプロ風水師たちが用いる玄空飛星派風水。効果が出るのが非常に速く、また効果的であるために彼らは用いるのですが、なぜ効果的なのでしょう？　玄空飛星派の中にもいくつか流派があり、効果の理由もさまざまですが、私の数十年の経験から次の理由が考えられます。

●宅盤のパターンが多く詳細な鑑定が可能

最も普及している八宅派の宅盤は「乾《けん》」「兌《だ》」「離《り》」「震《しん》」「巽《そん》」「坎《かん》」「艮《ごん》」「坤《こん》」の８パターンが基本ですが、玄空飛星派の宅盤は基本パターンだけでも１０８、例外を含めると２１６と、圧倒的にパターン数が多く、それだけ詳細にみることができます。

判断におけるパターンにおいても、八宅派では「生気《せいき》」「天医《てんい》」「延年《えんねん》」「伏位《ふくい》」「絶命《ぜつめい》」「五鬼《ごき》」「六殺《ろくさつ》」「禍害《かがい》」の８パターンですが、玄空飛星派では９つの星の組み合わせで判断するため、基本的なパターンだけでも81パターンになります。つまり、それだけ細かい判断が可能になります。

●時間軸に沿った判断ができる

玄空飛星派のもう1つの特徴として、**時間の概念を取り入れた点**があげられます。

八宅派では、例えば本命卦が「乾」の人にとって南は「絶命」の大凶方位となり、これは永遠に変わらないなど、各方位の吉凶は不変です。しかし、景気の良い会社が時代の流れで不景気になるなど、状況が変化するのが現実。不変の吉凶の考え方のみでは、この現象をうまく説明できません。

玄空飛星派では、後に示しますが**時間の経過によって移り変わる空間（方位）の吉凶を判断**します。これは**20年ごとに方位の吉凶が変わる**のです。

昔は、家を建てる場合は子どもや孫の代まで何世代にもわたり住むことを前提に建てました。このような時代では、不変の吉凶が重視されました。ところが現代では、増改築したり、建て直したりします。賃貸住宅では数年単位しか住まなかったりと、同じ家に居住する期間は短く、また子孫の代まで栄える風水よりは、自分の代か子どもの代で栄える**即効性のある風水の方が、時代のニーズに合っている**といえます。これが近年、玄空飛星派がブームになった要因のひとつでしょう。

●流派が多いのが問題

とはいえ、玄空飛星派もいいことばかりではありません。最大流派の玄空飛星派も「談氏玄空派《だんしげんくうは》」「沈氏玄空派《しんしげんくうは》」「中州派《ちゅうしゅうは》」などがあり、また、判断の多彩さが、かえって一般に普及しない要因の1つともなっているようです。

そこで本書では、この十数年の鑑定経験と、私のもとで指導を受けた風水師たちの数多の検証結果から、最も重要かつ効果の高い**山水の判断にしぼって解説**することにしました（P.286）。

3／玄空飛星派風水の宅盤を出す

【 玄空飛星派の宅盤 】

元運／建物の建築年月日

八運		
5　2 七	9　7 三	7　9 五
6　1 六	4　3 八	2　5 一
1　6 二	8　8 四	3　4 九

座向／建物（玄関）の向き

玄空飛星派の風水で判断するためには、**まず玄空飛星派の独特な宅盤**を用意する必要があります。玄空飛星派の宅盤を割り出すには、**①建物の建築年月、②建物（玄関）の向き**の２つの情報が必要です。

上に示したのが、この玄空飛星派で使用する宅盤の基本型ですが、最上段が、鑑定する建物が建てられた年月から割り出した**元運**。下にある数字の入った９つのマスが建物の玄関の位置から割り出した**座向**です。この９つのマスに入っている数字のうち、漢数字は元運の九星、洋数字は山星《さんせい》・水星《すいせい》（Ｐ．２８６）を示しています。

なお、この盤も他派の風水の盤と同様に上が南、下が北となっています。

1 建物の建築時期から「元運」を出す

●住人ではなく建てられた時期をみる

玄空飛星派では、そこに住む人の生年月日より、その建物がいつ建ったかを重んじ、宅盤を作成する際には、その建物が以下の表のどの時期に建てられたのかをみます。

この表は、20年ごとに区切られていますが、これは**三元**《さんげん》**九運**《きゅううん》と呼ばれる考え方をもとにしたもので、実際には一運から九運まで9つの期間があります。ここでは五運にあたる1944（昭和19）年以降の元運を示しました。

例えば、鑑定する家の建築年月が2005年3月であれば、表の2004年2月〜2024年1月の期間にあたり、「八運」の時期に建ったということになります。

しかし、建築期間が元運をまたいで建築された場合もあります。例えば、建築期間が2003年11月から2004年3月だと、七運と八運に当てはまります。この場合、実際に処方をしてみないと、七運の建物なのか、八運の建物なのか判断しかねるというのが現実です。

【 三元九運 】

建築時期	元運
1944年2月〜1964年1月	五運
1964年2月〜1984年1月	六運
1984年2月〜2004年1月	七運
2004年2月〜2024年1月	八運
2024年2月〜2044年1月	九運

2 玄関の向きから「座《ざ》向《こう》」を出す

●位置ではなく向きでみる

建築年月の次に必要な情報が**建物の向き**、**すなわち座向**と呼ばれるものです。

実は、この座向を定めるには、それなりの専門知識と経験が必要とされ、この座向を判断できるようになれば、一人前の風水師ともいわれます。このあたりが、玄空飛星派の難しさの1つでもあります。本書では、**玄関の向き＝建物の向き**とすることにしました。

なお、ここで重要なのは、**玄関がどの方位を向いているか**です。広く知られている風水で玄関をみる場合、玄関が家の中のどこにあるか、を重視しますが、玄空飛星派では違います。下の図のように、家の中心から見た場合、玄関の位置は様々です。しかし、いずれも同じ方角を向いていますから、すべて同じ座向にあると考えるのです。

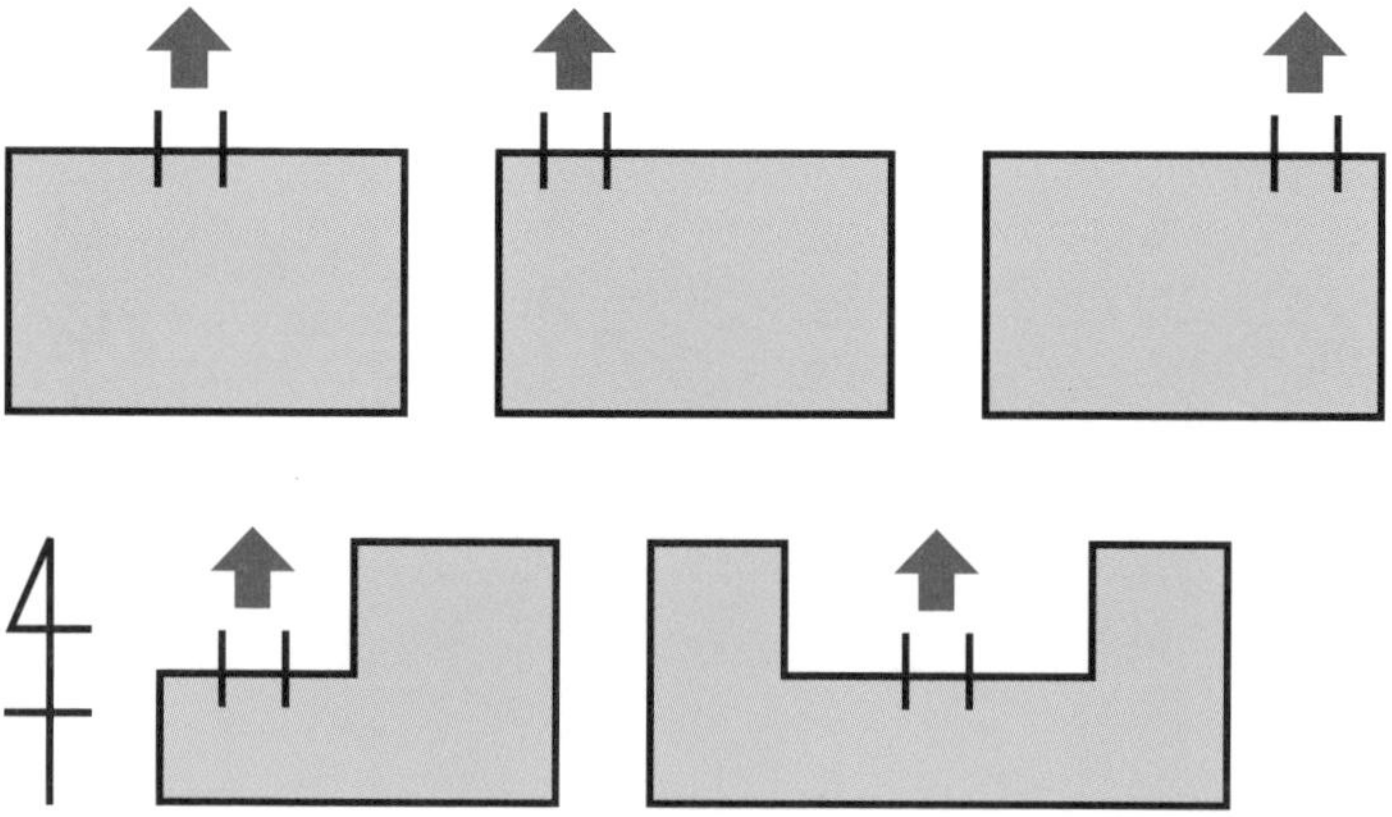

家の中心から玄関の位置をみる場合、左上から時計回りに、北、北西、北東、北、西と、それぞれに異なります。しかし、座向をみる場合、これらはいずれも真北、すなわち24方位(P.279)の「子」の方角を向いていると考えます。

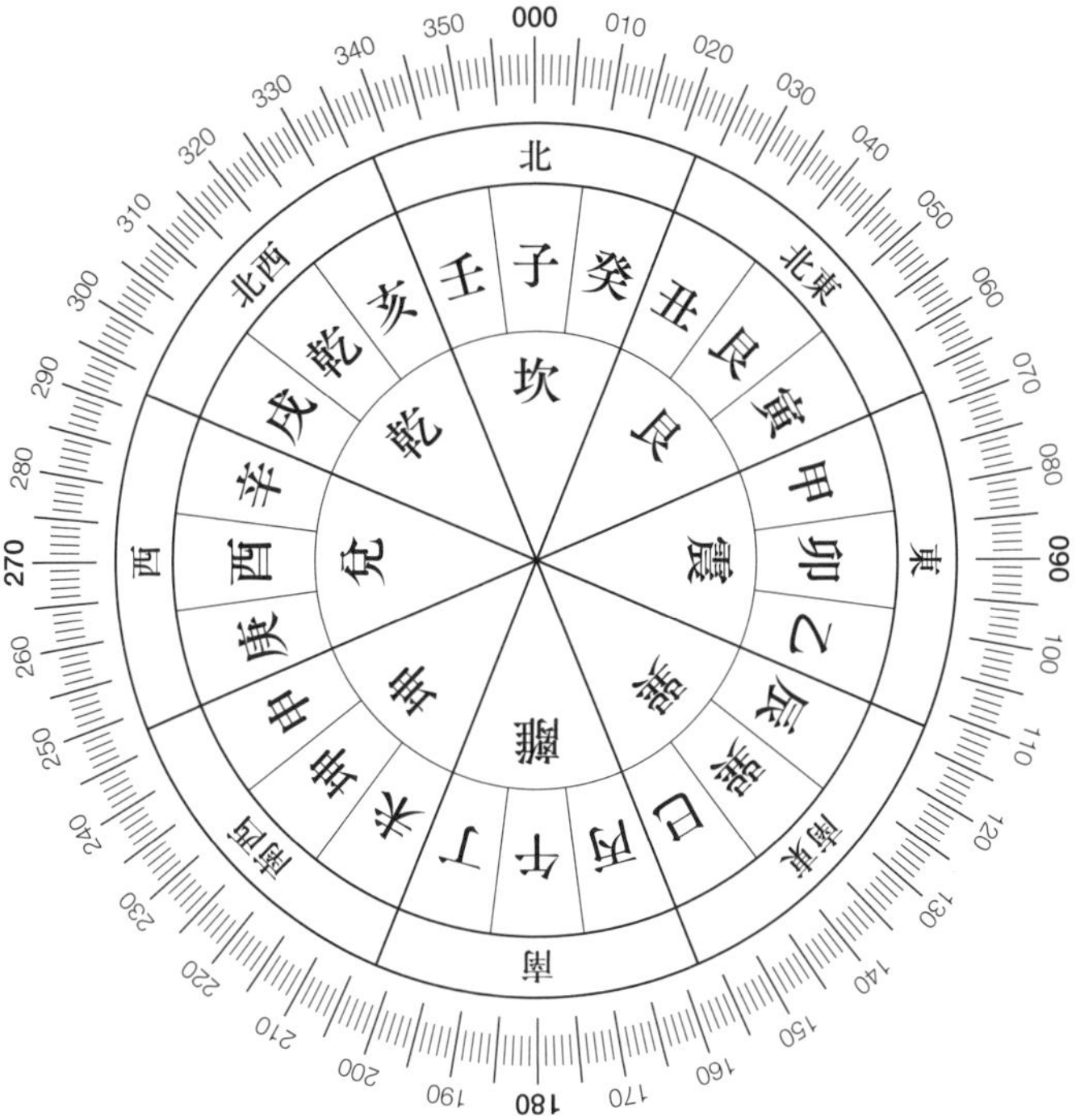

※本書では南を上としていますがP．278～P．283までは一般の地図を基準とするために北が上としています。

24方位について

一般的に方位は東西南北に北東、南東、南西、北西を加え、計8方位で示されます。

しかし玄空飛星では8方位をさらに3つに分けた24方位を使います。上にあるのは24方位図ですが、各方位を、さらに15度ずつに分けています。

北は、壬《みずのえ》・子《ね》・癸《みずのと》
北東は、丑《うし》・艮《ごん》・寅《とら》
東は、甲《きのえ》・卯《う》・乙《きのと》
南東は、辰《たつ》・巽《そん》・巳《み》
南は、丙《ひのえ》・午《うま》・丁《ひのと》
南西は、未《ひつじ》・坤《こん》・申《さる》
西は、庚《かのえ》・酉《とり》・辛《かのと》
北西は、戌《いぬ》・乾《けん》・亥《い》

「南向き」といっても、「丙」「午」「丁」のいずれなのかをみる必要があるのです。

玄関の向きの出し方

玄空飛星派では方位を細かく分けているだけに、玄関がどの方角を向いているか、正確に計測する必要があります。各風水師によってやり方はいくつかありますが、ここでは間違いのない方法を2つご紹介しましょう。

【方位磁石で計測する】

①ドアの前で測る

玄関ドアの前に立ち、玄関の向きが何度かを方位磁石で確認します。このとき、**360度の目盛りがついた方位磁石**を用意してください。風水の専門家が使用する「羅盤」（P.38）を使うのが理想的ですが、難しい場合、スマートフォンの方位磁石アプリを使うのもいいでしょう。目盛りだけでなく数字で度数を示してくれます。

なお、計測の際にはドアや建物から離れることをおすすめします。近づき過ぎると、磁石の狂いが生じてしまいます。

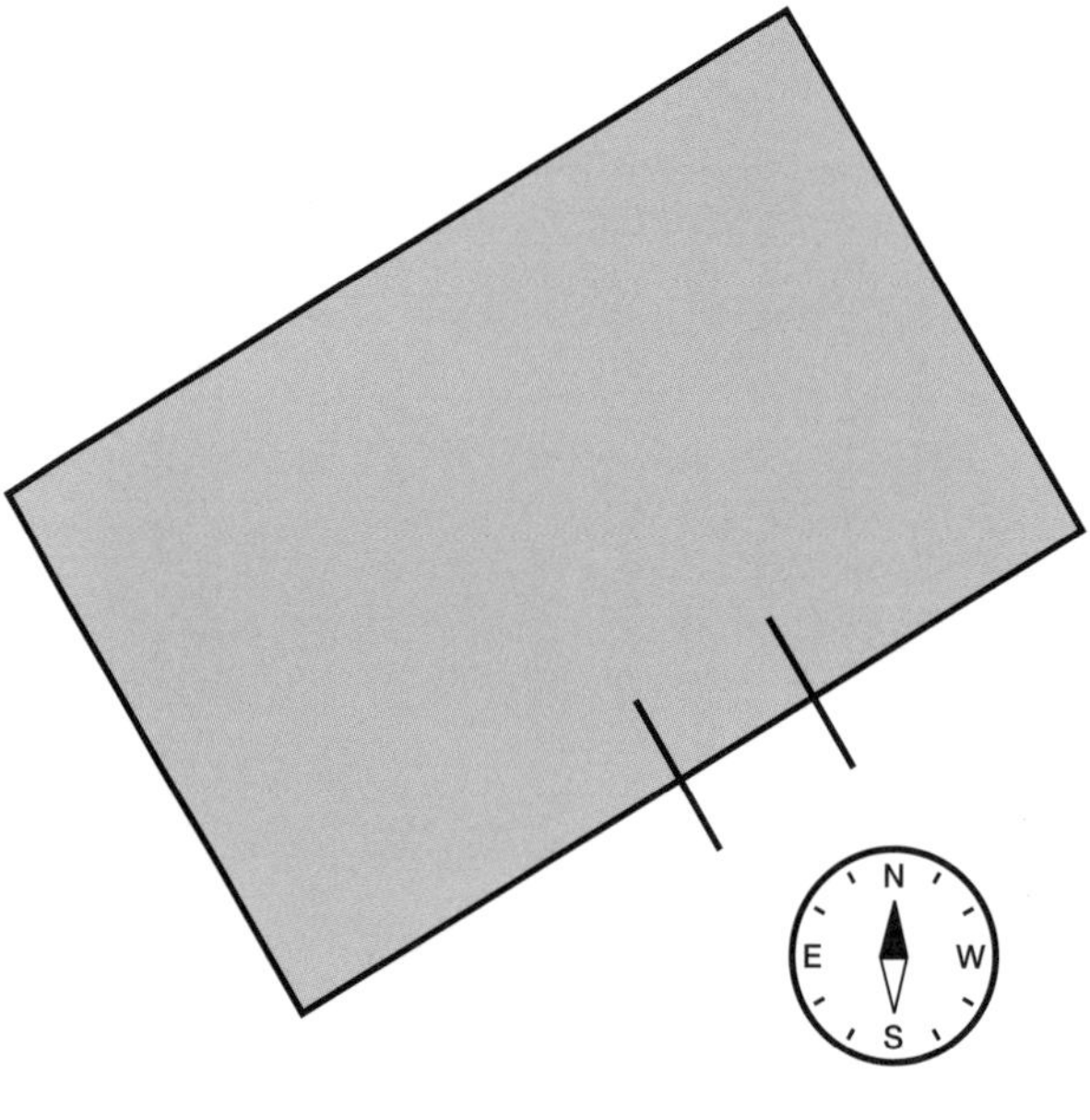

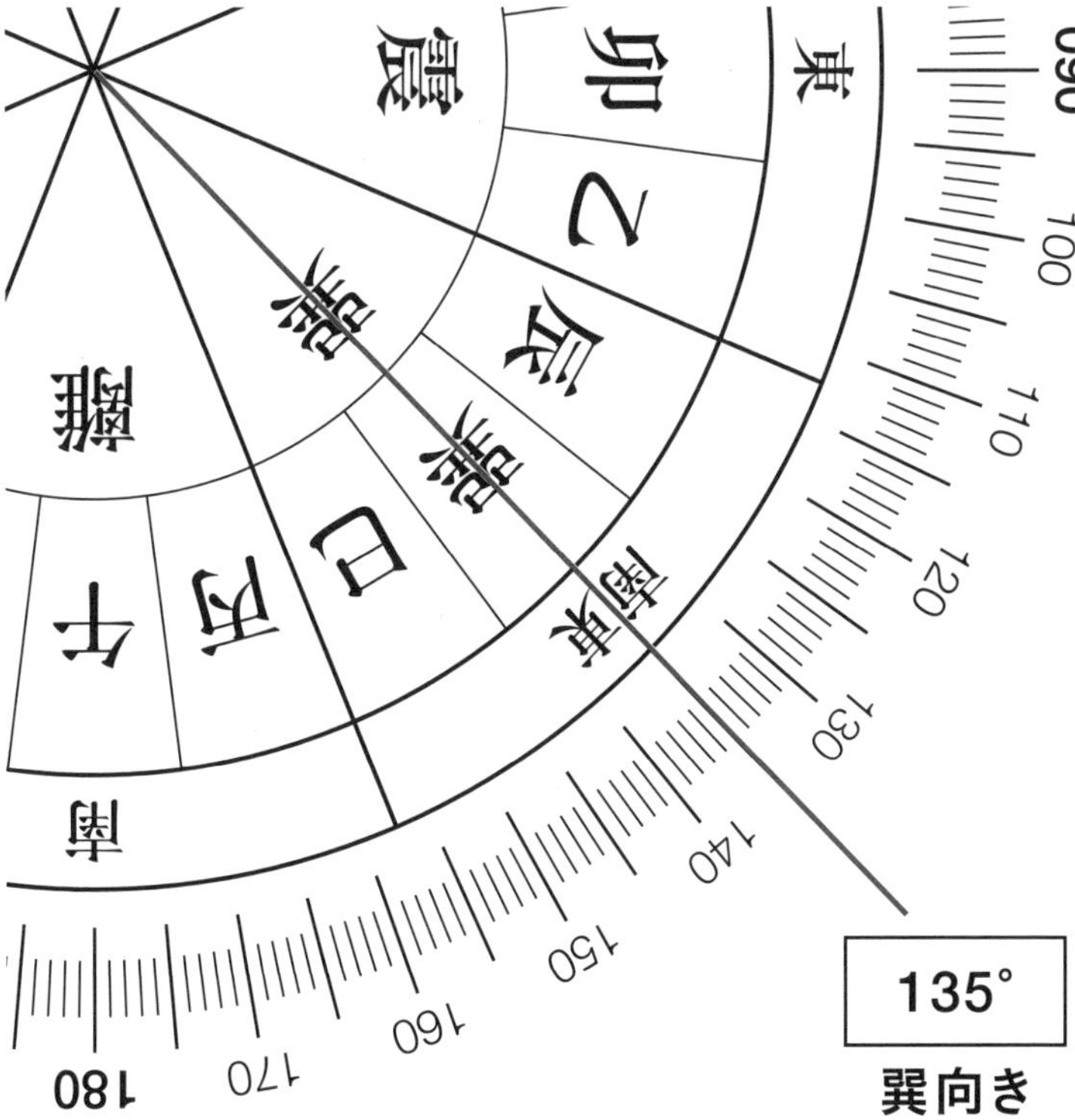

②24方位図で方位を確認する

①で計測したところ、「135度」という数字が出たとしましょう。279ページの24方位図で**確認すると、135度は「巽」**にあたります。ですから、**この建物は「巽」の座向（「巽向」と呼びます）の建物**とわかりました。

なお、この方位磁石で玄関の向きを計測する方法は、**閑静な住宅街の一戸建て向き**のものです。マンションなどの集合住宅では、周囲にさまざまな建物があるため磁石が狂いやすく、正確な方位をとれません。この場合、次に紹介する方法がおすすめです。

【地図や航空写真から計測する】

①エントランスがどちら向きか確認する

マンションなどの集合住宅、また戸建てであっても周囲が込み合って建物から離れて計測できないという場合、**地図アプリ**や**インターネット上の航空写真**などを使って座向を出すのがいいでしょう。方位や建物の形などを正確に把握できます。このとき、**全円分度器**も用意してください。まず、地図ソフトなどで自宅の場所を確認し、プリントアウトします。その地図上で、あなたの家の玄関がどちらにあるかを確認します。**マンションなど集合住宅の場合**は、**全体の入り口であるエントランスの方位から自室の玄関の方位を割り出して座向を出します。**

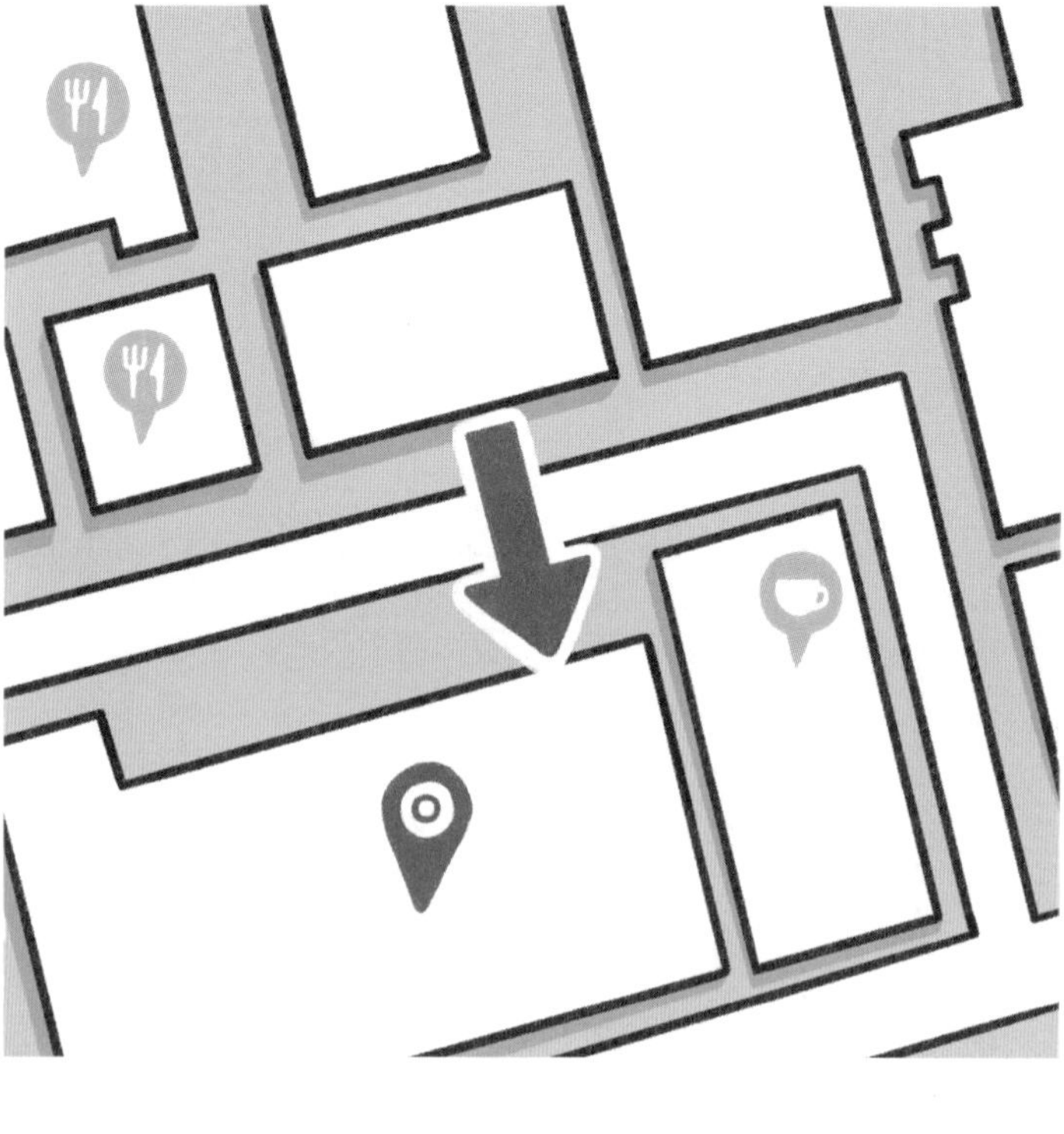

②全円分度器で エントランスの角度を測る

次にエントランスの方位を確認します。このとき地図の真北に全円分度器の０度、真南に１８０度がくるようにして計測してください。

まず左の図のように、建物の中心に全円分度器の中心を合わせて計測すると、エントランスは１６０度。ただ、**地図ソフトで建物が大きく映らないなど、計測しづらい場合**は、建物の外壁沿いに補助線を引いてみましょう。先ほどの建物に補助線を引いて計測すると１６５・４度になりました。このように補助線を引いた方が、より正確に測定できるケースがしばしばあります。

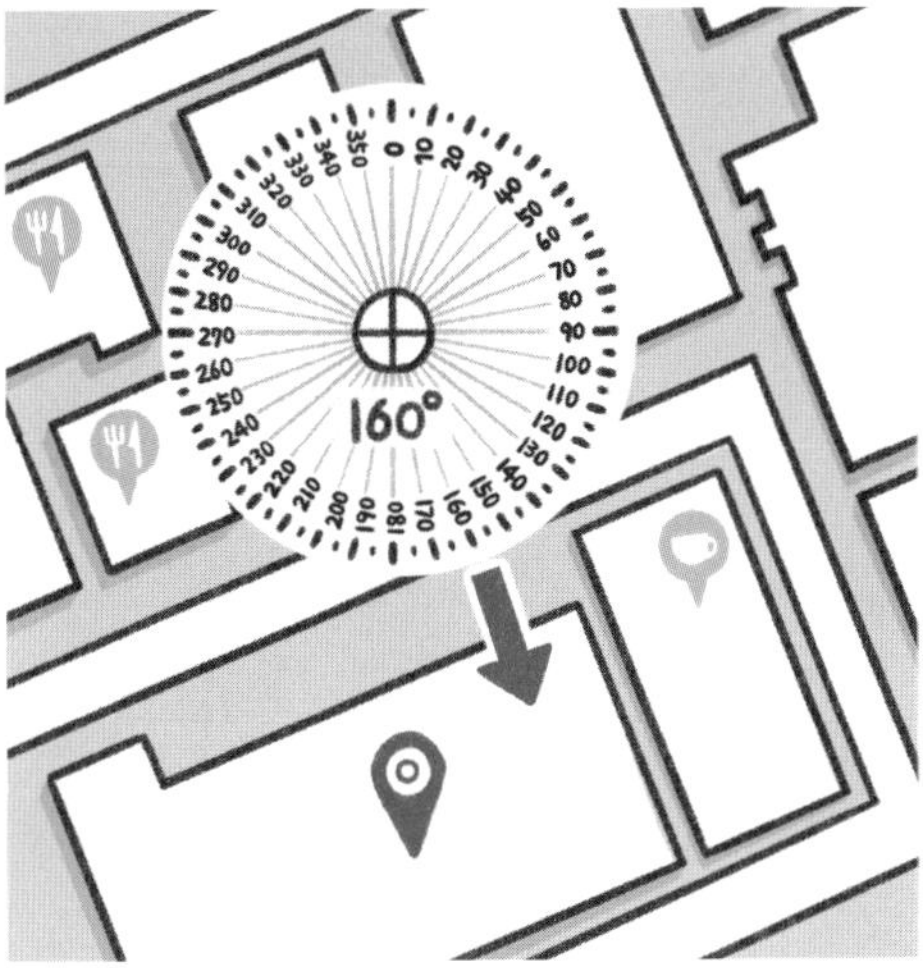

エントランスの位置が建物中央から見て何度にあるか、全円分度器で計測。

エントランスの位置がはっきりしない場合、建物の壁に添って補助線を引き、それを計測。

③磁偏角を加える

地図から建物の向きを計測した場合、さらに**磁偏角**を加える必要があります（方位磁石で計測した方は、この手順は必要ありません）。

地図や地図ソフトの北は真北を示していますが、風水では磁北（磁石の示す北）を使わなくてはなりません。この**地図上の北と、磁石の示す北との差異が「磁偏角」**です。

左は全国主要都市の磁偏角の表です。鑑定する建物に最も近い都市の磁偏角を加えてください。

【全国主要都市磁偏角表】

稚内	10.2°	静岡	6.5°
札幌	9.3°	名古屋	7.4°
函館	9.0°	京都	7.3°
青森	8.3°	奈良	7.3°
盛岡	8.2°	大阪	7.2°
仙台	8.2°	岡山	7.3°
秋田	8.3°	松山	7.1°
福島	7.4°	高知	7.2°
宇都宮	7.4°	広島	7.3°
水戸	7.2°	鳥取	8.5°
東京	7.2°	福岡	7.2°
長野	7.3°	熊本	6.5°
金沢	8.0°	長崎	6.5°
新潟	8.2°	鹿児島	6.4°
甲府	6.2°	那覇	5.0°

④24方位図で座向を確認する

P．２８３の例は東京ですので、磁偏角は７・２度。計測した方位は１６５・４度でしたから、１６５・４度＋７・２度＝**１７２・６度**

この建物のエントランスは１７２・６度、24方位図でみると「午」**を向く**（午向）となります。

なお、**合計が３６０度を超えた場合、３６０を引きます。**例えば稚内にあるマンションで合計３６１・２度となった場合、３６０度を引くと１・２度。エントランスは「子向」と考えます。

3 玄空飛星の宅盤を出す

●座向から建物の宅盤を見つける

本来ならば玄空飛星派風水の宅盤を作成するところですが、かなりの紙幅をとられるため、本書では巻末に五運～九運（1944年2月～2044年1月）の宅盤表一覧をつけました。

ここでは建物の向きごとに宅盤を表記しています。例えば甲の方角（67・5度～82・5度）にある建物であれば「甲向」の項目にある5つの表の中から、建築年月に該当する元運のものを宅盤として採用します。

なお、24方位のうち子向・癸向（352・5度～22・5度）のように、方位が隣接していると、同じ盤で見る場合があります。

例 方位磁石で計測した一戸建て住宅の宅盤

六運		
8 4	3 9	1 2
五	一	三
9 3	7 5	5 7
四	六	八
4 8	2 1	6 6
九	二	七

方位磁石で測定した例(P.280)の家は**巽向き**。仮に**1964年10月**に建てられた場合**六運**の建物です。「巽向・巳向(127.5度～157.5度)」の5つのうち「六運」の盤が、宅盤となります。

例 住宅地図で計測した集合住宅の宅盤

八運		
3 4	8 8	1 6
七	三	五
2 5	4 3	6 1
六	八	一
7 9	9 7	5 2
二	四	九

住宅地図で計測した例(P.282)のマンションは、**午向き**でした。**2018年11月**竣工であれば**八運**の建物となります。「午向・丁向(172.5度～202.5度)」の「八運」の盤が、宅盤となります。

4 山星《さんせい》、水星《すいせい》の2つの星で判断 ～玄空飛星派の判断法～

山星《さんせい》（左側の数字） 水星《すいせい》（右側の数字）

八運		
5　2	9　7	⑦　⑨
七	三	五
6　1	4　3	2　5
六	八	一
1　6	8　8	3　4
二	四	九

ここでは、丙向（157・5度～172・5度）の八運の宅盤（八運丙向）を例に、玄空飛星派の判断方法の説明をしていきます。

各々のマスには、下の段に漢数字が1つ、上の段に洋数字が2つ記載されています。これらの数字はいずれも、紫白九星の星に当たるのですが、玄空飛星派の判断に必要なのは、この上段にある洋数字です。右側の数字は「水星」と呼ばれ、左側の星は「山星」と呼ばれます。**水星は財運、つまり金運と深い関わりがある星**です。**山星は人、つまり健康や人間関係と関わりがある星**です。この2つの星がどの方位に入り、その方位の家の内外に何があるかをみて吉凶を判断、対処するのは、どの風水でも同じです。ただ玄空飛星派の場合、先にお話ししたように**20年ごとに、その吉凶が変わるというのがポイント**です。

●吉星について

次に、玄空飛星の盤の吉星を確認しましょう。どの元運のときに、どの星（数字）が吉星か、左の吉星表に示しました。どの星を吉とするかは流派によって異なりますが、本書では左の考え方を採用しました。山星と水星、それぞれの吉星を○で囲みますが、色分けしておくとひと目でわかります。本書では、**山星の吉方位は黒丸**で、**水星の吉星は赤丸**で囲みました。

●自宅の吉星を確認する

八運の宅盤では、「8」が**大吉星**、「9」と「1」が**吉星**です。宅盤には山星、水星それぞれの色で「8」「9」「1」を○で囲みました。

八運丙向の家は、**南西と東が水の吉方位**。**南と北東が山の吉方位**。そして、北には、赤丸と黒丸の2つがついていますので、**水と山、双方の吉方位**であることがわかります。それ以外の**北西、西、南東の3つの方位は凶方位**です。

【吉星表】

元運（建築時期）	大吉星	吉星
五運 1944年2月～ 1964年1月	5	6
六運 1964年2月～ 1984年1月	6	7
七運 1984年2月～ 2004年1月	7	8
八運 2004年2月～ 2024年1月	8	9、1
九運 2024年2月～ 2044年1月	9	8、1

八運		
5　2 七	⑨　7 三	7　⑨ 五
6　① 六	4　3 八	2　5 一
①　6 二	⑧⑧ 四	3　4 九

水星の吉方位が南西、東、山星の吉方位が南、北東、水星と山星両方の吉方位が北。この水と山の吉方位にそって家の吉凶を判断し、運気の流れを整える方法を提案していきます。

1 判断法

玄空飛星派の判断方法には、家の周囲の環境をみる外部環境の判断と、家の間取りやインテリアの配置をみる内部環境の判断に分かれます。順序は、まずは外部環境をみてから内部環境というのが一般的。鑑定場所から周囲を見回したとき、視界に入る範囲のもので判断していきます。

①外部環境で判断

外部環境をみるのは、家がどのような場所にあり、周囲の地形、建物などからどんな影響を受けているのかを判断するためです。

水星の吉方位に道路や川、鉄道などの流れ動くものがあると、金運が良くなります。山の吉方位に丘や大きな建物があると、健康運や人間関係が良くなります。山星の吉星と水星の吉星双方が同じ方位に入る場合、水星が象徴する道路や川があれば金運が良くなり、山星の象徴する山やビルがあれば、健康運や人間関係が良くなります。

反対に水の吉方位に、丘や大きな建物があると金運が低下。山の吉方位に、道路や川や鉄道があると、健康運や人間関係が悪くなります。このような場合、周囲の環境を変えるわけにはいきませんから、**住宅の内部の環境を整えることで、外部の凶作用を緩和**していきます。

例に挙げた丙向八運の家では、南の方位に山星の吉星9が入っています。この場合、南側に山星の象徴する山があれば吉、水星の象徴する川や道路があれば、「環境がよくない」と判断します。

【外部環境の良い家の例】

OK

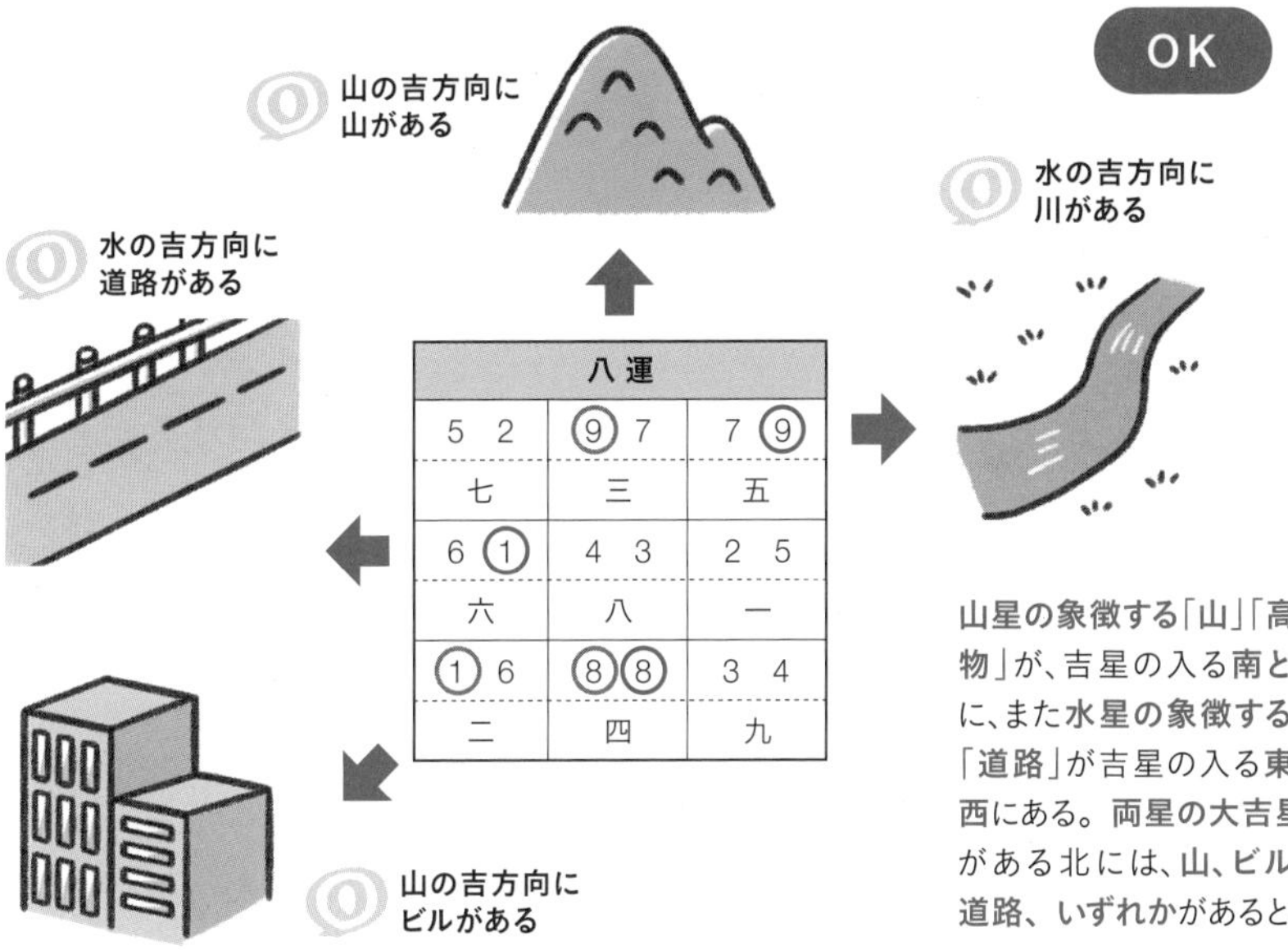
◎ 山の吉方向に山がある
◎ 水の吉方向に川がある
◎ 水の吉方向に道路がある
◎ 山の吉方向にビルがある

八運		
5 2	⑨ 7	7 ⑨
七	三	五
6 ①	4 3	2 5
六	八	一
① 6	⑧⑧	3 4
二	四	九

山星の象徴する「山」「高い建物」が、吉星の入る南と北東に、また水星の象徴する「川」「道路」が吉星の入る東、南西にある。両星の大吉星「8」がある北には、山、ビル、川、道路、いずれかがあると○。

【外部環境の悪い家の例】

NG

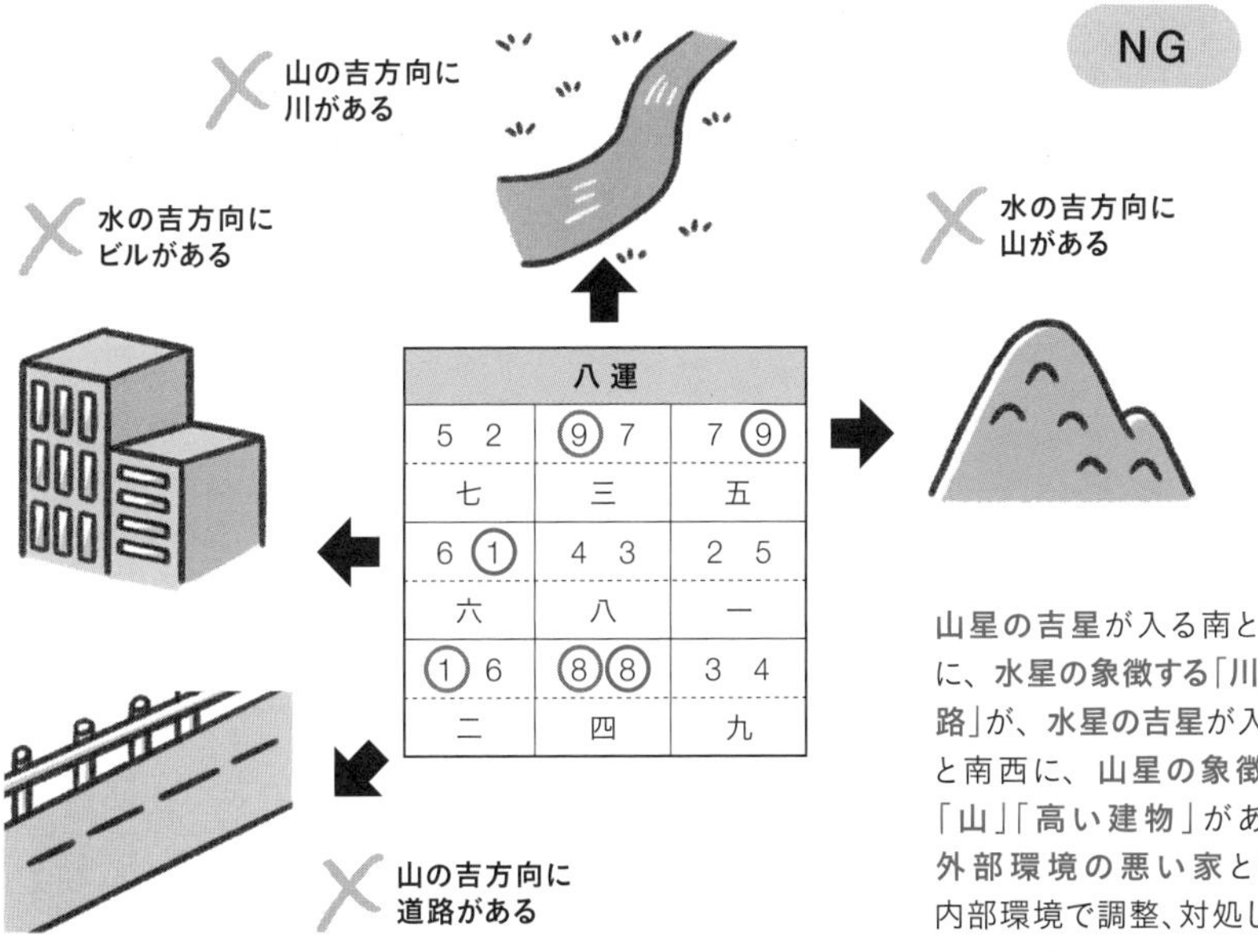
× 山の吉方向に川がある
× 水の吉方向にビルがある
× 水の吉方向に山がある
× 山の吉方向に道路がある

八運		
5 2	⑨ 7	7 ⑨
七	三	五
6 ①	4 3	2 5
六	八	一
① 6	⑧⑧	3 4
二	四	九

山星の吉星が入る南と北東に、水星の象徴する「川」「道路」が、水星の吉星が入る東と南西に、山星の象徴する「山」「高い建物」があると、外部環境の悪い家と判断。内部環境で調整、対処します。

【内部環境の良い家の例（八運丙向）】

OK

山星の吉方位に「寝室」「収納」があると**健康運**や**人間関係**が良くなる。**水星の吉方位**に「玄関」「廊下」「階段」など人が動く場所があると**金運**が向上。吉星のない＝凶方位の「トイレ」は**凶を外に放出します。**

◎
山の吉方位に
寝室がある

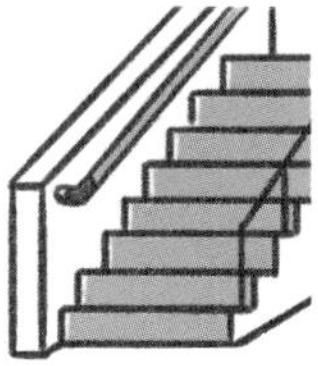
◎
水の吉方位に
階段がある

◎
水の吉方位に
玄関がある

八運		
5 2	⑨ 7	7 ⑨
七	三	五
6 ①	4 3	2 5
六	八	一
① 6	⑧⑧	3 4
二	四	九

◎
山の吉方位に
寝室がある

◎
凶の方位に
トイレがある

②内部環境の判断

山星の吉方位が、水星の象徴する地形であるなど、家の周囲の環境が今ひとつだったとしても、内部環境を調整することで対処可能です。

家の中にも、山星の吉方位、水星の吉方位が各々2〜3カ所存在します。もっともキッチンやトイレといった設備のある間取りは、吉方位にないからといってすぐに変えることができません。しかし、その場合はインテリアなどで対処していけばいいのです。

なお、私の経験から、玄関と寝室は優先的に吉方位に入れるといいでしょう。家族で住んでいる場合、家族の集まるリビングも吉方位に入れたいところです。

家の中心からみて、どの部屋やインテリアが山星、水星の吉方位にあるといいか、あるいは凶方位にあってもかまわないかをP．292から解説しましたので、参考にしてください。

【内部環境の悪い家の例（八運丙向）】

NG

×
凶の方位に
寝室がある

×
山の吉方位に
玄関がある

×
水の吉方位に
収納がある

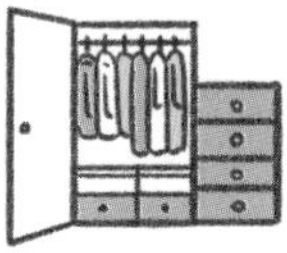

×
吉の方位に
トイレがある

×
凶の方位に
寝室がある

八運		
5 2	⑨ 7	7 ⑨
七	三	五
6 ①	4 3	2 5
六	八	一
① 6	⑧⑧	3 4
二	四	九

×
山の吉方位に
階段がある

水星の吉方位に、**「寝室」「収納」**があると金運が低下。山星の吉方位に**「玄関」「廊下」「階段」**があると、健康運や人間関係が低下。**「トイレ」**が山星、または水星の吉方位にあると、吉を外に放出してしまいます。

【改善の例（八運丙向）】

OK

◎
山の吉方位に
観葉植物を置く

◎
水の吉方位に
水槽を置く

◎
水の吉方位に
振り子を置く

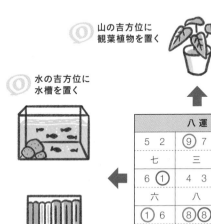

八運		
5 2	⑨ 7	7 ⑨
七	三	五
6 ①	4 3	2 5
六	八	一
① 6	⑧⑧	3 4
二	四	九

◎
山の吉方位に
書籍を置く

山星の吉方位で水回りでない場所に**「背の高い観葉植物」「タンス」**など山星を象徴するインテリアを、**水星の吉方位**には水星の象徴となる**「水槽」「振り子時計」**などを置くことで改善を図ります。

2 玄空飛星派風水における間取り

家の中でどの部屋や設備が山星、水星のどちらの性質を持つものか、そしてどこにあるといいのかを理解しておきましょう。間取りそのものはすぐには変えられませんが、部屋の用途を変える、その方位にふさわしいインテリアを置くなどして改善を図ります。

玄関

人が出入りする玄関は、最も動きがある場所になります。そのため、**水星の吉方位にあると金運アップ**につながります。しかし、**山の吉方位に玄関があると、健康運や人間関係に問題が起きやすくなります**。このような場合、玄関付近に背の高い観葉植物を置くことで改善します。

凶方位にあると、玄関から凶の気が侵入してくることになります。このような場合、**電話機、パソコンや携帯電話などを水星の吉方位に置くこと**で改善を図ります。

なお、店舗の場合は玄関が水星の吉方位にあるのがベストです。そうでない場合は**レジを水星の吉方位**に置きましょう。

階段・廊下

階段や廊下は**人の行き来する動きのある場所**となります。外部環境における道路と同じですから、**水星の吉方位にあると、金運アップ**につながります。そして、**山の方位にあると健康や人間関係に問題が生じやすくなります**。このような場合、玄関同様、山星を象徴する観葉植物を置くことで改善を図ります。

リビング

家族が集まる場所であるリビングは、**山星の吉方位にあると落ち着いた雰囲気のリビング**となり、**水星の吉方位にあれば活気のあるリビング**になります。どちらにしても、好ましい家族関係をつくるのに一役買う大切な場所となるでしょう。

しかし吉星のない凶方位にあると、家族間でもめるなど、大なり小なり問題が起きやすくなってしまいます。このような場合、リビングの中心からみて、家族が各々の**本命卦の吉方位**（P．90参照）**に席を設ける**などし、個人の居場所を良いものにすることで改善を図ります。

寝室

寝室は、疲れた身体を休息させる場所なので、**山の吉方位にあるのが望ましい**といえます。山の吉方位にあると**健康運や人間関係が良くなります**。この人間関係には男女の愛情も含まれます。

寝室が**水の吉方位にある場合**、強い凶作用はありませんが、水の吉方位は活発な方位なので、人によっては**寝つきが悪くなる**ことがあります。

寝室が凶方位だと、健康や人間関係に問題が生じる恐れがあります。このような場合、寝室の中心から見て本命卦の吉方位に寝ることによって、改善できます。

押し入れ・クローゼット・倉庫

押し入れやクローゼットといった収納は、**山星の吉方位にあるのがベスト**です。**事務所・店舗の場合**は、**倉庫が山星の吉方位**にあるようにします。

水の吉方位に位置してしまうと、あまり整っていなかったり、物がなくなったりと、収納の目的にそぐわないものとなりがちです。この場合、**押し入れやクローゼットの扉を定期的に開けて空気の入れ替えを行い、こまめに整理しましょう。**

押し入れやクローゼットが凶方位にあるのは気にする必要はありません。

トイレ・風呂場・洗面所

日本で広まっている一般的な風水では、トイレなどは人間の機能としてなくてはならないものであるにもかかわらず、家のどこにあっても「よくないもの」として扱われる傾向があります。

しかし、トイレは人間が排泄したもの、いわば不用なものを外に排泄する場所です。風呂場も身体の汚れを落とし、外に排出する場所です。洗面台も同様です。

つまり、水回りと呼ばれるもののうち、この3つは**不用な物を、家の外へと排出するのに大切な場**です。こうした場は、凶方位であることが望ましいです。**凶方位に水回りが配置されていることにより、家の中には不用な悪い気が外に排出されると**考えるためです。

反対に、こうした水回りを吉方位に配置されていると、せっかくの吉方位の良い気が外へと漏れてしまうでしょう。

キッチン

現代住宅においては、キッチンを山星、水星のどちらの吉方位に配置すべきか、非常に難しいところです。

かまどで火を使い、外にある井戸から水を汲んでいた時代とは異なり、現代住宅では、ガスコンロのすぐ横にシンクがあり、また冷蔵庫や食器棚・換気扇などが集中しています。

冷蔵庫や食器棚があることから山星の吉方位にある方が良いと判断できますし、換気扇があり、動きがあることから水星の吉方位にある方が良いとも判断できます。また、シンクは食器を洗って汚れた水を排出しますし、換気扇もまた煙で汚れた空気を外に排出しますので、凶方位にある方が良いとも判断でき、一筋縄ではいきません。

このように考えていくと、**山星と水星の性質が混然一体となっている現代住宅のキッチンは、凶方位に回さざるを得ない**と考えられます。

3 玄空飛星派風水におけるインテリア

ここでは、代表的なインテリアを水星と山星を象徴するものに分類、紹介します。水星を象徴するのは「動きのあるもの」、山星を象徴するのは「どっしりとして重たいもの」です。なお、山星、水星が同じ方位に入っている場合、その時点で必要な運に応じてインテリアを配置しましょう。

テレビ・AV機器

テレビは、映像が動くので水星の性質を持つと考えます。DVDなどのビデオプレーヤーも、動画を見るものですから、水星のカテゴリに入ります。映像や音声を視聴するスマートフォンなども水星といえるでしょう。ですから、テレビやDVDプレーヤーなどのAV機器、携帯電話などは、水星の吉方位に置くのがいいでしょう。

ただ、まったく電源を入れない大画面テレビなどは動きがありません。ですから、山星と判断する場合があります。

空調・空気清浄機・加湿器

現代生活に欠かすことのできないエアコンや扇風機などは、空気を動かすものですから水星を象徴するものと考えます。水や空気を動かす空気清浄機や加湿器も同様です。

このほかに、水槽は水そのものでもありますし、また循環ポンプによる動きもありますから水星、振り子時計なども動きのある物ですから水星のインテリアと考えるのが妥当でしょう。

いずれも「動いている」ことが大事です。

パソコン

パソコンは内蔵ハードディスクが回転しています。またインターネット閲覧や動画の視聴など、テレビや携帯電話同様の使用をするため、多分に水星の性質を帯びているといえます。**事務所や店舗**で受発注のメインとなるパソコンも、水星の吉方位に置くようにしましょう。ただし研究用や執筆用のものは、山星の性質をもつと考えます。

机

研究や執筆、勉強のための机は動かずに、しっかりと向き合うためのものなので山星と考え、山の吉方位にあるのが望ましいといえます。ただし、多くの人との連絡が必要となる仕事用の机は水の吉方位に配置します。

このように、インテリアの場合「何に使うか」によって山星、水星の性質が変わってきます。

ソファ、ベッド

重量のあるソファは山星のインテリアと考え、山の吉方位に置くのがベストです。同様に、重たく動きがないベッドも、山星の性質を持つと考え、山の吉方位に置いてください。寝室同様、水の吉方位に置いてしまうと、人によっては身体を休めることができません。凶方位に置くと、健康・人間関係に影響が出てしまうでしょう。

収納家具

書棚やタンスなどの収納は、山星の吉方位に置きます。どうしても水の吉方位に置く必要がある場合は、なるべく背が低いものを置いてください。凶方位に置く場合も同様に、あまり背が高くないものにしましょう。店舗や事務所で使われるキャビネットも山の性質を持つものですから、山星の吉方位に置くようにしたいものです。

5／陽宅三要でさらに補強する

風水を複数マスターし組み合わせることで効果を確実なものに

「陽宅三要《ようたくさんよう》」とは、清代に活躍した風水師・**趙九峰**《ちょうきゅうほう》が著した『陽宅三要』という文献から発展した技法を用いる流派の総称です。特に中国河南省など黄河流域で流行している流派です。具体的には、門（玄関）・炉（キッチン）・房（寝室）などの方位の八卦をみて、各々の方位の卦と卦の関係から吉凶を判断する技法です。

この陽宅三要の技法と玄空飛星派風水とを組み合わせて、建物内の調整を行うとスピーディーに効果が現れます。複数の流派を組み合わせることに疑問を抱く方もいるかもしれませんが、風水の本場である台湾や香港で活躍するプロの風水師にとって、いくつもの流派をマスターし、組み合わせたり使い分けたりするのは当然です。大切なのは、「いかに早く、確実な効果を出すか」なのです。

なお、玄関やキッチンはよくない方位にあってもすぐに動かすことはできませんが、寝室は部屋を移動したり、ベッドの向きを変えたりして調整が可能です。そこで、ここでは寝室を使った判断法をお話しします。

①寝室の中心から ドアの方位を調べる

まず、部屋の出入りをするドアがどの方位にあるかを確認しましょう。玄空飛星派風水で盤を出す際、玄関口がどちらに開いているかをみましたが、陽宅三要では部屋の太極（部屋の中心）からみてどの方位にあるかをみます。ドアが北に向かって開いていても、部屋の中心からみて北東にあれば、北東のドアと考えます。なお部屋にドアが2カ所ある場合、よく使う方を採用しましょう。

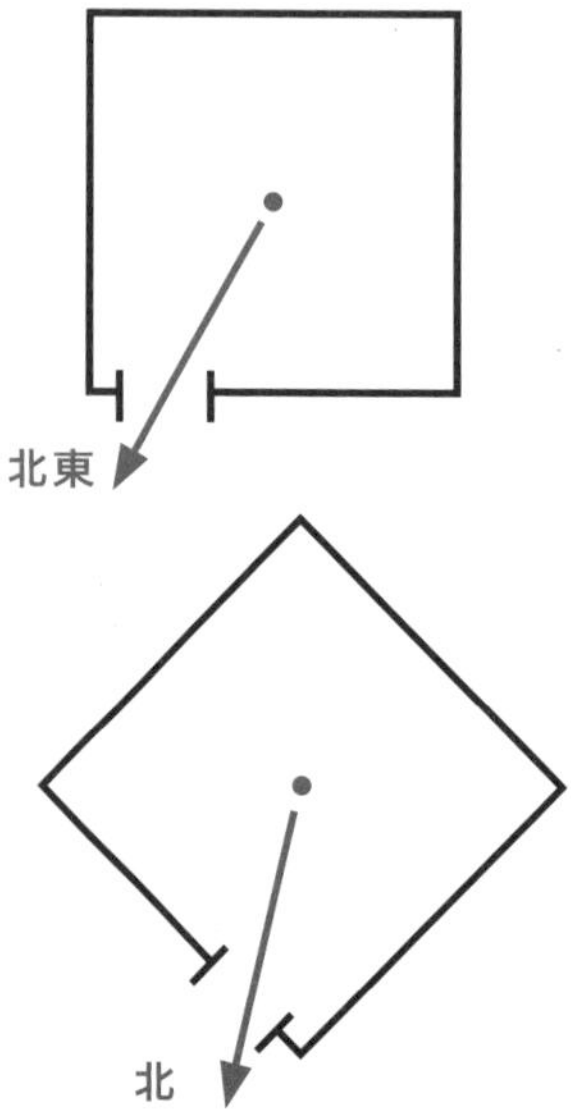

②寝室を9マスに区切る

四方の壁を3等分し、寝室を9つのマスに分けてください。そしてドアがどのマスに入るかを確認します。このとき、張りや欠けは太極を出すとき（P.37）と同様に、間取り図などを使って一度四角形にしてください。また、部屋の向きによってドアの方位を取りにくい場合もあります。この場合、図のように部屋の中心から見てどの方位のマスに入っているかで判断しましょう。

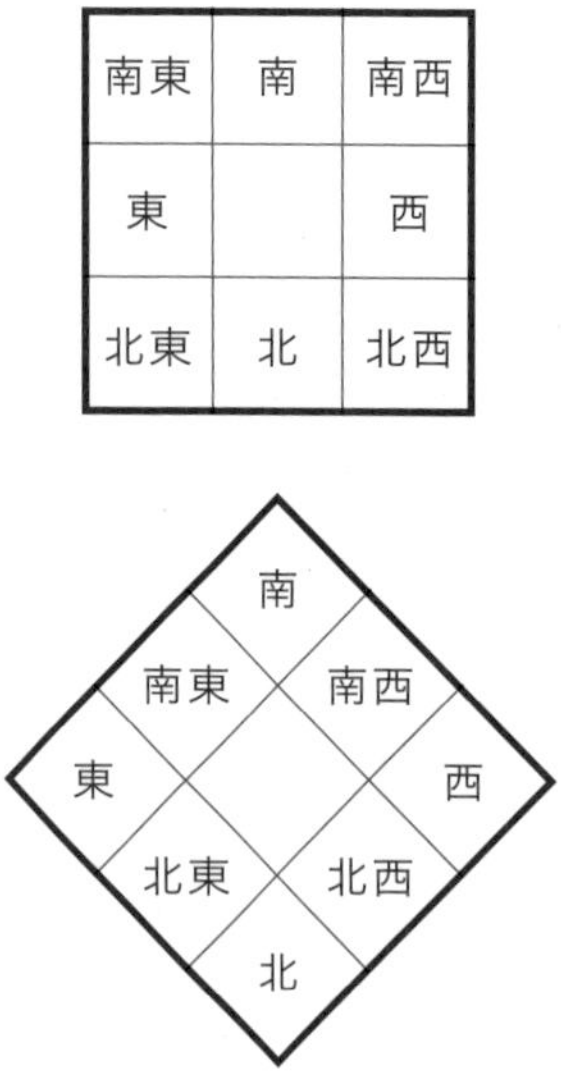

③ドアの方位で寝室の吉凶スペース確認

ドアの位置・方位を確認したら、９マス各スペースの吉凶をみます。このとき、ドアの方位によって吉凶が変わりますから、左の図を参考にして、ベッドを置くようにしましょう。どうしても吉・凶またいでしまう場合は、枕の位置だけ吉スペースに入るようにするといいでしょう。

ドアが北・東・南東・南にある部屋

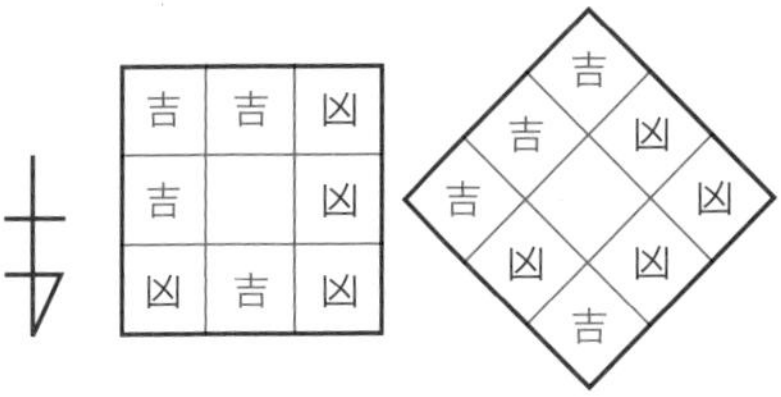

ドアが北東・南西・西・北西にある部屋

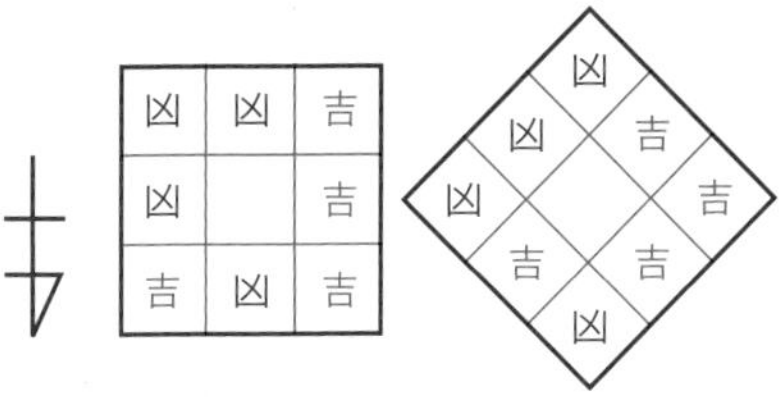

金運、恋愛運を上げる方位

ひと口に「運を上げる方位」と言っても、さまざまな運があり、目的によってどのスペースを利用するといいのかも違ってきます。ここでは、ドアの方位別に、代表的な２つの運（金運、恋愛運）を上げる方位を挙げてみました。左の表を参考に、ベッドや寝具を配置してください。

	金運	恋愛運
北のドア	南東	南
北東のドア	西・北西	西
東のドア	南	南
南東のドア	北・南	北
南のドア	東	北
南西のドア	北西・西	北西
西のドア	北東・南西	北東
北西のドア	南西・北東	南西

Aさん

30代・独身・クリエイター

住居：八運子向のマンション

実例

現状

Aさんの本命卦は艮、ご自宅のマンションの建築年月と向きから**玄空飛星派風水では八運子向の宅盤を使用します。**

玄関は、北西と北にまたがっています。**北西は凶、北は水吉**です。ですから**玄関は半吉半凶**です。北には玄関～トイレ、リビングへの**廊下**があります。廊下は水にあると良いので吉です。

寝室は南東にあるため凶。

仕事部屋として使われているリビングは、南・南西・西にまたがっています。**南は山水両方の吉**。ここにはデスク、パソコンがあります。**南西は水吉**ですが、**山の吉方位にあると良い観葉植物と書棚**があります。**西は山の吉方位**ですが、ここには、**水の吉方位にあると良い音響機器**が置かれていました。

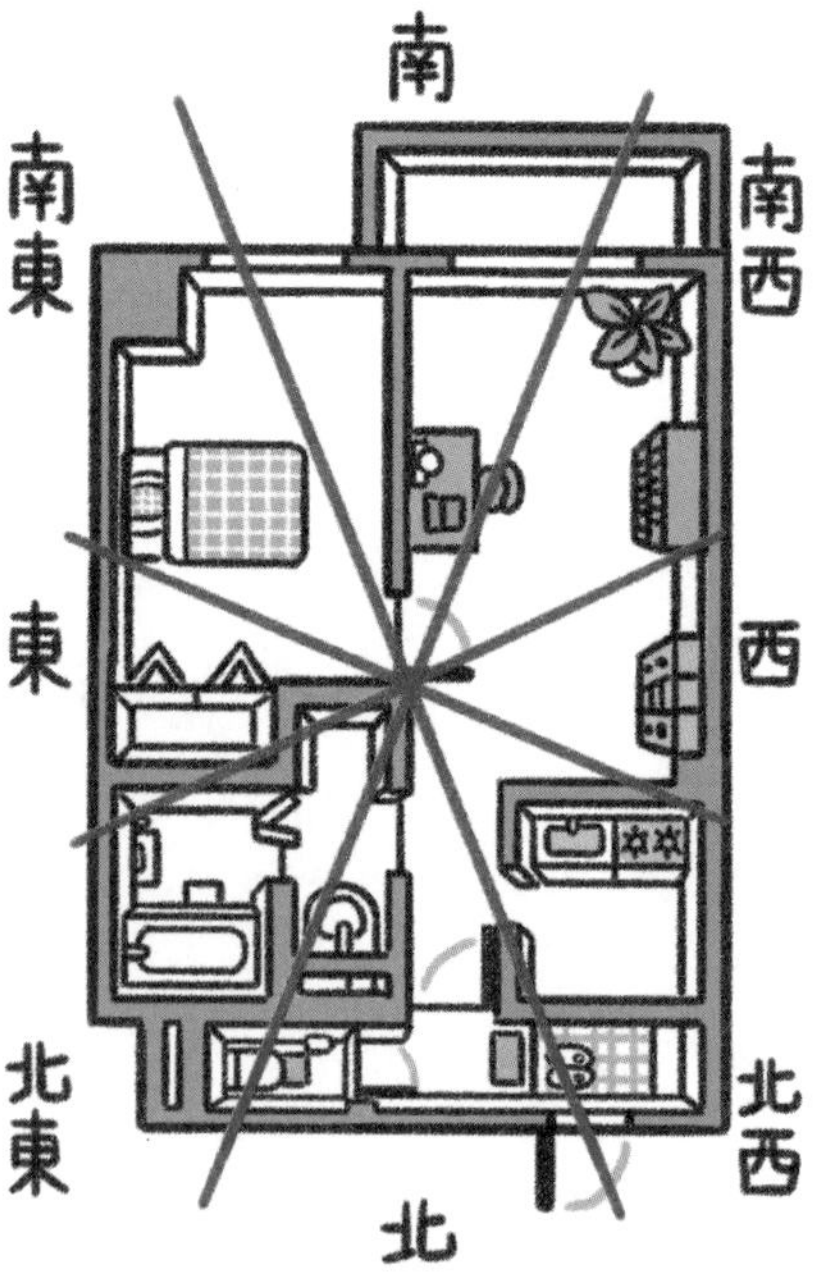

【玄空飛星派の宅盤】

八運		
4 3	⑧⑧	6 ①
七	三	五
5 2	3 4	① 6
六	八	一
⑨ 7	7 ⑨	2 5
二	四	九

改善案

仕事部屋では、水星の吉方位にある南西の観葉植物を、山の吉方位である西に移動。書棚を南西の水の吉方位から山水双方の吉方位である南へ、音響機器は、水の吉方位である南西に移動します。

　最も大切な仕事用の机ですが、水の吉方位である南西に移動しました。

寝室は、ベッドを山水双方の吉方位である南に入るよう移動。さらに陽宅三要の観点から、寝室の中心から南西のスペースに入る向きにしました。この寝室のドアは北西。南西、西、北東の方位が吉。現状ではベッドは東の凶方位でしたので、寝室の南西（金運、恋愛運の吉方位）へ移動したのです。

　鑑定後、Aさんの仕事は順調になり、テレビ出演まで決まったそうです。

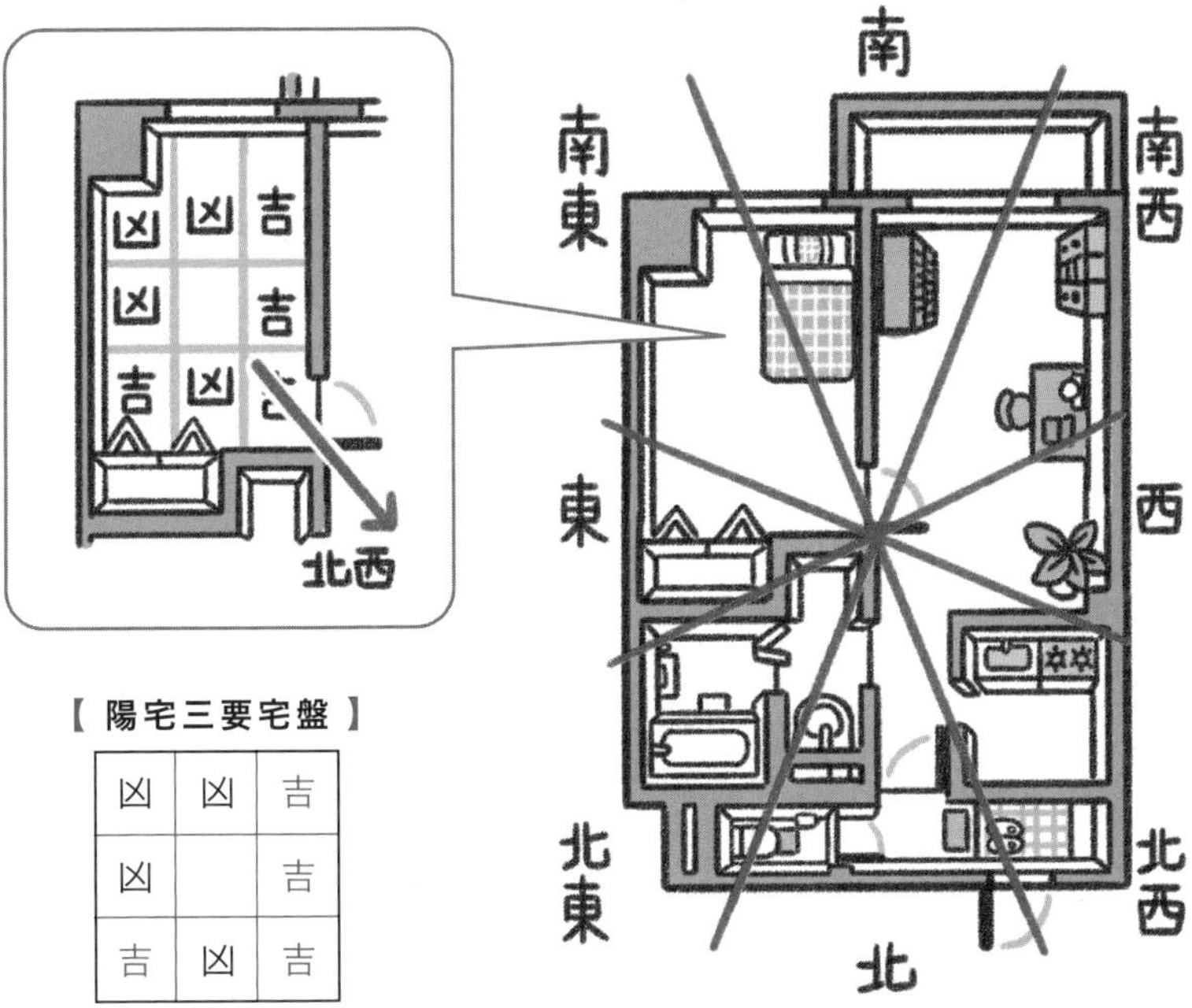

【陽宅三要宅盤】

凶	凶	吉
凶		吉
吉	凶	吉

■元運が切り替わったときの判断

●吉方位の変化に合わせて家を調整

玄空飛星派風水において、家の運気の吉凶は20年ごとに変化します。ことに七運から八運に切り替わった２００４年以降、それまで大吉星であった「7」が凶星となり、大きく変化した人も多いでしょう。そうした変化を乗り切るため、**吉星が今、どこにあり、次の20年ではどこに位置するか把握し、家の中を調整**するのが大切です。

２０２４年2月からは、元運が八運から九運へと切り替わります。吉星だった「9」が大吉星に、大吉星だった「8」が吉星に入れ替わるだけですから、そう大きな変化を味わう人は少ないかもしれません。ですが流れは確実に変わります。

今後家を建てる方は、この**玄空飛星派風水の観点も取り入れた間取りを考える**、部屋を多目的に使えるようにしておくのはいかがでしょうか。

例

1984年2月～2004年1月

七運		
1　4	6　⑧	⑧　6
六	二	四
9　5	2　3	4　1
五	七	九
5　9	⑦　⑦	3　2
一	三	八

2004年2月～2024年1月

七運		
①　4	6　⑧	⑧　6
六	二	四
⑨　5	2　3	4　①
五	七	九
5　⑨	7　7	3　2
一	三	八

1998年1月に建てられた**七運子向の家の宅盤**。建てられた当初は、南西が山星の吉方位、南が水星の吉方位、北が山水双方の吉方位。しかし、2004年から2024年にかけては、山星の吉方位は東、南東、南西、水の吉方位が南、西、北東と吉方位が増えています。
なお玄空飛星では家の建設年でみるので、元運が切り替わっても、宅盤は建設年のものでみていきます。

巻末資料

〔1〕玄《げん》空《くう》飛《ひ》星《せい》派《は》風水宅盤

〔2〕2月4日、5日生まれの本《ほん》命《めい》卦《け》の出し方

〔3〕風水用語集

〔1〕玄空飛星派風水宅盤（1944年～2044年）

玄空飛星派風水の宅盤を出すには、**①建物の建築年**、**②玄関の向き**の2つが必要になります。

（出し方についてはP.276～を参照）

①建物の建築年

元運	建物の建築年
五運	1944年2月～1964年1月
六運	1964年2月～1984年1月
七運	1984年2月～2004年1月
八運	2004年2月～2024年1月
九運	2024年2月～2044年1月

②玄関の向き

八運		
5 2	⑨ 7	7 ⑨
七	三	五
6 ①	4 3	2 5
六	八	一
① 6	⑧⑧	3 4
二	四	九

各宅盤で、黒丸で囲ってあるのは山星の吉方位、赤丸で囲っているのが水星の吉方位です。宅盤は上が南、下が北になります。

子向・癸向

352・5度〜22・5度

五運		
1 2	⑤ ⑥	3 4
四	九	二
2 3	9 1	7 8
三	五	七
⑥ 7	4 ⑤	8 9
八	一	六

六運		
2 1	⑥ ⑥	4 8
五	一	三
3 9	1 2	8 4
四	六	八
⑦ 5	5 ⑦	9 3
九	二	七

七運		
1 4	6 ⑧	⑧ 6
六	二	四
9 5	2 3	4 1
五	七	九
5 9	⑦ ⑦	3 2
一	三	八

八運		
4 3	⑧ ⑧	6 ①
七	三	五
5 2	3 4	① 6
六	八	一
⑨ 7	7 ⑨	2 5
二	四	九

九運		
3 6	⑧ ①	① ⑧
八	四	六
2 7	4 5	6 3
七	九	二
7 2	⑨ ⑨	5 4
三	五	一

壬向

337・5度〜352・5度

五運		
8 9	4 ⑤	⑥ 7
四	九	二
7 8	9 1	2 3
三	五	七
3 4	⑤ ⑥	1 2
八	一	六

六運		
9 3	5 ⑦	⑦ 5
五	一	三
8 4	1 2	3 9
四	六	八
4 8	⑥ ⑥	2 1
九	二	七

七運		
3 2	⑦ ⑦	5 9
六	二	四
4 1	2 3	9 5
五	七	九
⑧ 6	6 ⑧	1 4
一	三	八

八運		
2 5	7 ⑨	⑨ 7
七	三	五
① 6	3 4	5 2
六	八	一
6 ①	⑧ ⑧	4 3
二	四	九

九運		
5 4	⑨ ⑨	7 2
八	四	六
6 3	4 5	2 7
七	九	二
① ⑧	⑧ ①	3 6
三	五	一

五運：1944年2月〜1964年1月、六運：1964年2月〜1984年1月、七運：1984年2月〜2004年1月、八運：2004年2月〜2024年1月、九運：2024年2月〜2044年1月

丑向

22・5度〜37・5度

五運		
3 9	7 4	⑤ 2
四	九	二
4 1	2 8	9 ⑥
三	五	七
8 ⑤	⑥ 3	1 7
八	一	六

六運		
2 8	⑦ 4	9 ⑥
五	一	三
1 ⑦	3 9	5 2
四	六	八
⑥ 3	8 5	4 1
九	二	七

七運		
5 9	9 5	⑦⑦
六	二	四
6 ⑧	4 1	2 3
五	七	九
1 4	⑧ 6	3 2
一	三	八

八運		
6 3	① 7	⑧ 5
七	三	五
7 4	5 2	3 ⑨
六	八	一
2 ⑧	⑨ 6	4 ①
二	四	九

九運		
7 2	2 7	⑨⑨
八	四	六
⑧①	6 3	4 5
七	九	二
3 6	①⑧	5 4
三	五	一

艮向・寅向

37・5度〜67・5度

五運		
1 7	⑥ 3	8 ⑤
四	九	二
9 ⑥	2 8	4 1
三	五	七
⑤ 2	7 4	3 9
八	一	六

六運		
4 1	8 5	⑥ 3
五	一	三
5 2	3 9	1 ⑦
四	六	八
9 ⑥	⑦ 4	2 8
九	二	七

七運		
3 2	⑧ 6	1 4
六	二	四
2 3	4 1	6 ⑧
五	七	九
⑦⑦	9 5	5 9
一	三	八

八運		
4 ①	⑨ 6	2 ⑧
七	三	五
3 ⑨	5 2	7 4
六	八	一
⑧ 5	① 7	6 3
二	四	九

九運		
5 4	①⑧	3 6
八	四	六
4 5	6 3	⑧①
七	九	二
⑨⑨	2 7	7 2
三	五	一

卯向・乙向

82・5度〜112・5度

五運		
8 4	3 8	1 ⑥
四	九	二
9 ⑤	7 3	⑤ 1
三	五	七
4 9	2 7	⑥ 2
八	一	六

六運		
⑦ 3	3 8	5 1
五	一	三
⑥ 2	8 4	1 ⑥
四	六	八
2 ⑦	4 9	9 5
九	二	七

七運		
1 6	5 1	3 ⑧
六	二	四
2 ⑦	9 5	⑦ 3
五	七	九
6 2	4 9	⑧ 4
一	三	八

八運		
2 5	6 ①	4 3
七	三	五
3 4	① 6	⑧⑧
六	八	一
7 ⑨	5 2	⑨ 7
二	四	九

九運		
①⑧	6 3	⑧①
八	四	六
⑨⑨	2 7	4 5
七	九	二
5 4	7 2	3 6
三	五	一

甲向

67・5度〜82・5度

五運		
⑥ 2	2 7	4 9
四	九	二
⑤ 1	7 3	9 ⑤
三	五	七
1 ⑥	3 8	8 4
八	一	六

六運		
9 5	4 9	2 ⑦
五	一	三
1 ⑥	8 4	⑥ 2
四	六	八
5 1	3 8	⑦ 3
九	二	七

七運		
⑧ 4	4 9	6 2
六	二	四
⑦ 3	9 5	2 ⑦
五	七	九
3 ⑧	5 1	1 6
一	三	八

八運		
⑨ 7	5 2	7 ⑨
七	三	五
⑧⑧	① 6	3 4
六	八	一
4 3	6 ①	2 5
二	四	九

九運		
3 6	7 2	5 4
八	四	六
4 5	2 7	⑨⑨
七	九	二
⑧①	6 3	①⑧
三	五	一

五運：1944年2月〜1964年1月、六運：1964年2月〜1984年1月、七運：1984年2月〜2004年1月、八運：2004年2月〜2024年1月、九運：2024年2月〜2044年1月

辰向

112・5度〜127・5度

五運		
7 ⑤	2 9	9 7
四	九	二
8 ⑥	⑥ 4	4 2
三	五	七
3 1	1 8	⑤ 3
八	一	六

六運		
⑥ ⑥	2 1	4 8
五	一	三
5 ⑦	⑦ 5	9 3
四	六	八
1 2	3 9	8 4
九	二	七

七運		
9 ⑦	4 2	2 9
六	二	四
1 ⑧	⑧ 6	6 4
五	七	九
5 3	3 1	⑦ 5
一	三	八

八運		
⑧ 6	4 2	6 4
七	三	五
7 5	⑨ 7	2 ⑨
六	八	一
3 ①	5 3	① ⑧
二	四	九

九運		
⑨ ⑨	5 4	7 2
八	四	六
⑧ ①	① ⑧	3 6
七	九	二
4 5	6 3	2 7
三	五	一

巽向・巳向

127・5度〜157・5度

五運		
⑤ 3	1 8	3 1
四	九	二
4 2	⑥ 4	8 ⑥
三	五	七
9 7	2 9	7 ⑤
八	一	六

六運		
8 4	3 9	1 2
五	一	三
9 3	⑦ 5	5 ⑦
四	六	八
4 8	2 1	⑥ ⑥
九	二	七

七運		
⑦ 5	3 1	5 3
六	二	四
6 4	⑧ 6	1 ⑧
五	七	九
2 9	4 2	9 ⑦
一	三	八

八運		
① ⑧	5 3	3 ①
七	三	五
2 ⑨	⑨ 7	7 5
六	八	一
6 4	4 2	⑧ 6
二	四	九

九運		
2 7	6 3	4 5
八	四	六
3 6	① ⑧	⑧ ①
七	九	二
7 2	5 4	⑨ ⑨
三	五	一

午向・丁向

172・5度～202・5度

五運

2 1	⑥⑤	4 3
四	九	二
3 2	1 9	8 7
三	五	七
7 ⑥	⑤ 4	9 8
八	一	六

六運

1 2	⑥⑥	8 4
五	一	三
9 3	2 1	4 8
四	六	八
5 ⑦	⑦ 5	3 9
九	二	七

七運

4 1	⑧ 6	6 ⑧
六	二	四
5 9	3 2	1 4
五	七	九
9 5	⑦⑦	2 3
一	三	八

八運

3 4	⑧⑧	① 6
七	三	五
2 5	4 3	6 ①
六	八	一
7 ⑨	⑨ 7	5 2
二	四	九

九運

6 3	①⑧	⑧①
八	四	六
7 2	5 4	3 6
七	九	二
2 7	⑨⑨	4 5
三	五	一

丙向

157・5度～172・5度

五運

9 8	⑤ 4	7 ⑥
四	九	二
8 7	1 9	3 2
三	五	七
4 3	⑥⑤	2 1
八	一	六

六運

3 9	⑦ 5	5 ⑦
五	一	三
4 8	2 1	9 3
四	六	八
8 4	⑥⑥	1 2
九	二	七

七運

2 3	⑦⑦	9 5
六	二	四
1 4	3 2	5 9
五	七	九
6 ⑧	⑧ 6	4 1
一	三	八

八運

5 2	⑨ 7	7 ⑨
七	三	五
6 ①	4 3	2 5
六	八	一
① 6	⑧⑧	3 4
二	四	九

九運

4 5	⑨⑨	2 7
八	四	六
3 6	5 4	7 2
七	九	二
⑧①	①⑧	6 3
三	五	一

五運：1944年2月～1964年1月、六運：1964年2月～1984年1月、七運：1984年2月～2004年1月、
八運：2004年2月～2024年1月、九運：2024年2月～2044年1月

坤向・申向

217・5度〜247・5度

五運		
7 1	3 ⑥	⑤ 8
四	九	二
⑥ 9	8 2	1 4
三	五	七
2 ⑤	4 7	9 3
八	一	六

六運		
1 4	5 8	3 ⑥
五	一	三
2 5	9 3	⑦ 1
四	六	八
⑥ 9	4 ⑦	8 2
九	二	七

七運		
2 3	6 ⑧	4 1
六	二	四
3 2	1 4	⑧ 6
五	七	九
⑦⑦	5 9	9 5
一	三	八

八運		
① 4	6 ⑨	⑧ 2
七	三	五
⑨ 3	2 5	4 7
六	八	一
5 ⑧	7 ①	3 6
二	四	九

九運		
4 5	⑧①	6 3
八	四	六
5 4	3 6	①⑧
七	九	二
⑨⑨	7 2	2 7
三	五	一

未向

202・5度〜217・5度

五運		
9 3	4 7	2 ⑤
四	九	二
1 4	8 2	⑥ 9
三	五	七
⑤ 8	3 ⑥	7 1
八	一	六

六運		
8 2	4 ⑦	⑥ 9
五	一	三
⑦ 1	9 3	2 5
四	六	八
3 ⑥	5 8	1 4
九	二	七

七運		
9 5	5 9	⑦⑦
六	二	四
⑧ 6	1 4	3 2
五	七	九
4 1	6 ⑧	2 3
一	三	八

八運		
3 6	7 ①	5 ⑧
七	三	五
4 7	2 5	⑨ 3
六	八	一
⑧ 2	6 ⑨	① 4
二	四	九

九運		
2 7	7 2	⑨⑨
八	四	六
①⑧	3 6	5 4
七	九	二
6 3	⑧①	4 5
三	五	一

酉向・辛向

262・5度～292・5度

五運

4 8	8 3	⑥ 1
四	九	二
⑤ 9	3 7	1 ⑤
三	五	七
9 4	7 2	2 ⑥
八	一	六

六運

3 ⑦	8 3	1 5
五	一	三
2 ⑥	4 8	⑥ 1
四	六	八
⑦ 2	9 4	5 9
九	二	七

七運

6 1	1 5	⑧ 3
六	二	四
⑦ 2	5 9	3 ⑦
五	七	九
2 6	9 4	4 ⑧
一	三	八

八運

5 2	① 6	3 4
七	三	五
4 3	6 ①	⑧⑧
六	八	一
⑨ 7	2 5	7 ⑨
二	四	九

九運

⑧①	3 6	①⑧
八	四	六
⑨⑨	7 2	5 4
七	九	二
4 5	2 7	6 3
三	五	一

庚向

247・5度～262・5度

五運

2 ⑥	7 2	9 4
四	九	二
1 ⑤	3 7	⑤ 9
三	五	七
⑥ 1	8 3	4 8
八	一	六

六運

5 9	9 4	⑦ 2
五	一	三
⑥ 1	4 8	2 ⑥
四	六	八
1 5	8 3	3 ⑦
九	二	七

七運

4 ⑧	9 4	2 6
六	二	四
3 ⑦	5 9	⑦ 2
五	七	九
⑧ 3	1 5	6 1
一	三	八

八運

7 ⑨	2 5	⑨ 7
七	三	五
⑧⑧	6 ①	4 3
六	八	一
3 4	① 6	5 2
二	四	九

九運

6 3	2 7	4 5
八	四	六
5 4	7 2	⑨⑨
七	九	二
①⑧	3 6	⑧①
三	五	一

五運:1944年2月～1964年1月、六運:1964年2月～1984年1月、七運:1984年2月～2004年1月、八運:2004年2月～2024年1月、九運:2024年2月～2044年1月

乾向・亥向

307・5度～337・5度

五運		
3 ⑤	8 1	1 3
四	九	二
2 4	4 ⑥	⑥ 8
三	五	七
7 9	9 2	⑤ 7
八	一	六

六運		
4 8	9 3	2 1
五	一	三
3 9	5 ⑦	⑦ 5
四	六	八
8 4	1 2	⑥⑥
九	二	七

七運		
5 ⑦	1 3	3 5
六	二	四
4 6	6 ⑧	⑧ 1
五	七	九
9 2	2 4	⑦ 9
一	三	八

八運		
⑧①	3 5	① 3
七	三	五
⑨ 2	7 ⑨	5 7
六	八	一
4 6	2 4	6 ⑧
二	四	九

九運		
7 2	3 6	5 4
八	四	六
6 3	⑧①	①⑧
七	九	二
2 7	4 5	⑨⑨
三	五	一

戌向

292・5度～307・5度

五運		
⑤ 7	9 2	7 9
四	九	二
⑥ 8	4 ⑥	2 4
三	五	七
1 3	8 1	3 ⑤
八	一	六

六運		
⑥⑥	1 2	8 4
五	一	三
⑦ 5	5 ⑦	3 9
四	六	八
2 1	9 3	4 8
九	二	七

七運		
⑦ 9	2 4	9 2
六	二	四
⑧ 1	6 ⑧	4 6
五	七	九
3 5	1 3	5 ⑦
一	三	八

八運		
6 ⑧	2 4	4 6
七	三	五
5 7	7 ⑨	⑨ 2
六	八	一
① 3	3 5	⑧①
二	四	九

九運		
⑨⑨	4 5	2 7
八	四	六
①⑧	⑧①	6 3
七	九	二
5 4	3 6	7 2
三	五	一

五運：1944年2月～1964年1月、六運：1964年2月～1984年1月、七運：1984年2月～2004年1月、八運：2004年2月～2024年1月、九運：2024年2月～2044年1月

〔2〕2月4日、5日生まれの本命卦の出し方

生まれ年によって本命卦は異なりますので、生まれ年は正確に出すべきです。多くの東洋占術では、生まれ年の切り替え日は立春です。立春の日は年によって変わりますので、境い目にあたる2月4日、5日生まれの人は、出生時間を確認のうえ、次の順で生まれ年を調べてください。出生時間不明の場合は、残念ながらこの確認法は使えません。

❶次のページの「国内時差表」で出生地と日本標準時の時差を出します。出生地に近い場所の時差を見て、出生時間にプラス・マイナスします。

❷P．315の「節入り日時表」で、生まれ年の節入り日を調べます。出生日時が節入り日の節入り時刻より前なら前年、後なら左欄が生まれ年となります。

例／1980（昭和55）年2月5日0時30分立川市生まれの場合、立川市は東京都ですが、東京より八王子の方が近いので、八王子の「＋17」を出生時間に足します。出生時間は0時47分となります。「節入り日時表」で2月5日の節入り時刻は1時10分ですから、0時47分はそれより前となり、前年の1979（昭和54）年生まれとなります。本命卦は昭和54年の欄を見ます。

【国内時差表】

都市名	時差（分）	都市名	時差（分）	都市名	時差（分）
根室	+42	小田原	+16	明石	±0
釧路	+37	伊豆大島	+17	姫路	-2
帯広	+32	小笠原	+27	岡山	-6
旭川	+29	高崎	+16	鳥取	-4
札幌	+25	甲府	+13	松江	-9
小樽	+25	新潟	+15	広島	-12
函館	+22	長野	+12	山口	-16
青森	+22	松本	+10	下関	-18
盛岡	+24	富山	+8	徳島	-3
秋田	+20	金沢	+5	高知	-6
山形	+20	福井	+4	高松	-5
仙台	+22	沼津	+14	松山	-10
福島	+21	静岡	+12	宇和島	-11
郡山	+21	浜松	+10	小倉	-18
水戸	+21	名古屋	+6	福岡	-20
宇都宮	+18	岐阜	+6	佐賀	-20
前橋	+15	四日市	+5	長崎	-22
浦和	+17	津	+5	五島列島	-24
銚子	+22	大津	+2	熊本	-19
千葉	+19	京都	+2	大分	-15
東京	+18	奈良	+2	宮崎	-16
八王子	+17	大阪	+1	鹿児島	-20
横浜	+17	和歌山	+1	那覇	-31
横須賀	+18	神戸	+1	石垣	-44

【節入り日時表】

1940年	昭和15年	2月5日	8時08分
1941年	昭和16年	2月4日	13時50分
1942年	昭和17年	2月4日	19時49分
1943年	昭和18年	2月5日	1時41分
1944年	昭和19年	2月5日	7時24分
1945年	昭和20年	2月4日	13時20分
1946年	昭和21年	2月4日	19時04分
1947年	昭和22年	2月5日	0時51分
1948年	昭和23年	2月5日	6時43分
1949年	昭和24年	2月4日	12時24分
1950年	昭和25年	2月4日	18時21分
1951年	昭和26年	2月5日	0時14分
1952年	昭和27年	2月5日	5時54分
1953年	昭和28年	2月4日	11時47分
1954年	昭和29年	2月4日	17時31分
1955年	昭和30年	2月4日	23時18分
1956年	昭和31年	2月5日	5時13分
1957年	昭和32年	2月4日	10時55分
1958年	昭和33年	2月4日	16時50分
1959年	昭和34年	2月4日	22時43分
1960年	昭和35年	2月5日	4時23分
1961年	昭和36年	2月4日	10時23分
1962年	昭和37年	2月4日	16時18分
1963年	昭和38年	2月4日	22時08分
1964年	昭和39年	2月5日	4時05分
1965年	昭和40年	2月4日	9時46分
1966年	昭和41年	2月4日	15時38分
1967年	昭和42年	2月4日	21時31分
1968年	昭和43年	2月5日	3時08分
1969年	昭和44年	2月4日	8時59分
1970年	昭和45年	2月4日	14時46分
1971年	昭和46年	2月4日	20時26分
1972年	昭和47年	2月5日	2時20分
1973年	昭和48年	2月4日	8時04分
1974年	昭和49年	2月4日	14時00分
1975年	昭和50年	2月4日	19時59分
1976年	昭和51年	2月5日	1時40分
1977年	昭和52年	2月4日	7時35分
1978年	昭和53年	2月4日	13時27分
1979年	昭和54年	2月4日	19時13分
1980年	昭和55年	2月5日	1時10分
1981年	昭和56年	2月4日	6時56分
1982年	昭和57年	2月4日	12時46分
1983年	昭和58年	2月4日	18時40分
1984年	昭和59年	2月5日	0時19分
1985年	昭和60年	2月4日	6時12分
1986年	昭和61年	2月4日	12時08分
1987年	昭和62年	2月4日	17時52分
1988年	昭和63年	2月4日	23時43分
1989年	平成元年	2月4日	5時27分
1990年	平成2年	2月4日	11時14分
1991年	平成3年	2月4日	17時08分
1992年	平成4年	2月4日	22時48分
1993年	平成5年	2月4日	4時37分
1994年	平成6年	2月4日	10時31分
1995年	平成7年	2月4日	16時13分
1996年	平成8年	2月4日	22時08分
1997年	平成9年	2月4日	4時02分
1998年	平成10年	2月4日	9時57分
1999年	平成11年	2月4日	15時57分
2000年	平成12年	2月4日	21時41分
2001年	平成13年	2月4日	3時29分
2002年	平成14年	2月4日	9時24分

〔3〕風水用語集

※50音順

【陰陽《いんよう》】…22ページ
互いに対立する属性を持った2つのエネルギーのことで、これによってすべての物事の生成と消滅が起こるとされています。

【易《えき》】…34ページ
古代中国神話に登場する帝王、伏義《ふっき》がすべての物事を表すものと定義し、「八卦」をつくるもとになった考え方のことです。

【欠《か》けと張《は》り】…64ページ
家の間取りで、へこんでいる箇所を「欠け」といい凶作用、出っ張った箇所を「張り」といい吉作用とするものです。

【化殺《かさつ》】…212ページ
場を支配している凶の威力を弱めること。五行の性質を持つものを使用します。化解ともいいます。

【九星《きゅうせい》】…129、167ページ
実在しない星。1から9の数字に八卦を配当したもの。風水では方位や年月日の種類を指します。

【九星同宮《きゅうせいどうきゅう》】…168ページ
宅盤に時間軸を重ね、九星の組み合わせで吉凶をみる方法。年盤なら、その年の九星と宅盤の九星が出会う影響をみます。

【鬼門《きもん》】…177ページ
北東のこと。日本の家相では鬼の出入りする大凶方位とみなすという考え方が根強いですが、中国の伝統風水では重視しません。

【金鎖玉関《きんさぎょくかん》】…50、207ページ
住居の中で良い気の流れる場所や、運気の良い場所を周囲の地形（山と水）の配置によって選ぶという、風水の考え方の1つ。

【形殺《けいさつ》】……43、52、71ページ
家の周りの川や道路、建物の形が悪影響を及ぼすことや、良くない間取りのことです。また、「砂」の一種でもあります。

【玄空飛星派《げんくうひせいは》】…271ページ
20世紀に入って注目された流派。24方位を使い、20年ごとに吉方位が変化します。アジアのみならず欧米でも人気です。

【向《こう》、座向《ざこう》】…278ページ
建物の向きのことです。本書では「玄関がどの方角を向いているか」で、その建物の向きを示すとしています。

【五行《ごぎょう》】…23ページ
気が形をとったもの。森羅万象は木、火、土、金、水の五つの状態の影響を受け、その性質を帯びているという考え方。

【座《ざ》】…157ページ
紫白九星でいう玄関の対角線にあたる方位です。家がどのような性質を持っているかをみます。

【紫白九星《しはくきゅうせい》】…155ページ
玄関の向きによって盤を作成。中央に入る星と八方位の星の相生相剋関係から5種の吉凶をみます。

【四神相応《しじんそうおう》】…44、48ページ
「巒頭」での理想的なモデルといわれており、四方位の地形をそれぞれ神獣にたとえ、それらの四神獣がそろう地のことです。

【相生《そうじょう》】…25、26ページ
五行の要素の関係性です。特定の五行が、別の特定の五行を強めたり、反対に、強められたりする関係のことです。

【相剋《そうこく》】…25、29ページ
五行の要素の関係性です。特定の五行が、別の特定の五行を弱めたり、反対に、弱められたりする関係のことです。

【太極《たいきょく》】…37、96ページ
ベランダなどを省いた間取り図の中心点。太極を中心にして八方位を割り振ります。部屋の中心点は小太極といいます。

【八卦《はっけ》】…24、34ページ
「乾」「兌」「離」「震」「巽」「坎」「艮」「坤」の8タイプのエネルギー。森羅万象をこの8種に分類します。

【八宅《はったく》派】…87ページ
陽宅風水の代表的な考え方。家を八方位に分け、各方位を流れる気の吉凶を判断します。生まれ年による性質（本命卦）で各方位の気は異なります。

【八遊星《はちゆうせい》】…92ページ
本命卦をもとにした八方位の盤の各方位の性質。吉凶4段階ずつ、計8段階あり、それぞれ意味、特徴が異なります。

【比和《ひわ》】…25ページ
五行の要素の関係性で、同じ五行同士の場合のこと。強め合う関係となります。

【本命卦《ほんめいけ》】…88ページ
個人の生まれたときの特性を八卦で示したもの。この8種で家の吉凶をみます。男女は陰陽が異なるため、本命卦も異なります。

【陽宅《ようたく》・陰宅《いんたく》】…16ページ
「陽宅」は、生きている人のための住宅風水。「陰宅」は死者を埋葬するための風水で、墓の立地を診断します。

【巒頭《らんとう》】…21、42ページ
目で見える地形や建物の配置などから天地のエネルギーである「気」の勢いや「質」をみて、吉凶を判断する方法のことです。

【羅盤《らばん》】…38ページ
中央に方位磁石があり、その周りが方位盤になっている、風水師にとって重要な道具。

【理気《りき》】…21、86ページ
「生年別の気」、「どの方位から気が入ってくるか＝玄関の向き」、年月の「時間の気」など「気」の状態を基準とする風水。

【龍脈《りゅうみゃく》】…14、46ページ
巒頭の四大原則である「龍」にあたるもので、大地の「気」の流れの道筋のことです。主に山脈を指します。

【流年法《りゅうねんほう》】…129ページ
毎年位置を変える9つの星（九星）の吉凶が家に作用すると考える方法。本命卦の吉方位と特定の年の吉星が重なると、吉と吉で、積極的に活用したい方位となります。

おわりに

早いもので、私がかつて「スーパーテレビ情報最前線」という番組に出演してから、十数年がたちました。それ以来、30冊以上の風水関連本を手がけてきましたが、風水の本に関しては、いずれも初心者向け、あるいは一般の方向けの本でした。

「はじめに」にも書かせていただいた通り、本書は風水の基礎からプロ向けの技法までを満載した本に仕上がりました。本書の内容は、初心者向けの八宅派、紫白九星派、そしてプロ向けの玄空飛星派をメインに、金鎖玉関派や陽宅三要派、さらにはジオパシックストレスなどについても記載させていただきました。

したがって初心者の方には、多少なりとも難しいと思われる部分もあるかもしれませんが、その反面何度も読み返せる、長く手元に置いていただける本としてできあがったのではないかと思っております。

風水は中国の長い歴史において、数多くの風水師たちのたゆまぬ努力と情熱の積み重ねによって形成された学問であり、その情報たるや膨大な量があります。私自身、これまでに数千冊に及ぶ文献に目を通してきました。本書は、その一端を公開したにすぎません。できれば、本書を機に、風水や中国占術の、より深遠な世界へと探求されることを願っております。

最後に、本書を出版するにあたって、編集担当スタッフの皆さんには、一方ならぬ御苦労をおかけしました。この場を借りて厚くお礼申し上げます。

辛丑年　黒門記

著者：黒門
1958年生まれ。10代より、奇門遁甲《きもんとんこう》、四柱推命、風水等の各種占術を研究。中国や韓国に渡り、現地の占術家とも交流。中国河南省では劉広斌、韓国では趙宰生に師事。2005年、情報ドキュメンタリー番組『スーパーテレビ情報最前線』（日本テレビ）に出演。番組内で風水術を披露し、一躍注目を浴びる。現在は、後進の指導育成にも力を注ぎ、多くのプロ風水師を育てている。『ズバリ当たる黒門流四柱推命』『運を引き寄せる黒門流風水』（日本文芸社）等、著書多数。
■風水師黒門の公式サイト　https://kokumon.com/

STAFF
デザイン：田辺宏美
イラスト：矢田ミカ、ツキシロクミ
DTP：竹内真太郎、折笠将輝、菊地紗ゆり、金城梓（スパロウ）
編集協力：藤沢千穂子、阪上智子、千木良まりえ、黒沢真記子、大倉瑠夏（説話社）、木村悦子

基礎《きそ》からわかる
風水《ふうすい》の完全独習《かんぜんどくしゅう》

2021年12月20日　第1刷発行
2024年 5 月20日　第2刷発行

著者　黒門《こくもん》
発行者　吉田芳史
印刷所　株式会社光邦
製本所　株式会社光邦
発行所　株式会社日本文芸社
〒100-0003　東京都千代田区一ツ橋1-1-1 パレスサイドビル8F
TEL 03-5224-6460（代表）

Printed in Japan　112211203-112240513 Ⓝ 02（310074）
ISBN 978-4-537-21953-1
URL https://www.nihonbungeisha.co.jp/

編集担当：河合